CLAUDIA RESCH, WOLFGANG U. DRESSLER (HG.)

DIGITALE METHODEN DER KORPUSFORSCHUNG IN ÖSTERREICH

ÖSTERREICHISCHE AKADEMIE DER WISSENSCHAFTEN
PHILOSOPHISCH-HISTORISCHE KLASSE
SITZUNGSBERICHTE, 879. BAND

VERÖFFENTLICHUNGEN ZUR LINGUISTIK
UND KOMMUNIKATIONSFORSCHUNG
BAND 30

HERAUSGEGEBEN VON
WOLFGANG U. DRESSLER

CLAUDIA RESCH, WOLFGANG U. DRESSLER (HG.)

Digitale Methoden der Korpusforschung in Österreich

Angenommen durch die Publikationskommission
der philosophisch-historischen Klasse der ÖAW:
Michael Alram, Bert Fragner, Hermann Hunger, Sigrid Jalkotzy-Deger,
Brigitte Mazohl, Franz Rainer, Oliver Jens Schmitt, Peter Wiesinger
und Waldemar Zacharasiewicz

Bibliografische Information der Deutschen Nationalbibliothek

Die Deutsche Nationalbibliothek verzeichnet diese Publikation in der Deutschen Nationalbibliografie, detaillierte bibliografische Daten sind im Internet über http://dnb.d-nb.de abrufbar.

Diese Publikation wurde einem anonymen, internationalen
Peer-Review-Verfahren unterzogen.

Die verwendete Papiersorte ist aus chlorfrei gebleichtem Zellstoff hergestellt,
frei von säurebildenden Bestandteilen und alterungsbeständig.

ISBN 978-3-7001-8020-3

Satz: Hapra GmbH, 4048 Puchenau
Druck und Bindung: Prime Rate kft., Budapest

http://epub.oeaw.ac.at/8020-3
http://verlag.oeaw.ac.at

INHALTSVERZEICHNIS

VORWORT

Der Aufbau, die Annotation und die Auswertung digitaler Korpora und Sprachressourcen haben im letzten Jahrzehnt weltweit einen großen Aufschwung genommen. Es ist das Ziel des vorliegenden Bandes, einen repräsentativen Überblick über einschlägige Forschungen in Österreich zu geben. Diese beziehen sich auf synchrone, schriftliche und mündliche, standardsprachliche, mediensprachliche, historische, dialektale und kindersprachliche Korpora, die in Österreich aufgebaut werden.

Der Band befasst sich mit Forschungsinfrastrukturen, mit der Korpuserstellung unter Anwendung verbreiteter Standards und mit Möglichkeiten der Korpusanreicherung, etwa durch morphosyntaktische Annotationen und Kodierungen; weiters mit Korpusvergleichen, der Entwicklung und Evaluierung von Annotationswerkzeugen und der Beantwortung konkreter Forschungsfragen, die korpusbasiert effizient bearbeitet werden können.

Die hier versammelten Beiträge bieten eine Auswahl der Vorträge, die Ende 2013 im Rahmen der 40. Österreichischen Linguistiktagung im Workshop „Korpusbasierte Linguistik in Österreich" an der Universität Salzburg gehalten worden sind:

Karlheinz Mörth gibt als Koordinator von CLARIAH-AT einen Überblick über Aufbau, Funktionen und Ziele von internationalen Forschungsinfrastrukturinitiativen in Österreich.

Jutta Ransmayr, *Matej Ďurčo* und *Karlheinz Mörth* stellen das Austrian Media Corpus (AMC) vor, das in exhaustiver Weise die Texte aller österreichischen Printmedien umfasst und bereits am Institut für Corpuslinguistik und Texttechnologie und am Austrian Centre for Digital Humanities an der Österreichischen Akademie der Wissenschaften beforscht wird.

Claudia Resch und *Ulrike Czeitschner* berichten über den Aufbau und die Annotation des Austrian Baroque Corpus (ABaC:us) und zeigen, wie sich stilistische Spezifika und musterhafte Regularitäten in Texten von Abraham a Sancta Clara identifizieren und auswerten lassen.

Branko Tošović beschreibt den Aufbau und die morphosyntaktische Annotation eines umfangreichen mehrsprachigen Grazer Korpus (Gralis).

Katharina Korecky-Kröll widmet sich dem Aufbau und der Beforschung eines Wiener longitudinalen Erstspracherwerbskorpus im Vergleich zur Erwachsenensprache und den Prinzipien des internationalen CHILDES-Projekts.

Peter Ernst lotet die Möglichkeiten der korpusbasierten Eigennamenforschung bezüglich Identifikation, Klassifikation und Annotation in verschiedenen Korpusinitiativen aus.

Martina Werner, *Karlheinz Mörth* und *Wolfgang U. Dressler* untersuchen die Entstehung und Entwicklung von Pluraldubletten im historischen Austrian Academy Corpus (AAC) und im Austrian Media Corpus (AMC).

Miroslava Hliničanová, Matej Ďurčo, Karlheinz Mörth und *Wolfgang U. Dressler* kontrastieren phonotaktische und morphonotaktische Konsonantengruppen in slowakischen und deutschen Korpora.

Friedrich Neubarth und *Harald Trost* informieren über die Methoden ihres Projekts zur statistisch-maschinellen Übersetzung aus dem Standarddeutschen in den Wiener Dialekt.

Die HerausgeberInnen und AutorInnen dieses Bandes sind am Institut für Corpuslinguistik und Texttechnologie und am Austrian Centre for Digital Humanities der Österreichischen Akademie der Wissenschaften tätig beziehungsweise an den Instituten für Sprachwissenschaft und Germanistik der Universität Wien, am Institut für Slawistik der Universität Graz und am Österreichischen Forschungszentrum für Artificial Intelligence sowie am Institut für Artificial Intelligence der Medizinischen Universität Wien.

Mit der Herausgabe dieses Bandes wollen wir in der Reihe „Linguistik und Kommunikationsforschung“ des Verlages der Österreichischen Akademie der Wissenschaften einen neuen Akzent setzen, zur intensiveren Nutzung digitaler Korpora anregen und zur Verbreitung digitaler Methoden in den Geisteswissenschaften beitragen.

Wien, im März 2016

Claudia Resch — Wolfgang U. Dressler

I. CLARIAH-AT:
DIGITALE INFRASTRUKTUREN FÜR DIE LINGUISTIK

Karlheinz Mörth[1]

1. Was sind digitale Forschungsinfrastrukturen?

Infrastrukturen werden zumeist zuerst mit Rohren, Leitungen, Straßen, Kanälen, Telefonmasten etc. assoziiert. Im Bereich der Forschung fallen uns zunächst Archive, Museen, Galerien, Bibliotheken, Universitäten und Akademien ein. Der Begriff wird aber auch in der virtuellen Welt angewandt und findet in der digital unterstützten Forschung immer mehr Anwendung. Worum es in diesem Bericht geht, sind eben diese digitalen Infrastrukturen, insbesondere Forschungsinfrastrukturen für die Sprachwissenschaften und der Status quo ihres Auf- und Ausbaus in Österreich.

Neue Begriffe zeichnen sich oftmals durch definitorische Unschärfe aus, was hier in ganz besonderem Maße zutrifft. Allerdings existieren mittlerweile ‚offizielle' Statements dazu, was unter dem Begriff „Forschungsinfrastrukturen" zu verstehen ist. Das folgende Zitat stammt von der Europäischen Kommission:

> "research infrastructure" means facilities, resources and related services that are used by the scientific community to conduct top-level research in their respective fields and covers major scientific equipment or sets of instruments; knowledge-based resources such as collections, archives or structures for scientific information; enabling Information and Communications Technology-based infrastructures such as Grid, computing, software and communication, or any other entity of a unique nature essential to achieve excellence in research.

Diese Definition ist sehr allgemein und schließt ein weites Spektrum an Infrastrukturkomponenten ein, beginnend bei Institutionen über Ressourcen bis hin zu relevanten Diensten, worunter auch wiederum sehr unterschiedliche Dinge verstanden werden können.

[1] Austrian Centre for Digital Humanities, Österreichische Akademie der Wissenschaften

In der modernen Informationsgesellschaft stehen den realen Infrastrukturen digitale gegenüber, die sich in unterschiedlicher Weise manifestieren. Bei den digitalen Forschungsinfrastrukturen lassen sich zwei Ebenen unterscheiden, die für die Arbeit in der Forschung gleichermaßen von Bedeutung sind: die Basisdienste (oft auch als *Core Services* bezeichnet), die für die gesamte Community ähnlich, wenn nicht sogar gleich sind, und spezielle auf diesen Basisdiensten aufbauende Services, hinter denen spezialisierte Instrumente und Daten stehen. Zu den Basisdiensten werden in der Regel Services gezählt, die mit PIDs (*Persistent Identifiers*) zu tun haben, die an AAI (*Authentication and Authorisation Infrastructure*) arbeiten oder *Storage* und *Preservation* zur Verfügung stellen.

Wie unterschiedlich digitale Forschungsinfrastrukturen sein können, sei anhand zweier Beispiele demonstriert:

Beim ersten handelt es sich um eine große digitale Forschungsinfrastruktur, von der 50 Millionen TeilnehmerInnen in mehr als 10.000 Institutionen in ganz Europa profitieren. Viele NutznießerInnen sind sich der Existenz dieser im Hintergrund funktionierenden Infrastruktur überhaupt nicht bewusst. Es ist hier von GÉANT die Rede, dem paneuropäischen Forschungs- und Bildungsnetzwerk, welches durch seine Hochgeschwindigkeitsverbindungen Europas nationale Forschungs- und Bildungsnetzwerke zusammenschließt. GÉANT dient dem Zweck, die internationale Zusammenarbeit zu erleichtern und es WissenschaftlerInnen zu ermöglichen, digitale Informationen und Ressourcen in effektiver Art und Weise auszutauschen. Ein inzwischen aus dem Alltag der Forschungsgemeinschaft nicht mehr wegzudenkender Service dieses Netzwerks ist *eduroam*, ein Service, der es Lehrenden, Studierenden und ForscherInnen aller teilnehmenden akademischen Institutionen erlaubt, von beliebigen Standorten aus mit der ID ihrer Herkunftseinrichtung bequem ins Internet einzusteigen.

Eine Forschungsinfrastruktur ganz anderer Art ist die *Text Encoding Initiative* (TEI), ein schönes Beispiel für *Best Practices* und Standards als Infrastrukturkomponenten. Die TEI hat eine sehr große aktive NutzerInnengruppe, die primär textorientierte Interessen verfolgt. Sie blickt mittlerweile auf eine mehrere Jahrzehnte andauernde Geschichte zurück und wird von großen Archiven, Datenzentren, Bibliotheken und zahllosen EinzelforscherInnen getragen. Der Großteil dessen, was die TEI zu bieten hat, fällt in die Kategorie von Standards, die aus einer sehr kompetenten *Community of Practice* hervorgegangen sind. Die TEI ist kein Industriestandard; für viele textbasiert arbeitende geisteswissenschaftliche Disziplinen stellt sie allerdings einen De-facto-Standard dar. Die TEI ist eine Organisation, die eine Reihe wichtiger Dienste zur Verfügung stellt. Hierzu zählen die umfangreichen und detailreichen Guidelines, die laufend weiterentwickelt werden, freie Werkzeuge wie standardisierte Schemata, Tools zur Erzeugung und Bearbeitung von Schemata (ROMA) und äußerst effiziente Textkonvertierungstools (OxGarage), und nicht zuletzt die Mailingliste, auf der laufend über aktuelle Probleme und Projekte diskutiert wird und mit deren Hilfe die Guidelines kontinuierlich weiterentwickelt werden.

2. ESFRI und die Forschungsinfrastrukturkonsortien

Die Zahl an Projekten, die den Terminus *Infrastruktur* in ihrem Namen tragen oder explizit auf den Aufbau solcher Infrastrukturen hinarbeiten, hat in den vergangenen Jahren konstant zugenommen. Einige prominente und auch für die Geisteswissenschaften relevante Projekte sind EUDAT (European Data Infrastructure), CENDARI (Collaborative European Digital Archive Infrastructure), NeDiMAH (Network for Digital Methods in the Arts and Humanities), ARIADNE (Advanced Research Infrastructure for Archaeological Dataset Networking in Europe) und EHRI (European Holocaust Research Infrastructure).

Es liegt allerdings in der Natur von Projekten, dass sie kommen und gehen und in aller Regel nicht dazu gedacht sind, langfristige Strukturen aufrecht zu erhalten. Diese Erkenntnis und das zunehmende Bewusstsein, dass Infrastrukturaufbau entsprechende Nachhaltigkeit einplanen muss, haben in Europa zu einer neuen institutionellen Rechtsform geführt, den sogenannten ERICs (European Research Infrastructure Consortium). Dieser neue europäische Rechtsrahmen trat am 28. August 2009 in Kraft und soll die gemeinschaftliche Einrichtung und das Betreiben von Forschungsinfrastrukturen erleichtern und intensivieren.

Institutionell gingen und gehen in Europa viele Initiativen zum Aufbau und zu der Weiterentwicklung von Forschungsinfrastrukturen vom *European Strategy Forum on Research Infrastructures* (ESFRI) aus. ESFRI wurde im Jahre 2002 gestartet. Es setzt sich aus nationalen Delegierten und VertreterInnen der Europäischen Kommission zusammen, die gemeinsam an einem Überblick über die zum jeweiligen Zeitpunkt relevantesten Forschungsinfrastrukturen arbeiten. ESFRI ist kein Förderprogramm, es ist nicht direkt am Aufbau von Infrastrukturen beteiligt. Es ist vielmehr ein strategisches Instrument, das dazu dient, relevante Informationen zu sammeln und Entwicklungen in die richtige Richtung zu lenken, die europäische Integration in der Forschung voranzutreiben und den Outreach zu fördern.

ESFRI hat in der Vergangenheit durch die Publikation einer Reihe von Berichten agiert, die den jeweiligen Status quo in den unterschiedlichen wissenschaftlichen Feldern beschreiben. In der ESFRI-Roadmap, einem laufenden Projekt, werden potentielle paneuropäische Forschungsinfrastrukturen identifiziert, und zwar solche, die in absehbarer Zeit Aussicht auf erfolgreiche Umsetzung haben. Unter „absehbarer Zeit" wird hierbei ein Zeitraum von zehn bis 20 Jahren verstanden. Über die Jahre ist die Zahl der KandidatInnen auf der Liste ständig gewachsen. Die Roadmap aus dem Jahr 2006 listete 35 Projekte, in der Aktualisierung von 2008 waren es 44. In der Roadmap von 2010 wurden die relevanten wissenschaftlichen Disziplinen in sechs große Gruppen gegliedert (Sozial- und Geisteswissenschaften, Umweltwissenschaften, Energie, Biologie und Medizin, Materialwirtschaft und Prüfeinrichtungen, Physik und Ingenieurwissenschaften), was 48 konkreten Projekten entspricht. Die letzte Aktualisierung der Roadmap wurde 2015 vorgenommen.

Im Abschnitt zu den Sozial- und Geisteswissenschaften der Roadmap von 2010 standen zwei Kandidaten, die mittlerweile beide zu offiziellen ERICs geworden sind. Dies sind DARIAH (Digital Research Infrastructure for the Arts and Humanities) und CLARIN (Common Language Resources and Technology Infrastructure). DARIAH wurde im Jahre 2014 zum ERIC; CLARIN erhielt bereits 2012 den offiziellen Status. Österreichische ForscherInnen waren in beiden Initiativen schon in der mehrere Jahre dauernden Vorbereitungsphase aktiv vertreten und beteiligten sich sowohl konzeptuell als auch durch konkrete Kontributionen am Aufbau der beiden Konsortien. Europäische Forschungsinfrastrukturkonsortien werden von der Europäischen Kommission eingesetzt und durch die Mitgliedsländer finanziert.

DARIAH tritt mit dem Anspruch auf, die Geisteswissenschaften und Künste (i. e. *Arts and Humanities*) in ihrer Gesamtheit zu vertreten. DARIAH will einen möglichst weitreichenden Zugang zu digitalen Forschungsdaten sicherstellen. Die zentrale Strategie ist es, nationale, regionale und lokale Unternehmungen zusammenzubringen, um eine kooperative Infrastruktur aufzubauen, in der sowohl Komplementaritäten als auch neue Herausforderungen klar identifiziert werden und auf diese entsprechend reagiert wird.

Im Gegensatz zur sehr weit gefassten Agenda und der großen Zielgruppe von DARIAH hat CLARIN ein verhältnismäßig konzis definiertes Arbeitsfeld und eine klar umrissene Gruppe von ForscherInnen, für die und mit denen an dem Projekt gearbeitet wird. Auch bei CLARIN geht es primär um Forschungsdaten: Es geht einerseits um die Erzeugung neuer Daten, andererseits aber auch um den Zugang zu bereits existierenden Datenbeständen. Daneben spielen die Entwicklung und Weiterentwicklung von digitalen Werkzeugen eine wichtige Rolle. Es geht um digitale Werkzeuge zum Auffinden, Bearbeiten, Analysieren oder Zusammenführen von Datensets, unabhängig davon, wo diese sich physisch befinden oder welches Format sie haben. CLARIN arbeitet intensiv an der Interoperabilität von Tools und Daten, um der forschenden Gemeinschaft den Zugriff auf heterogene und verteilte Sprachressourcen zu ermöglichen, und versteht sich als eine vernetzte Föderation europäischer Datenrepositorien, Service- und Fachzentren. Die Initiative wendet sich an die Sozial- und Geisteswissenschaften und arbeitet seit mehreren Jahren daran, eine transnationale europäische Forschungsinfrastruktur für digitale Sprachressourcen und die dazugehörige Technologie zu schaffen. Bei der Aufbau- und Ausbauarbeit ist eine Reihe von Zielvorgaben zu berücksichtigen. So müssen neu entwickelte Infrastrukturkomponenten nahtlos in bestehende integriert werden, um die Ressourcen und Services zu einer zusammenhängenden Domäne zu verschmelzen. Existierende Datenbestände müssen mit neuen digitalen Werkzeugen interoperabel gemacht werden, was den Einsatz und die Weiterentwicklung von relevanten Standards und Normen notwendig macht. Es gilt die Stabilität der Dienste sicherzustellen, genauso wie deren dauerhafte Verfügbarkeit. Zuletzt darf auch die Erweiterbarkeit des Gesamtsystems nicht aus den Augen verloren werden.

3. Der österreichische Weg

Österreich ist seit vielen Jahren in beiden Netzwerken aktiv. Der Aufbau der lokalen Gruppe geht auf die unermüdlichen Bemühungen von Gerhard Budin (Zentrum für Translationswissenschaft, Universität Wien) zurück, der die österreichischen Aktivitäten bis in die jüngste Vergangenheit koordinierte. Die österreichischen DH-Infrastrukturinitiativen zeichnen sich im Vergleich zu jenen anderer Länder insbesondere dadurch aus, dass CLARIN und DARIAH in Österreich auf das Engste verzahnt sind. Sie wurden bis Ende 2013 zwar nominell getrennt geführt, vom damaligen Ministerium für Wissenschaft und Forschung aber mit einer gemeinsamen Finanzierung ausgestattet. Beide Initiativen wurden stark von linguistisch interessierten ForscherInnen betrieben, was zu einer großen Schnittmenge an gemeinsamen Projekten und Interessen geführt hat. Nachdem das Ministerium im Jahre 2013 die Basisfinanzierung für beide Infrastrukturkonsortien für weitere drei Jahre sichergestellt hat, werden CLARIN und DARIAH seit Anfang 2014 als gemeinsames Projekt unter dem Namen CLARIAH-AT geführt.

Das Projekt, in dessen Rahmen das Ministerium den Ausbau der digitalen Infrastrukturen gefördert hat, trägt den Namen *Austrian Centre for Digital Humanities*, welches vom Institut für Corpuslinguistik und Texttechnologie, ab 2015 vom neu gegründeten Institut Austrian Centre for Digital Humanities (ACDH) der Österreichischen Akademie der Wissenschaften als österreichischem Koordinator durchgeführt wird. Was die Entwicklung der jüngsten Vergangenheit besonders kennzeichnet, ist die im Vergleich zu den frühen Jahren bemerkenswerte disziplinäre Erweiterung.

Die Hauptproponenten sind an der Universität Wien, der Karl-Franzens-Universität in Graz und der Österreichischen Akademie der Wissenschaften angesiedelt. Alle diese Institutionen beteiligen sich mit jeweils mehreren Forschungseinrichtungen an den Aktivitäten. 2014 waren auch die Technische Universität Wien, die Universität Innsbruck und das Österreichische Archäologische Institut Teil der Infrastrukturgruppe.

4. In-kind Contributions

Die Nachhaltigkeit der europäischen Forschungsinfrastrukturkonsortien soll durch möglichst großes Engagement vonseiten der beteiligten Länder sichergestellt werden. Während die konzeptuelle Entwicklungsarbeit und der eigentliche Aufbau zum größten Teil von WissenschaftlerInnen geleistet werden, werden die Konsortien selbst von den Ministerien der jeweiligen Länder beschickt. Die obersten Entscheidungsgremien sind in beiden Konsortien die Generalversammlungen, in denen die Delegierten der Ministerien die richtungsweisenden Vorgaben treffen.

Jedes Mitgliedsland hat sich verpflichtet, einen an der Wirtschaftsleistung des Landes gemessenen Anteil am Gesamtbudget aufzubringen, wobei der Teil, der an die europäische Zentrale fließt und dort für Basisdienste der Konsortien eingesetzt wird, lediglich zehn Prozent der gesamten aufzubringenden Summe darstellt. Der Rest muss von den Mitgliedern in Form sogenannter In-kind Contributions erbracht werden. Diese Sachleistungen können sehr unterschiedlicher Natur sein. Ein wichtiger Teil der österreichischen In-kind Leistungen wird durch die aktive Mitarbeit in den unterschiedlichen Ausschüssen und Gremien erbracht. VertreterInnen österreichischer Forschungseinrichtungen haben in den letzten Jahren in einer ganzen Reihe von Gremien mitgearbeitet. Österreich stellt seit mehreren Jahren den Co-Head des *DARIAH Virtual Competency Centre 1 (eInfrastructures)*, stellt mehrere Taskleaders, den Co-Chair des *CLARIN Standards Committee* und koordiniert die *CLARIN Metadata Curation Task Force*. Daneben geht es bei den In-kinds auch um der Community zur Verfügung gestellte Dienste und Ressourcen. Hierbei kann es sich um Daten handeln, um Forschungsinstrumente, aber auch um konkrete Dienstleistungen, auf die die forschende Gemeinschaft zugreifen kann. Grundsätzlich werden in beiden Infrastrukturkonsortien die Prinzipien von Open Access und Open Source, wo immer dies möglich ist, verfolgt.

Auf der Suche nach Infrastrukturkomponenten, die für LinguistInnen von Interesse sein können, bewegen wir uns natürlich auch in dem weiten Feld der Sprachtechnologie. Diese Art von Technologie fließt seit geraumer Zeit nicht nur in die Forschung, sondern auch in viele Bereiche unseres täglichen Lebens ein und basiert oft auf digitalen Sprachressourcen, die aus der Forschung kommen. In vielen wissenschaftlichen Disziplinen – und keineswegs nur in den Geisteswissenschaften – spielen diese Sprachressourcen eine zunehmend wichtige Rolle. Auch die ganze Bandbreite an historischen Fächern, wie Philosophie, Theologie, Anthropologie, Soziologie usw., hat großes Interesse an der Entwicklung digitaler Sprachressourcen. Wenn auch in den letzten Jahren immer mehr von *Big Data* und einer oft nur mehr schwer zu bewältigenden Menge an Daten die Rede ist, muss man doch feststellen, dass die meisten geisteswissenschaftlichen Disziplinen nach wie vor eher vor dem gegenteiligen Problem stehen, dass es nämlich kaum digital verfügbare Ressourcen gibt.

Unter Sprachressourcen wird ein weites Spektrum an unterschiedlichen digitalen Ressourcen verstanden. Im einfachsten Falle umfassen

Definitionen zwei Komponenten: "By language resources and its technology we mean all knowledge sources based on language (written or spoken) and the tools to carry out operations on such language material." Diese dichotome Darstellung bestehend aus *language material* und *tools* wird häufig um eine dritte Komponente erweitert. Das folgende Zitat stammt von der *Open Language Archives Community (OLAC)*: "A language resource is any kind of DATA, TOOL or ADVICE [...] pertaining to the documentation, description or development of a human language."

Bei Durchsicht weiterer Definitionen zeigt sich, dass *Advice* nur eine Möglichkeit ist. Während weitgehend Konsens dahingehend besteht, dass Daten und Tools nicht das gesamte Spektrum an Sprachressourcen abdecken, sind die Vorschläge für die dritte Kategorie eher disparater Natur. *Language Technology World* unterscheidet unter dem Titel *Resources and Tools* drei Kategorien: *Language Data*, *Language Descriptions* und *Language Tools*. Das *Linguistic Data Consortium* (LDC) unterscheidet auf seiner Website zwischen *Data*, *Tools* und *Papers*. Die Liste ließe sich fortsetzen.

Zur ersten Kategorie, den Daten, werden digitale Textsammlungen geschriebener und gesprochener Sprache, sogenannte Korpora, ein-, zwei- und mehrsprachige Wörterbücher, Glossare, Terminologiedatenbanken, Ontologien, Thesauri, Enzyklopädien usw. gezählt.

Zum Erstellen solcher Daten, zu ihrer Bearbeitung und Analyse bedarf es digitaler Instrumente, die in vielen Fällen gerade in den Geisteswissenschaften noch nicht oder nur zum Teil vorhanden sind. Spezielle Fragestellungen brauchen spezialisierte Tools, die oft erst entwickelt oder adaptiert werden müssen.

Neben Daten und Tools zur Manipulation dieser Daten steht dann die zuvor kurz angesprochene dritte Kategorie. Uns erscheint es sinnvoll, die Kategorien *Forschungsdaten* und *Forschungsresultate* klar getrennt zu halten, und unter die dritte Kategorie diverse Hilfsmittel zu subsumieren, die zur Etablierung von Interoperabilität dienen. Hierzu gehört eine ganze Reihe von primär in Form von Texten vorliegenden Instrumentarien, die den Gebrauch von Daten und Tools überhaupt erst ermöglichen. Als erstes denkt man hierbei an die diversen sprachtechnologisch relevanten Standards, die eine zentrale Rolle in der Entwicklung moderner digitaler Sprachtechnologie spielen. Weiters sind hier *Best Practices* zu erwähnen sowie Workflowbeschreibungen, Software-Spezifikationen und ähnliche Textsorten.

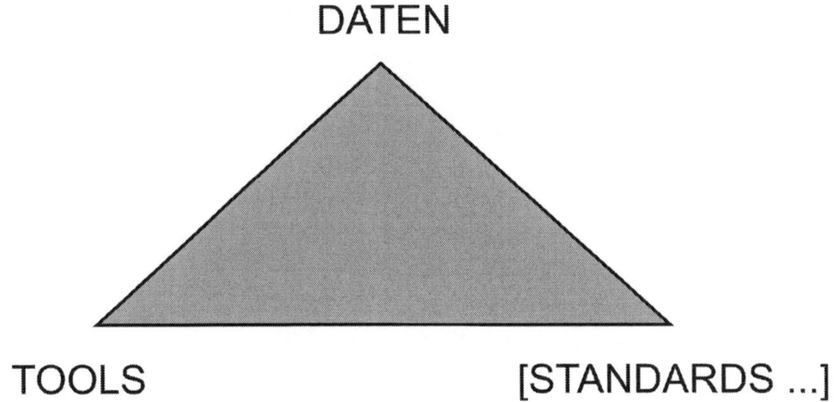

Abbildung 1: Sprachressourcen

An vielen akademischen Institutionen Österreichs wird mit und an digitalen Sprachressourcen gearbeitet. Eines der Ziele der österreichischen CLARIN-Gruppe ist es, die europäischen Infrastrukturen mit österreichischen Ressourcen zu komplementieren und zusammen mit diesen neue, effizientere, umfassendere Datenpools entstchen zu lassen.

CLARIAH-AT stellt jedoch nicht alleine durch seine Daten und seine Software, sondern auch durch das Know-how und die Expertise der partizipierenden ForscherInnen einen wichtigen institutionellen Eckpfeiler der sich entwickelnden europäischen Forschungsinfrastrukturen dar. Im Folgenden soll anhand dreier Beispiele gezeigt werden, welche konkreten Sprachressourcen von Österreich in das CLARIN-Netzwerk eingebracht werden. Im ersten Fall wird eine institutionelle Infrastrukturkomponente, das CLARIN Centre Vienna, vorgestellt, im zweiten Fall geht es um das Austrian Baroque Corpus (ABaC:us), also um Forschungsdaten, und im dritten Fall wird eine Reihe von Tools und Services diskutiert.

4.1. CLARIN Centre Vienna

Während DARIAH-ERIC als Verbund virtueller, dezentraler Arbeitsgruppen organisiert ist, baut CLARIN-ERIC auf realen Institutionen mit großen Datenzentren, digitalen Archiven und ähnlichen Infrastrukturen auf. Um ein offizielles CLARIN-Zentrum zu werden, muss die interessierte Institution ein Evaluierungsverfahren durchlaufen, in dessen Rahmen auch das *Data Seal of Approval* erworben werden muss. Die Existenz zumindest eines solchen Zentrums im Land ist Teil der CLARIN-Vereinbarung. Die Zahl der Zentren hat 2014 stark zugenommen. Ende 2013 waren es europaweit neun Zentren, zum Zeitpunkt der Abfassung dieses Berichts (Ende 2014) existierten 14 zertifizierte CLARIN-Zentren:

- Automatische Sprachverarbeitung (ASV), Universität Leipzig[2]
- Bayerisches Archiv für Sprachsignale (BAS), Ludwig-Maximilians-Universität München[3]
- Berlin-Brandenburgische Akademie der Wissenschaften[4]
- CLARIN Centre Vienna (CCV), Österreichische Akademie der Wissenschaften[5]
- Eberhard Karls Universität Tübingen[6]
- Hamburger Zentrum für Sprachkorpora (HZSK), Universität Hamburg[7]
- Institut für maschinelle Sprachverarbeitung (IMS), Universität Stuttgart[8]
- Institute for Dutch Lexicology (INL)[9]
- Institut für Deutsche Sprache (IDS)[10]
- LINDAT-CLARIN Centre for Language Research Infrastructure in the Czech Republic[11]
- Meertens Instituut[12]
- Max Planck Institute for Psycholinguistics[13]
- CLARIN Centre, Universität Kopenhagen[14]
- Universität des Saarlandes[15]

[2] Vgl. http://asv.informatik.uni-leipzig.de/ (6.1.2015).
[3] Vgl. http://www.phonetik.uni-muenchen.de/Bas/BasHomedeu.html (6.1.2015).
[4] Vgl. http://www.bbaw.de/ (6.1.2015).
[5] Vgl https://clarin.oeaw.ac.at/ (6.1.2015).
[6] Vgl. https://www.uni-tuebingen.de/ (6.1.2015).
[7] Vgl. https://corpora.uni-hamburg.de/drupal/ (6.1.2015).
[8] Vgl. http://www.ims.uni-stuttgart.de/ (6.1.2015).
[9] Vgl. http://www.inl.nl/ (6.1.2015).
[10] Vgl. http://www1.ids-mannheim.de/start/ (6.1.2015).
[11] Vgl. https://lindat.mff.cuni.cz/en/ (6.1.2015).
[12] Vgl. http://www.meertens.knaw.nl/cms/en/ (6.1.2015).
[13] Vgl. http://www.mpi.nl/deutsch (6.1.2015).
[14] Vgl. https://clarin.dk/clarindk/forside.jsp (6.1.2015).
[15] Vgl. http://www.uni-saarland.de/startseite.html (6.1.2015).

Der größte Teil der Zentren ist gegenwärtig in Deutschland und den Niederlanden angesiedelt. Das erste österreichische Zentrum, das CLARIN Centre Vienna (CCV), ist seit Anfang 2014 operativ tätig und seit April desselben Jahres zertifiziert.

Das CLARIN Centre Vienna ist Österreichs zentraler Verbindungspunkt zum europäischen Netzwerk von CLARIN-Zentren. Es ist einer der österreichischen Beiträge zum CLARIN-ERIC und wird von der Österreichischen Akademie der Wissenschaften betreut. Der Aufbau dieses Zentrums wurde unter anderem durch die Förderung im Rahmen des zuvor bereits erwähnten ACDH-Programms möglich. Hauptaufgabe des CCV ist es, ForscherInnen in den Sozial- und Geisteswissenschaften auf einfache und nachhaltige Art und Weise Zugang zu digitalen Sprachressourcen und relevanter Sprachtechnologie zu verschaffen und eine zentrale österreichische Repositorienlösung für digitale Sprachressourcen anzubieten. Zu diesem Zweck betreibt das CCV das *Language Resources Portal (LRP)*, ein Repositorium zum Archivieren und Publizieren unterschiedlicher digitaler Sprachressourcen. Das LRP verfolgt einen dualen Ansatz, indem es AnwenderInnen direkten Zugang zu den Daten und gleichzeitig auch spezielle angepasste Schnittstellen anbietet, die fortgeschrittene Such- und Browsemöglichkeiten bereitstellen, wodurch die Ressourcen in unterschiedlicher Art und Weise bearbeitet und erforscht werden können.

Das LRP baut auf der erprobten Software *Fedora Commons Repository Software* auf, die das OAIS (Open Archival Information System)-Referenzmodell implementiert. Die Such- und Datenrepräsentationsebene wird vom Open-Source-Framework *corpus_shell* übernommen, welches seit einiger Zeit am Institut für Corpuslinguistik und Texttechnologie der *Österreichischen Akademie der Wis*senschaften entwickelt wird.[16] Die Metadaten der digitalen Ressourcen werden über eine OAI-PMH-Schnittstelle exponiert, die regelmäßig von Tools des CLARIN-ERIC eingelesen wird. Auf diese Art liefert das CCV einen wichtigen zusätzlichen Verbreitungskanal für die publizierten Daten. Das LRP steht derzeit grundsätzlich für alle österreichischen Sprachressourcen offen, die von ForscherInnen mit der Fachgemeinschaft geteilt werden sollen. Das ACDH bietet auch Unterstützung bei der Datenkonversion und Metadatenaufbereitung.

[16] Vgl. Karlheinz Mörth und Matej Ďurčo: In quest of a multi-purpose multi-corpus service based corpus research tool. In: Proceedings of Practical Applications in Language and Computers, Łódź 2011, S. 191-202.

4.2. ABaC:us: Historische Sprachdaten und der semantische Turn

Während das gegenwärtige Deutsch ein Varietätenbündel darstellt, das im Hinblick auf Sprachdaten und Tools vergleichsweise gut ausgestattet sind, sieht es für historische Sprachstadien keineswegs so gut aus. Um dieser Situation für die historische Varietät des Frühneuhochdeutschen Abhilfe zu schaffen, wurde im Jahre 2012 am Institut für Corpuslinguistik und Texttechnologie (ICLTT) das Projekt *Text-Technological Methods for the Analysis of Austrian Baroque Literature* in Angriff genommen, welches vom Jubiläumsfonds der Österreichischen Nationalbank gefördert wurde.[17] In dem Projekt, in dem primär zu Schriften gearbeitet wurde, die dem bekannten Wiener Theologen Abraham a Sancta Clara (1644-1709) zugeschrieben werden, wurde intensiv zu Methoden und Instrumenten geforscht, die es kommenden Generationen an ForscherInnen erleichtern sollen, an derartigen Sprachressourcen Forschung zu betreiben. Das Ziel der Arbeitsgruppe war es, qualitativ hochwertige Texte mit linguistischer und semantischer Annotation zu generieren und für die Forschung wiederverwendbare Schnittstellen zu der im Rahmen des Projekts erzeugten digitalen Textsammlung zu schaffen. ABaC:us ist ein auch durch Nachfolgeprojekte stetig wachsendes digitales Korpus gedruckter deutschsprachiger Texte aus der Barockzeit, insbesondere aus den Jahren von 1650 bis 1750.

Alle digitalen ABaC:us-Texte wurden zuerst automatisiert mit Wortklasseninformation versehen und lemmatisiert. Zur Optimierung dieses Prozesses wurden unterschiedliche Methoden zur Anwendung gebracht[18] und in einem weiteren Bearbeitungsschritt von Expertinnen manuell verifiziert respektive korrigiert. Besonders bemerkenswert ist der semantische Aspekt des Projekts. So wurden unter anderem domänenspezifische Glossarien erstellt, die wesentliche semantische Aspekte des historischen Korpus erschließen sollen. Die verwendeten Taxonomien beruhen auf einer relativ neuen Technologie, dem *Simple Knowledge Organization System* (SKOS), einem RDF-basierten Standard des World Wide Web

[17] Vgl. den Beitrag von Claudia Resch und Ulrike Czeitschner in vorliegendem Band.

[18] Vgl. Claudia Resch, Ulrike Czeitschner, Eva Wohlfarter und Barbara Krautgartner: Introducing the Austrian Baroque Corpus: Annotation and Application of a Thematic Research Collection. In: Lars Wieneke, Catherine Jones, Marten Düring, Florentina Armaselu und René Leboutte (Hrsg.): Proceedings of the Third Conference on Digital Humanities in Luxembourg with a Special Focus on Reading Historical Sources in the Digital Age. Aachen: CEUR-WS.org. http://ceur-ws.org/Vol-1681/ (1.10.2016).

Consortium (W3C).[19] Derartige Ansätze sind gerade in den unterschiedlichen Disziplinen der digitalen Geisteswissenschaften noch neu, bergen aber gewaltiges Potential für die Forschung. Diese innovative und reich annotierte Sprachressource ist als österreichischer Beitrag über das *Language Resources Portal* des *CLARIN Centre Vienna* frei verfügbar und kann von ForscherInnen weltweit für eigene Forschungsfragen weiterentwickelt oder wiederverwendet werden.

4.3. eLexicography: Daten, Tools und Dokumentation

Ein Schwerpunkt des ACDH ist der Fachbereich *eLexicography*. Er umfasst digitale Methoden, Tools und Daten für die Erstellung und Bearbeitung digitaler Wörterbücher. In diesem Zusammenhang wird an einer Website gearbeitet, die den Namen *DictGate* trägt. *DictGate* ist als Plattform für den Austausch lexikographischer Daten, Tools und Knowhow angelegt und zielt auf den Aufbau nachhaltig verfügbarer digitaler Sprachressourcen zur Nutzung digital arbeitender LexikographInnen ab.[20]

4.3.1. Digitale Wörterbücher

Unter anderem wird an einer umfangreichen morphologischen Datenbank zur deutschen Sprache gearbeitet, die als lexikographische Schnittstelle nicht nur Daten offeriert, sondern auch Schnittstellen zu digital verfügbaren Korpora bietet, mit deren Hilfe neue lexikalische Ressourcen erstellt werden können. Ein besonderes Anliegen der *DictGate*-Gruppe ist die freie Verfügbarkeit lexikalischer Informationen.

Ein weiterer Schwerpunkt der Arbeitsgruppe sind Sprachen des Nahen Ostens. So wird gegenwärtig an mehreren kleineren Wörterbüchern zu gesprochenen arabischen Varietäten gearbeitet und dafür Material in Kairo, Tunis, Rabat und Damaskus erhoben. Die meisten dieser Daten entstehen als Teil des Projekts *Vienna Corpus of Arabic Varieties* (VI-

---

[19] Vgl. Claudia Resch, Thierry Declerck, Barbara Krautgartner und Ulrike Czeitschner: ABaC:us revisited – Extracting and Linking Lexical Data from a historical Corpus of Sacred Literature. In: Proceedings of the 2nd Workshop on Language Resources and Evaluation for Religious Texts (LRE-REL 2, 2014), S. 36-41.

[20] Vgl. Karlheinz Mörth, Gerhard Budin und Matej Ďurčo: European Lexicography Infrastructure Components. In: eLex 2013, S. 76-92.

CAV), das als Kooperation zwischen der Universität Wien (Institut für Orientalistik) und der Österreichischen Akademie der Wissenschaften durchgeführt wird. Alle diese Daten werden möglichst früh publiziert und im Geiste von Open Access unter einer Creative-Commons-Lizenz (CC-BY) zur Verfügung gestellt.

4.3.2. Eine virtuelle lexikographische Forschungsumgebung

Neben lexikalischen Daten wird auch an Tools gearbeitet, die zur Produktion und Publikation solcher Daten dienen. Das Paket besteht aus mehreren Modulen: einem Editor, Server-Scripts und der *DictGate*-Dokumentationswebsite, die den gesamten Lebenszyklus digitaler lexikographischer Daten unterstützen sollen. Die serverseitige Infrastruktur basiert technisch auf dem *corpus_shell*-Framework[21], einem längerfristigen Projekt, das auf die Implementierung einer generischen, einfach zu verwendenden Lösung für die Publikation digitaler Sprachressourcen hinarbeitet. Die modulare, service-orientierte Architektur soll in einer virtuellen Landschaft distribuierter und heterogener Sprachressourcen funktionieren, baut auf Einzelkomponenten mit sauber definierten Schnittstellen und anerkannten Standards auf. *corpus_shell* funktioniert auf der Basis einer Reihe von Protokollen, die weitgehend aus der Praxis in der CLARIN-Infrastruktur hervorgehen. Das System basiert auf dem SRU/CQL-Protocol (Search / Retrieval via URL + Contextual Query Language), welches auch im Rahmen von CLARINs Federated-Content-Search-Arbeitsgruppe verwendet und weiterentwickelt wird. Das Projekt ist weit vernetzt; ein wichtiger Kooperationspartner ist die SADE-Arbeitsgruppe (*Scalable Architecture for Digital Editions*), die in Deutschland an einer ähnlichen Lösung arbeitet.

Zur Produktion der lexikographischen Daten wird der *Viennese Lexicographic Editor* (VLE) verwendet, der am ICLTT entwickelt wurde und als Teil einer größeren Infrastruktur für Lexikographie angelegt ist. Die erste VLE-Version entstand quasi als Nebenprodukt eines interaktiven, kollaborativen Lernsystems, das in Sprachkursen an der Universität Wien verwendet wurde. Es wurde später im Rahmen anderer Projekte weiterentwickelt und stellt heute die Hauptkomponente des ACDH-Lexikographie-Pakets dar. Das Interface ist ein einfacher, flexibel einsetz-

[21] Vgl. https://clarin.oeaw.ac.at/ccv/corpus_shell (6.1.2015).

barer XML-Editor, der mit dem Wörterbuchserver an der Akademie der Wissenschaften über einen RESTful-Webservice kommuniziert. Grundsätzlich kann der Editor für jede Art von XML-Daten (LMF, TEI, TBX, RDF etc.) eingesetzt werden. Er bietet eine breite Palette an Funktionalitäten, die typischerweise zum Bearbeiten von digitalen Wörterbuchartikeln gebraucht werden, und baut weitgehend auf XML-Technologien (XSLT, XPath, XML Schema) auf. Der VLE bietet natürlich die automatische Überprüfung der strukturellen Integrität der XML-Dokumente (Wellformedness) und das Validieren von Einzelartikeln, aber auch von größeren Datensets mithilfe von XML-Schemata. Ein spezielles Feature sind die frei konfigurierbaren Tastaturlayouts, die jeweils mit einer Sprache verknüpfbar sind. Im Gegensatz zu anderen Applikationen brauchen LexikographInnen nicht jeweils umzuschalten, wenn sie in einer anderen Sprache weiterarbeiten. Vielmehr reagiert der Wörterbucheditor automatisch und passt das Layout an das jeweilige Element an, in dem gerade gearbeitet wird.

Der Editor verfügt über eine spezielle Schnittstelle, die die Integration von Korpusdaten in die jeweiligen Wörterbücher erleichtert. Der Fokus bei der Entwicklung dieses Moduls lag auf dem direkten Zugang zu über das Internet verfügbaren Korpora. Das Interface erlaubt es LexikographInnen, aus Korpora extrahierte Beispielsätze direkt in Wörterbuchartikel einzubauen sowie Korpora direkt aus dem Editor heraus abzufragen und bietet außerdem Funktionalitäten, um die Resultate möglichst effizient in die lexikographische Datenbank zu integrieren.[22]

Ein relativ neues VLE-Modul ist der *tokenEditor*, der bis vor Kurzem als alleinstehendes Tool verfügbar war. Dieses Instrument dient dazu, die manuelle Annotation respektive manuelle Verifikation von zuvor automatisch annotierten Korpora zu optimieren. Der *tokenEditor* vertikalisiert digitale Texte und erlaubt es, diese zu durchsuchen, Subsets an Tokens zu bilden und diese dann mit beliebigen Annotationen zu versehen. Im TUNICO-Projekt (Linguistic dynamics in the Greater Tunis Area, FWF P 25706-G23) wird er auch dazu verwendet, alle Wortformen des Korpus mit den Lemmata eines Wörterbuchs zu verknüpfen.

[22] Vgl. Karlheinz Mörth und Gerhard Budin: Hooking up to the corpus. The Viennese Lexicographic Editor's corpus interface. In: Electronic lexicography in the 21st century: New applications for new users. Proceedings of eLex 2011 (Bled, Slovenia), S. 52-59.

Der VLE bietet auch vielfältige Visualisierungsmöglichkeiten. Alle XML-Daten können mithilfe von frei adaptierbaren XSLT-Dokumenten verknüpft, in HTML transformiert und in einem integrierten Browser dargestellt werden. Der Editor bietet auch die Möglichkeit, Daten in Eingabefeldern zu bearbeiten, ohne direkt mit XML zu arbeiten. Er ist derzeit in Entwicklung, wird laufend verbessert und an neue Bedürfnisse angepasst. Eine der letzten Entwicklungen ist eine effiziente Versionierungsfunktion, die das kollaborative Arbeiten weiter erleichtern wird.

Der VLE ist aus der Arbeit an kleineren Einzelprojekten hervorgegangen und als Lösung für EinzelforscherInnen und kleinere Forschungsgruppen gedacht, die ohne viel logistischen und technischen Overhead auskommen müssen. Der VLE wird unter anderem in den beiden Projekten VICAV und TUNICO eingesetzt, die beide sowohl ihre Forschungsdaten als auch Forschungsresultate über Open-Access-Lizenzen für die Infrastrukturen zur Verfügung stellen. Der VLE ist derzeit nur als Windows-Applikation verfügbar. Es gibt zwar Pläne, eine webbasierte Version zu produzieren. Dies wird allerdings aufgrund fehlender Ressourcen nicht in der nahen Zukunft passieren. Teile der stark auf Optimierung von konkreten Arbeitsschritten zugeschnittenen Funktionalitäten dürften nur schwer im Webbrowser realisierbar sein. Sowohl der Editor als auch die Serverscripts sind freie Tools, deren jeweils neueste Versionen als österreichische In-kind Leistung in den Infrastrukturen zur Verfügung gestellt werden. Auch die Server-Umgebung läuft auf freier Software (Linux, MySQL, PHP), die leicht zu installieren und konfigurieren ist. Die Abfragekomponenten basieren auf dem *corpus_shell*-Framework.

4.3.3. Standards für die digitale Lexikographie

Eine wichtige Voraussetzung für den zielführenden Einsatz digitaler Sprachressourcen ist die entsprechende Dokumentation ihrer Entstehung. Dass Daten mit Metadaten versehen werden müssen, steht mittlerweile außer Frage. Teil dieser Metadaten sollte die genaue Beschreibung der angewandten Workflows und der verwendeten Standards sein. Um die Nachvollziehbarkeit von Forschungsresultaten zu erleichtern, ist es wichtig, nicht nur die Daten selbst zu beschreiben, sondern auch genau zu dokumentieren, auf welche Art sie entstanden sind, welche Annotationsformate verwendet wurden. In beiden Infrastrukturkonsortien, in CLARIN-ERIC und DARIAH-ERIC, spielen Standards und De-facto-Standards eine besondere Rolle. In beiden Institutionen wurden die diesbezüglichen Aktivitäten auch in Form von eigenen Komitees institutionalisiert.

Ein Beispiel für standard-bewusste Arbeit ist die Dokumentationswebseite der *DictGate*-Plattform. In der digitalen Lexikographie hat sich in den letzten Jahrzehnten ein Dschungel an unterschiedlichen Formaten entwickelt, die größtenteils sehr unterschiedlich sind, einen generell geringen Grad an Interoperabilität aufweisen und sehr oft Insellösungen darstellen. Unsere Bemühungen in diesem Zusammenhang bauten bisher weitgehend auf dem ISO-Standard LMF (Lexical Markup Framework) und dem Wörterbuchmodul der Text Encoding Initiative (TEI) auf. Obwohl die TEI unter LinguistInnen und KorpuslinguistInnen generell nicht allzu geläufig ist, ist die Verwendung von TEI in lexikographischen Projekten mittlerweile sehr verbreitet. Das TEI-Wörterbuchmodul, das sehr flexibel ist und unterschiedliche Möglichkeiten aufweist, um Schemata für Wörterbücher zu entwickeln, war ursprünglich hauptsächlich für Projekte gedacht, in denen gedruckte Wörterbücher in eine digitale Form überführt werden sollten. Im Gegensatz dazu richteten sich unsere konkreten Bemühungen in den letzten Jahren besonders darauf, ein Schema für Wörterbücher zu entwickeln, die im digitalen Medium entstanden sind. Dies war unter anderem dadurch motiviert, dass, bedingt durch die komparatistischen Forschungsfragen für die Wörterbuchprojekte des Instituts, Lösungen vonnöten waren, die es erlaubten, über mehrere Wörterbücher hinweg suchen zu können.[23] Es wurden in diesem Zusammenhang auch Experimente mit semantischen Technologien wie RDF und SKOS durchgeführt. Ein wichtiger Punkt in allen Arbeiten zum TEI-Wörterbuchmodul war die Frage der Interoperabilität zu dem zuvor erwähnten ISO-Standard LMF.[24]

Auf der formalen Ebene ist das Minimum an Dokumentation für die Makro- und Mikrostruktur eines digitalen Wörterbuchs das Schema, ein Dokument, in dem in einer formalisierten Sprache festgehalten wird, welche Elemente das Wörterbuch enthält und wie diese zueinander in Bezie-

---

[23] Vgl. Gerhard Budin, Stefan Majewski und Karlheinz Mörth: Creating Lexical Resources in TEI P5: A Schema for Multi-purpose Digital Dictionaries. In: Journal of the Text Encoding Initiative (TEI and Linguistics) Issue 3 (2012), http://jtei.revues.org/522 (6.1.2015).

[24] Vgl. Thierry Declerck, Piroska Lendvai und Karlheinz Mörth: Collaborative Tools: From Wiktionary to LMF, for Synchronic and Diachronic Language Data. In: Gil Francopoulo (Hrsg.): LMF. Lexical Markup Framework, 2013, S. 175-186.

hung stehen. Für die konkrete Arbeit mit LexikographInnen hat es sich jedoch als hilfreich erwiesen, die formalisierte Darstellung durch diskursive Darlegungen zu ergänzen, die auch argumentativ begründen und die Nachnutzung der Lösungen durch Beispiele erleichtern. Trotz langjähriger Aktivitäten und vieler in TEI aufbereiteter Wörterbücher sieht es im Hinblick auf frei zugängliche Dokumentationen zu solchen Projekten bedauerlicherweise nicht sehr gut aus. Aus dieser Situation heraus entstand in unseren Projekten die Idee, eine standardkonforme Dokumentation für unsere Wörterbücher zu erstellen und diese als CLARIAH-In-kind ins Internet zu stellen. Mittlerweile existiert diese Webseite[25] – sie offeriert eine umfangreiche Beschreibung der Struktur der VICAV-Wörterbücher. Alle wichtigen Wörterbuch-Komponenten und der Gebrauch der korrelierenden TEI-Elemente werden anhand von konkreten Beispielen aus den Wörterbüchern beschrieben.

5. Ausblick

Um den Aufbau von Infrastrukturen voranzutreiben, muss man grundsätzlich bereit sein, die Kultur des Teilens selbst auch zu leben und die eigenen Forschungsdaten und Resultate anderen für ihre Arbeit zur Verfügung zu stellen. Warum sollten einzelne ForscherInnen, ForscherInnengruppen oder Institutionen bei CLARIAH mitmachen? – Die Liste an guten Gründen ist schnell zusammengestellt: Neben dem Zugang zu einem dicht geknüpften internationalen Netzwerk aus Fachleuten unterschiedlicher Disziplinen ist sicherlich auch der Zugang zu Daten und Tools sowie zu einschlägiger Expertise ein zentrales Argument. Möglichkeiten des Datenhostings und der Langzeitsicherung von Forschungsdaten spielen ebenso eine wichtige Rolle wie die Intensivierung des Wissenstransfers (Tools, Standards), die Sichtbarkeit der eigenen Forschung und die Beteiligung an Projekten zur Erschließung von Finanzierungen. Die Entwicklungen der letzten Jahre haben gezeigt, dass die europäischen Strukturen auch auf österreichischer Ebene zunehmend an Bedeutung gewinnen. Es werden immer mehr Daten verfügbar und es bleibt zu hoffen, dass kommende Generationen an ForscherInnen weniger mit der Erzeugung als vielmehr mit der Auswertung von Daten befasst sein werden.

---

[25] Vgl. http://www.oeaw.ac.at/acdh/en/vicav (6.1.2015).

II. AMC (AUSTRIAN MEDIA CORPUS) – KORPUSBASIERTE FORSCHUNGEN ZUM ÖSTERREICHISCHEN DEUTSCH

Jutta Ransmayr, Karlheinz Mörth, Matej Ďurčo[1]

1. Einleitung

Die Beschreibung sowie die weitere Erforschung des österreichischen Standarddeutsch stellen immer wieder geforderte Desiderata dar.[2] Zwar ist die lexikalische Ebene der in Österreich gebräuchlichen Standardsprache durch das Österreichische Wörterbuch (ÖWB) gut dokumentiert. Auch durch Arbeiten wie z. B. „Wie sagt man in Österreich?“[3] und das Variantenwörterbuch[4], das derzeit überarbeitet und neu aufgelegt wird, wird die Wortschatzebene abgedeckt. Aber (noch) nicht alle Ebenen der deutschen Sprache in ihrer österreichischen Ausprägung sind gleichermaßen sorgfältig kodifiziert. Derzeit wird im Projekt Variantengrammatik[5] an der Beschreibung der grammatikalischen Unterschiede zwischen den Standardvarietäten des Deutschen nach dem Vorbild des Variantenwörterbuchs gearbeitet. Was jedoch für eine weitergehende und fundierte Erforschung des österreichischen Standarddeutsch grundlegend erscheint und bisher nicht möglich war, ist, das österreichische Standarddeutsch anhand großer Korpora über einen längeren Zeitraum zu beobachten und die Sprachentwicklung im österreichischen Standarddeutsch auf einer umfassenden empirischen Datengrundlage korpuslinguistisch erforschen und dokumentieren zu können.

Diese Lücke wird nun durch ein neues umfangreiches Korpus der Österreichischen Akademie der Wissenschaften, das Austrian Media Corpus (AMC)[6], geschlossen.

---

[1] Austrian Centre for Digital Humanities, Österreichische Akademie der Wissenschaften

[2] Vgl. Jutta Ransmayr: Das österreichische Deutsch und sein Status an Auslandsuniversitäten. Eine empirische Untersuchung an Germanistikinstituten in Frankreich, Großbritannien, Tschechien und Ungarn. Wien 2005, S. 378f.

[3] Jakob Ebner: Wie sagt man in Österreich? Wörterbuch des österreichischen Deutsch. Mannheim, Wien, Zürich 1998.

[4] Ulrich Ammon et al.: Variantenwörterbuch des Deutschen. Berlin, New York 2004.

[5] Vgl. http://www.variantengrammatik.net/ (14.3.2015).

[6] Vgl. http://www.oeaw.ac.at/acdh/amc (14.3.2015).

2. Was ist das Austrian Media Corpus (AMC)?

Das AMC ist eine digitale Textsammlung[7] einer großen Bandbreite an medialen Texten, also überwiegend „journalistischer Prosa“. Sein Inhalt reicht von österreichischen Zeitungen und Magazinen über Pressemeldungen der Austria Presse Agentur bis hin zu Transkripten österreichischer TV- und Radionachrichtentexte. Das Datenmaterial des AMC ist einzigartig, eine regelrechte linguistische Schatztruhe, die praktisch die gesamte Medienlandschaft eines Landes über mehrere Jahrzehnte abdeckt.

Zustande gekommen ist das AMC durch eine Kooperation der Österreichischen Akademie der Wissenschaften (ÖAW) mit der Austria Presse Agentur (APA)[8], die der ÖAW große Teile ihrer digitalen Bestände für sprachwissenschaftliche Forschungen zur Verfügung stellt. Das Datenmaterial des AMC reicht derzeit (Stand Juni 2014) von der Mitte der 1950er-Jahre (APA-Meldungen) über die späten 1980er- und frühen 1990er-Jahre, als Zeitungen und Zeitschriften zunehmend digital produziert wurden, bis ins Jahr 2013. Es beinhaltet daher hinsichtlich der „älteren“ Datenbestände aus dem Zeitraum der 1950er- bis zu den späten 1980er-Jahren historisch besonders wertvolle Sprachdaten und bildet durch die fast lückenlose Abdeckung sämtlicher österreichweiter Printmedien der letzten rund zweieinhalb Jahrzehnte einen äußerst umfassenden, partiell exhaustiven Sprachdatenpool.

3. Inhalt des AMC

Neben der großen Anzahl von APA-Meldungen, die sich über einen Zeitraum von mehr als einem halben Jahrhundert erstrecken, sind auch sämtliche österreichische überregionale und regionale Tages- und Wochenzeitungen, alle größeren österreichischen Magazine sowie österreichische Zeitungen und Zeitschriften, die in größeren Abständen erscheinen (insgesamt mehr als 50 verschiedene Zeitungen und Magazine ab 1990) Teil des AMC:

---

[7] Um das Korpus als Ressource zu zitieren: Matej Ďurčo, Karlheinz Mörth, Hannes Pirker und Jutta Ransmayr: Austrian Media Corpus 2.0. Österreichische Akademie der Wissenschaften 2014, http://hdl.handle.net/11022/0000-0000-478D-2 (14.3.2015).

[8] Vgl. http://www.apa.at/ (14.3.2015).

Überregionale Tageszeitungen:	Regionale Tageszeitungen:	Wochenzeitungen:
Der Standard Die Presse Heute Kurier Neue Kronen Zeitung Kleine Zeitung Medianet Neues Volksblatt Österreich Wiener Zeitung Wirtschaftsblatt	Kärntner Tageszeitung Neue Vorarlberger Tageszeitung Niederösterreichische Nachrichten Oberösterreichische Nachrichten Salzburger Nachrichten Salzburger Volkszeitung Tiroler Tageszeitung Vorarlberger Nachrichten	Falter Die Furche Sportzeitung Burgenländische Volkszeitung Oberländer Rundschau Salzburger Woche Bauernzeitung Kärntner Wirtschaft Solidarität

In anderen Abständen erscheinende Zeitungen:	Zeitschriften und Magazine (wöchentlich):	Zeitschriften und Magazine (monatlich):
Augustin	Format News Profil TV-Media Woman E-Media Der Grazer Horizont	Academia Arbeit & Wirtschaft Datum Die Wirtschaft Echo Gewinn Trend Wiener Wienerin Neuer Kärntner Monat Steirer Monat Industriemagazin Der Konsument

Tabelle 1: Übersicht der im AMC enthaltenen Zeitungen und Zeitschriften

Darüber hinaus finden sich im AMC auch Transkripte österreichischer TV- und Radionachrichtensendungen (ab 2003) sowie OTS-Meldungen[9] der Austria Presse Agentur (ab 1989).

In Summe ergibt dieses Material eine Datenbasis von rund 33 Millionen Texten bzw. rund acht Milliarden Tokens. Im Vergleich zu anderen großen Korpora, wie etwa dem DeReKo des Instituts für deutsche Spra-

[9] OTS = Original Text Service: eine Serviceleistung der APA, wodurch Firmen, Parteien etc. Presseaussendungen und anderes veröffentlichen können.

che in Mannheim[10] bzw. den Korpora des DWDS an der Berlin-Brandenburgischen Akademie der Wissenschaften[11], reiht sich das AMC unter die größten digitalen Sprachdatensammlungen des deutschen Sprachraums ein. In Österreich selbst ist das AMC die erste und größte Sprachdatenressource ihrer Art, mit deren Hilfe vor allem der schriftliche Gebrauch der Standardsprache in Österreich sprachwissenschaftlich erforscht werden kann.

4. Erste Schritte zur Nutzbarmachung des AMC für sprachwissenschaftliche Zwecke

Um die großen Datenmengen für sprachwissenschaftliche und lexikographische Zwecke nutzbar zu machen, mussten sie zuerst entsprechend aufbereitet werden. Als erster Schritt wurden die Daten mithilfe von existierenden Metadaten strukturiert und geordnet. Als Ausgangsmaterial zur Erzeugung systematisch wiederverwendbarer Metadaten dienten die im Folgenden gelisteten Kategorien:

(1) Quelle (Art und Titel des Textes sowie des Publikationsorgans)
(2) Publikationsdatum
(3) Region bzw. Erscheinungsort
(4) Ressort / Sachbereich

Große Teile der benutzten Labels mussten erst systematisiert werden, da insbesondere die Bezeichnungen der Ressorts innerhalb der verschiedenen Zeitungen und Magazine je nach Publikationsorgan und dessen jeweiliger „Hausgebrauch" der intern verwendeten Codes und Abkürzungen für die verschiedenen Sachbereiche (Politik, Ausland, Sport etc.) stark variierten. Bei dem Systematisierungsprozess wurden die 1000 häufigsten Labels auf 50 reduziert. Die folgende Abbildung zeigt eine Übersicht über die wichtigsten im AMC enthaltenen Ressorts nach der Systematisierung:

[10] Deutsches Referenzkorpus DeReKo: http://www1.ids-mannheim.de/kl/projekte/korpora/ (14.3.2015).

[11] Digitales Wörterbuch der deutschen Sprache DWDS: http://dwds.de/ressourcen/korpora/ (14.3.2015).

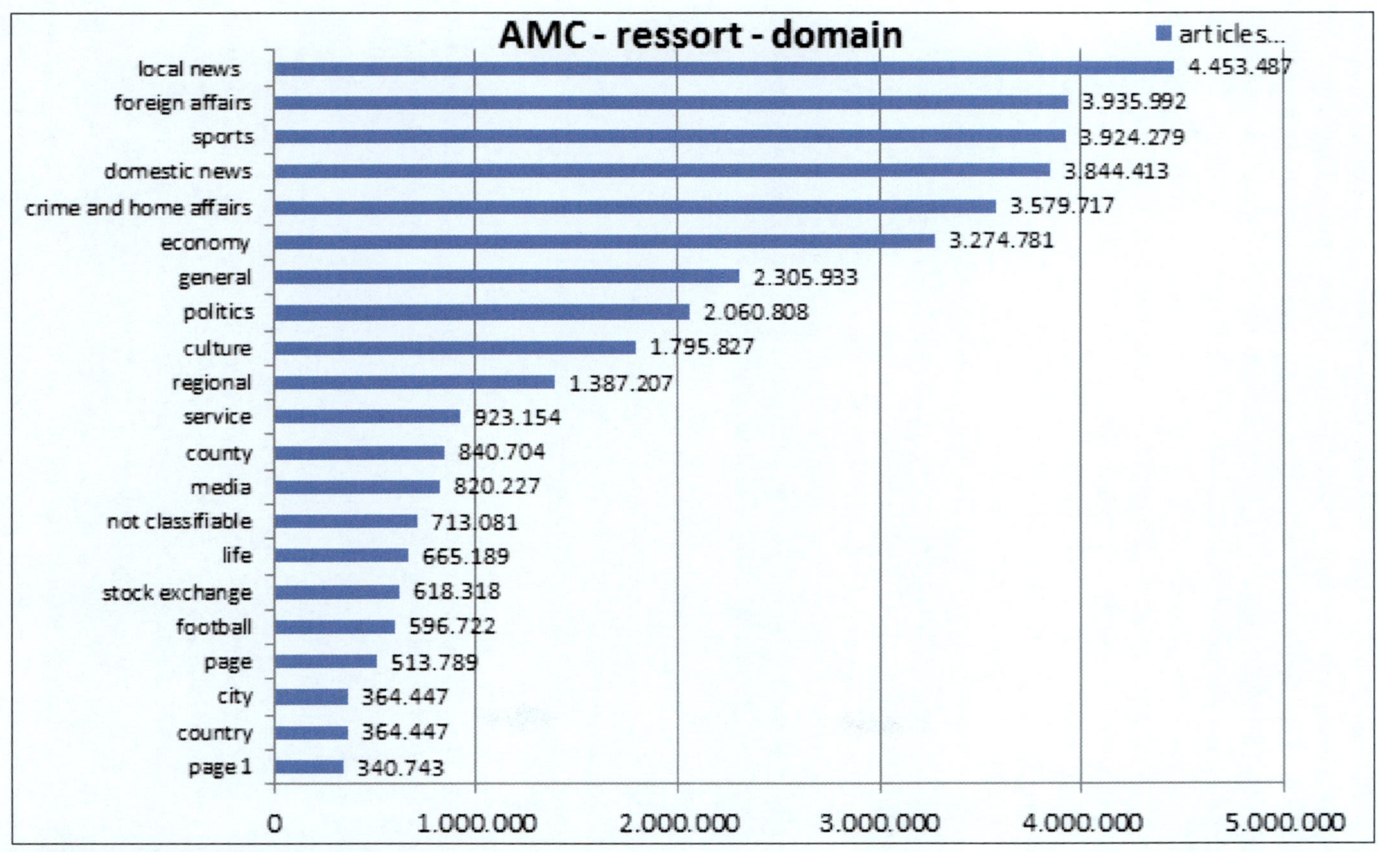

Abbildung 1: Übersicht Ressorts AMC

In Bezug auf den Ursprung der Texte können diese in zwei große Gruppen eingeteilt werden: „ältere“ und „jüngere“ Daten. Die historisch weiter zurückliegenden Daten – in Summe drei Millionen Artikel bzw. rund 600 Millionen Tokens – können derzeit noch nicht für computergestützte Auswertungen genützt werden, da die Daten nur als digitale Scans vorliegen und der Einsatz von OCR (Optical Character Recognition) bedingt durch die mangelnde Qualität der Vorlagen wenig zielführend ist. Die optimale Lösung für dieses Problem wäre wohl der Einsatz des Double-Keying-Verfahrens, wofür derzeit aber keine finanziellen Ressourcen zur Verfügung stehen. Besonders für die zweite Hälfte des 20. Jahrhunderts könnten durch diese Daten große Lücken in der Sprachdokumentation des österreichischen Deutsch geschlossen werden.

Die „jüngeren“ Texte des AMC (ca. 1986-2013) stellen mit mehr als 30 Millionen Artikeln (= mehr als sechs Milliarden Tokens) den bei Weitem größten Teil des Korpus dar. Dieses Material ist bereits digital entstanden, ist daher von vergleichsweise exzellenter Qualität und wird auch bereits in Forschungsprojekten genutzt und ausgewertet, die in Abschnitt 5 näher beschrieben werden. Wenn möglich, wurden die Zeitungen und Magazine regionalen Untergruppen zugeteilt, sodass damit auch innerösterreichische Sprachvariation gezielt erforscht werden kann. Alle überregionalen Printmedien sowie Fachzeitschriften wurden jeweils in eigenen Subkorpora zusammengefasst. Aus den regionalen Zeitungen wurden entsprechend ihres Erscheinungsortes in den österreichischen Bundesländern die folgenden regionalen Subkorpora gebildet, wobei die Einteilung des Variantenwörterbuchs (2. Auflage) übernommen wurde: aost (Wien, Niederösterreich, Burgenland), asüdost (Kärnten, Steiermark), amitte (Oberösterreich, Salzburg), awest (Tirol, Vorarlberg) (siehe Abbildung 2).

Um die Daten für weiterführende linguistische und lexikographische Analysen nutzbar zu machen, wurden diese entsprechend annotiert, d. h. mit morphosyntaktischen Informationen versehen und lemmatisiert. Zur Identifikation der Wortklassen wurde einerseits das Tool *TreeTagger* eingesetzt, das die Daten mit dem STTS (Stuttgart-Tübingen-TagSet) annotiert. Dieses gilt als De-facto-Standard für deutschsprachige Texte. Zusätzlich wurden die Daten aber auch mit dem *RF-Tagger* annotiert, der ein wesentlich reicheres Tagset anwendet. Dieses basiert zwar auf dem STTS, liefert aber viel differenziertere morphologische Kategorisierungen wie Genus, Numerus, Kasus etc. beim Nomen, die finiten und infi-

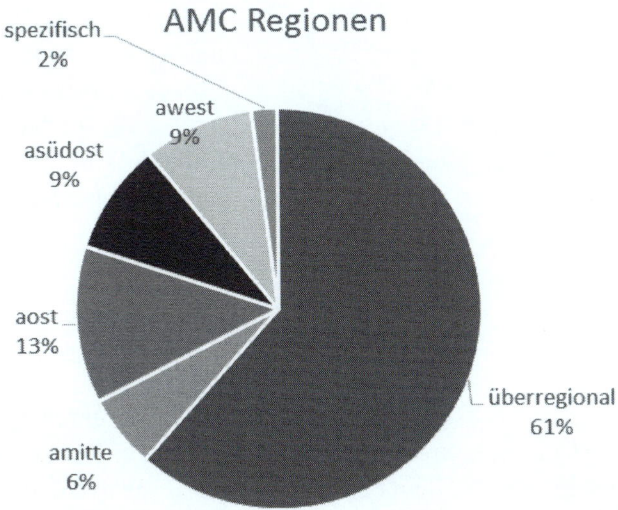

Abbildung 2: AMC-Printmedienbestand nach Regionen

niten Formen beim Verb. Die Funktionsweise beider Tagger basiert auf statistischen Verfahren (Hidden Markov Model, HMM) und beide liefern teilweise fehlerhafte Annotationen. Eine tiefergehende Evaluierung der Tagging-Fehler sowie in weiterer Folge das „Trainieren" der Tagger mit verbesserten Daten ist vorgesehen. Ebenso sind weitere Annotationsebenen (insbesondere *Named Entities*) geplant.

Um die Daten ForscherInnen zugänglich zu machen, müssen diese über ein Suchsystem indiziert werden. Anfangs wurde das sehr weit verbreitete System Apache Solr[12] eingesetzt, das außerordentlich performant und skalierbar ist. Allerdings ist es auf allgemeine, einfach strukturierte Daten ausgerichtet und unterstützt keine linguistische Suche, d. h. insbesondere die Suche über mehrere Annotationsebenen. Daher wird auch ein speziell für linguistische Fragestellungen entwickeltes System verwendet, die Software *Sketch Engine*[13], ein kommerzielles Produkt, das komplexe Abfragen und differenzierte statistische Auswertungen der Daten ermöglicht.

Die enorme Datenmenge stellt uns auch vor technische Herausforderungen. Der Umfang der Originaldaten beträgt etwa 100 GB, die getaggten Daten brauchen 268 GB, das indizierte Korpus verbraucht bei der

---

[12] Vgl. http://lucene.apache.org/solr (14.3.2015).

[13] Vgl. http://sketchengine.co.uk (14.3.2015).

Sketch Engine ca. 150 GB, bei Solr 252 GB. Der ganze Verarbeitungsprozess mit Vorverarbeitung, Tokenisierung, Lemmatisierung, Annotierung und Indizierung braucht in einem Durchlauf ca. zehn Tage auf einem Computer mit 32GB RAM und acht Prozessorkernen. In der Praxis waren für einzelne Schritte allerdings mehrere Durchläufe notwendig, da etwa Inkonsistenzen in der Struktur der Ausgangsdaten besonderer Behandlung bedurften.

5. Laufende Forschungsprojekte und Anwendungsmöglichkeiten des AMC

Das Austrian Media Corpus wird bereits in mehreren sprachwissenschaftlichen und lexikographischen Forschungsprojekten verwendet.[14] Seit 2012 wird es im Rahmen einer Kooperation mit dem Österreichischen Wörterbuch (ÖWB) für lexikographische Zwecke eingesetzt. Untersuchungen auf der Basis des AMC fließen in die 43. Auflage des Österreichischen Wörterbuchs ein. Dabei wurden zum einen alle Lemmata des ÖWB auf ihr Vorkommen im AMC untersucht, u. a. um potentielle Streichungskandidaten zu ermitteln. Umgekehrt wurden Wörter im AMC identifiziert, die noch nicht im ÖWB enthalten sind und somit Kandidaten für die Neuaufnahme wären. Hier lag die Herausforderung darin, die extrem lange Liste von Wörtern, die im AMC vorkommen, soweit zu reduzieren, dass eine manuelle Inspektion in Frage kommt. Dazu wurden Eigennamen (soweit automatisch als solche erkannt) ausgenommen, ebenso Wörter aus dem untersten Frequenzbereich (unter sechs Vorkommen). Dies ergab eine Liste von über 12.500 Wörtern, die als Grundlage für die Auswahl von Neuaufnahmen dienen konnte. Die letztliche Entscheidung über die Neuaufnahme in das ÖWB lag unter Berücksichtigung weiterer Aspekte bei der Redaktion.

Ein weiteres lexikographisches Projekt, bei dem das AMC zur Anwendung kommt, ist die Neuauflage des Variantenwörterbuchs des Deutschen (VWB).[15] Dieses Wörterbuch, dem im Einklang mit der Forschung

[14] Aufgrund von urheberrechtlichen Beschränkungen ist das AMC nur für wissenschaftliche Zwecke und nur an der Österreichischen Akademie der Wissenschaften zugänglich. Hier kann es allerdings auch von externen GastforscherInnen und Studierenden für ihre Studien verwendet werden.

[15] Vgl. http://www.variantenwoerterbuch.net/ (14.3.2015).

der letzten Jahrzehnte die Konzeption des Deutschen als plurizentrische Sprache zugrunde liegt, dokumentiert die nationalen und regionalen standardsprachlichen Varianten des Deutschen in den – der Terminologie des Variantenwörterbuchs zufolge – drei „Vollzentren" der deutschen Sprache (Deutschland, Österreich, Schweiz) sowie in den vier „Halbzentren" Liechtenstein, Luxemburg, Südtirol und Ostbelgien.[16] Die möglichst vollständige Erfassung der Lexik der nationalen und regionalen Varianten der deutschen Sprache ist das zugrundeliegende Ziel des Variantenwörterbuchs.[17] Aufbauend auf dem Austrian Media Corpus liefert die ÖAW im Rahmen einer Forschungskooperation mit dem Institut für Germanistik der Universität Wien seit 2012 Daten für den gesamten Sprachraum Österreich, um die Neuauflage des Variantenwörterbuchs empirisch fundiert und korpusbasiert zu unterstützen. Hierfür wurden über 12.000 Lemmata des VWB auf ihr Vorkommen im Korpus untersucht. Für jedes Lemma wurde ein Profil erstellt, das seine Verwendung nach Regionen und nach Organen aufschlüsselt und zusätzlich eine randomisierte Kontextliste beinhaltet, um den EditorInnen zu ermöglichen, die Ergebnisse im Detail zu verifizieren. Diese Profile wurden über eine einfache Web-Oberfläche zur Verfügung gestellt und können von den MitarbeiterInnen des VWB während ihrer Arbeit an einzelnen Wörterbuch-Artikeln direkt konsultiert werden.

Seit 2012 besteht auch eine Kooperation mit dem Rat für deutsche Rechtschreibung. Der Rat erhält hierbei korpusbasierte Analysen zum Rechtschreibgebrauch in österreichischen Zeitungen aus dem AMC. Somit können nun auch erstmals Daten zum Variantenschreibgebrauch in Österreich in die Empfehlungen und Maßnahmen des Rats für deutsche Rechtschreibung, die für den gesamten deutschen Sprachraum verbindlich sind, einfließen.[18]

[16] Ammon et al. [Anm. 4], S. XXXI.

[17] Vgl. http://germanistik.univie.ac.at/institut/projekte/variantenwoerterbuch/ (14.3.2015).

[18] Der Rat für deutsche Rechtschreibung ist ein zwischenstaatliches Gremium (Mitgliedsländer: Deutschland, Österreich, Schweiz, Liechtenstein, Südtirol und Belgien), das vonseiten der staatlichen Stellen damit beauftragt wurde, die Einheitlichkeit der Rechtschreibung im deutschen Sprachraum zu bewahren, die Rechtschreibung auf der Grundlage des orthographischen Regelwerks im unerlässlichen Umfang weiterzuentwickeln und den Schreibgebrauch hinsichtlich der Rechtschreibung zu beobachten. Der Rat ist somit die maßgebende Instanz in Fragen der deutschen Rechtschreibung und gibt als solche mit dem amtlichen Regelwerk das Referenzwerk für die deutsche Rechtschreibung heraus.

Die folgende Graphik zeigt exemplarisch am Beispiel des Wortes „kennenlernen" eine Möglichkeit der AMC-Korpusanalysen für einzelne Lemmata: In der folgenden Graphik wird am Beispiel von „kennenlernen" vs. „kennen lernen" der Einfluss einer rechtschreibsteuernden Maßnahme (der Rechtschreibreform von 1996 und der Nachjustierung von 2006 durch den Rat für deutsche Rechtschreibung) auf die Akzeptanz und Verwendung amtlich vorgegebener Schreibvarianten durch professionelle SchreiberInnen in den österreichischen Medien dargestellt (bis 1996 *kennenlernen* als einzig erlaubte Schreibung, 1996-2006 nur *kennen lernen*, ab 2006 sowohl Zusammenschreibung als auch Getrenntschreibung möglich):

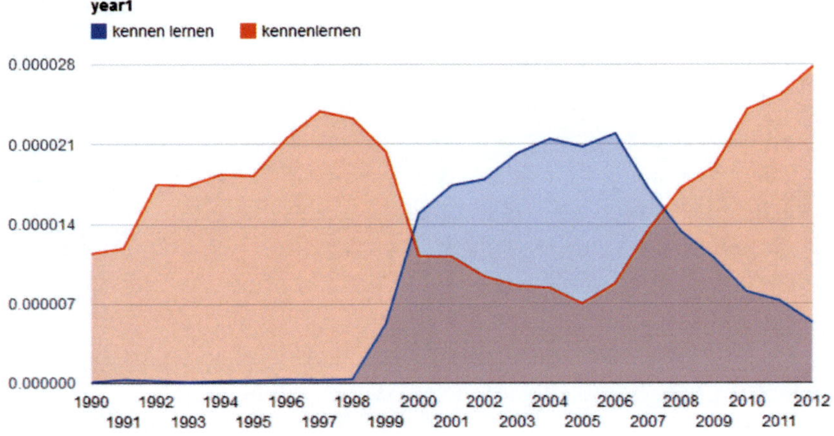

Abbildung 3: kennenlernen vs. kennen lernen

Ein anderer Anwendungsaspekt, bei dem das AMC den Rat für deutsche Rechtschreibung unterstützt, betrifft die Beobachtung der Präferenz bei mehreren nach der aktuellen Orthographieregelung möglichen Schreibungen und der dabei fallweise auftretenden länderspezifischen Unterschiede. Am Beispiel des Wortes „Varieté / Varietee" können unterschiedliche Schreibpräferenzen in den deutschsprachigen Ländern beobachtet werden. Hierbei zeigen die österreichischen Daten über den gesamten Beobachtungszeitraum von 1995-2012 eine eindeutige Präferenz der vor der Reform von 1996 gültigen Schreibung „Varieté". In den österreichischen Medien wurde die integrierte Schreibweise „Varietee" den AMC-Analysen zufolge so gut wie gar nicht gebraucht, mit Ausnahme von vereinzelten Verwendungen zwischen 1999 und 2003. Analysen der AG Korpus zufolge lassen sich im IDS-Korpus, das den Analysen des Rats neben Wahrig- und Duden-Korpora ebenfalls zur Verfügung gestellt wird, interessanterweise abweichende Präferenzen über denselben Beobachtungszeitraum feststellen. Folgende Graphik zeigt, dass die Präferenz der Schreibung „Varieté“ im AMC durchgehend dominiert und die integrierte Schreibung „Varietee“ im gesamten Beobachtungszeitraum nicht über 27% (im Jahr 2000) steigt, während die integrierte Schreibung im IDS-Korpus im Zeitraum 2000-2006 bei 30-40% liegt.

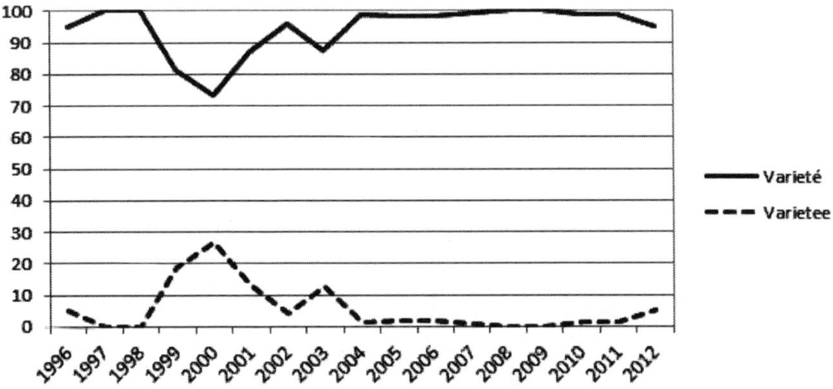

Abbildung 4: Varieté vs. Varietee im AMC (1996-2012)

Solche und ähnliche Beispiele zeigen auf anschauliche Art und Weise länderspezifische Unterschiede innerhalb der deutschen Standardsprache auf der Ebene der Orthographie auf, die zum einen für den Rechtschreibrat aufschlussreiche Informationen darstellen, zum anderen aber auch für die Beschreibung der österreichischen Standardvarietät und deren umfassende Kodifizierung wichtige Dienste leisten können.

Ein Forschungsbereich der Morphologie-Arbeitsgruppe des ICLTT behandelt Diminutivformen in der österreichischen Standardvarietät. Bei diesen auf dem AMC aufbauenden Untersuchungen stehen zwei Schwerpunkte im Fokus: Es geht sowohl um den Aspekt der Korpusanalyse und der Weiterentwicklung der in Hinsicht auf Workflows für spezifische sprachwissenschaftliche Fragestellungen notwendigen Tools als auch um neue Erkenntnisse im Bereich der Wortbildungstheorie, insbesondere zur Graduierung der Transparenz von Diminutiven auf *-chen*, die hier nun auf der Basis eines großen digitalen Datenpools gewonnen und empirisch überprüft werden können.

6. Zusammenfassung und Ausblick

Das Austrian Media Corpus ist eine neue Sprachressource, die für vielfältige Forschungen herangezogen werden kann. So bietet sich das AMC neben Untersuchungen im Bereich der Lexik, wie sie derzeit in den beschriebenen Kooperationsprojekten mit dem ÖWB und dem VWB durchgeführt werden, für Forschungen auf der Ebene der Morphologie, wie in der zuvor dargestellten Untersuchung zur Diminutivbildung, darüber hinaus für Untersuchungen zu verschiedensten grammatikalischen Phänomenen oder auch für die Diskursanalyse an. Für viele Untersuchungen sind durch „maßgeschneiderte" Such- und Filtermethoden sowohl diachrone, als auch regionale oder punktuelle Datenanalysen möglich, die nach den Kriterien des Genres oder einer Auswahl der gewünschten Medien erfolgen können.

Das AMC wird laufend weiterentwickelt. Hierzu wird an mehreren Aspekten gearbeitet: Einerseits werden Bemühungen unternommen, die automatische linguistische Annotation zu verbessern und zu verfeinern, andererseits wird auch an den Analysemethoden gearbeitet. Es bleibt zu hoffen, dass diese digitale Sprachressource auch andere ForscherInnen zu interessanten und innovativen Projekten inspirieren möge.

III. MORPHOSYNTAKTISCHE ANNOTATION HISTORISCHER DEUTSCHER TEXTE: DAS AUSTRIAN BAROQUE CORPUS

Claudia Resch, Ulrike Czeitschner[1]

1. Vorbemerkung

Das Austrian Baroque Corpus ist am Institut für Corpuslinguistik und Texttechnologie (ICLTT) an der Österreichischen Akademie der Wissenschaften (ÖAW) auf Initiative der Erstautorin entstanden. Sein Aufbau und seine Beforschung wurden in den Jahren 2012-2014 maßgeblich durch den Jubiläumsfonds der Österreichischen Nationalbank gefördert: Durch die Bewilligung des Projekts „Texttechnologische Methoden zur Analyse österreichischer Barockliteratur"[2] konnte ein interdisziplinäres Projektteam aus den Fachbereichen der Literaturwissenschaft, der Sprachwissenschaft und der Korpuslinguistik[3] zusammenfinden, das parallel zur Erstellung der ABaC:us-Ressource erproben wollte, welche digitalen Methoden, Annotationsstandards und Tools zur Erschließung dieser zeitentfernten Texte anwendbar sind. Nach Ende der Projektlaufzeit sollten die erarbeiteten, angereicherten Daten idealerweise einem breiteren BenutzerInnenkreis zur Verfügung stehen. An dem von der ÖAW neu gegründeten Austrian Centre for Digital Humanities (ACDH) fand dieses Vorhaben größtmögliche Unterstützung: Seit dem 5. Mai 2015 ist die ABaC:us-Edition online.[4]

Vorliegender Beitrag widmet sich insbesondere der morphosyntaktischen Annotation dieser historischen Texte und deren Verfahren, weil sie das Austrian Baroque Corpus zu einer wertvollen Ressource – auch und

---

[1] Austrian Centre for Digital Humanities, Österreichische Akademie der Wissenschaften

[2] Vgl. http://www.oeaw.ac.at/acdh/de/abacus-project (10.5.2015).

[3] Anteilig im ÖNB-Projekt 14738 (Leitung: Claudia Resch) beschäftigt waren Thierry Declerck (Deutsches Forschungszentrum für Künstliche Intelligenz / Universität Saarbrücken), Barbara Krautgartner, Katharina Wappel und Eva Wohlfarter.

[4] Die Online-Stellung von ABaC:us (abrufbar unter https://acdh.oeaw.ac.at/abacus/) gelang letztlich durch die intensive Zusammenarbeit der Herausgeberinnen mit den ACDH-Arbeitsgruppenleitern Matej Ďurčo und Daniel Schopper.

gerade für linguistische Fragestellungen – macht, wofür im zweiten Teil des Beitrages konkrete Anwendungsbeispiele gegeben werden.

2. Eckdaten zum Austrian Baroque Corpus

Die Bezeichnung „Austrian Baroque Corpus“ steht für eine in Österreich aufgebaute digitale Sammlung von Volltexten, deren Quellenmaterial vorwiegend aus dem 17. Jahrhundert und dem beginnenden 18. Jahrhundert stammt und der Barockzeit[5] zuzurechnen ist.

Digitale Sprachdaten zum Älteren Neuhochdeutsch, wie sie in ABaC:us vorhanden sind, waren bislang in der deutschsprachigen Korpuslandschaft deutlich unterrepräsentiert. Bibliotheken, Archive und Forschungsgemeinschaften unternehmen mittlerweile zwar große Anstrengungen, um Drucke aus der Barockzeit zu digitalisieren und die Image-Digitalisate von bibliographisch relevanten Schlüsselseiten oder sogar Volltextdigitalisate verfügbar zu machen, beispielsweise im „Verzeichnis der im deutschen Sprachraum erschienenen Drucke des 17. Jahrhunderts (VD 17)“[6], wodurch alle im deutschen Sprachgebiet gedruckten und verlegten Titel bibliographisch auffindbar und zum Teil einsehbar werden sollen; die (für eine profunde Erschließung wünschenswerte) Durchsuchbarbarkeit der Volltexte selbst ist allerdings dadurch keineswegs gewährleistet.

Mit dem Aufbau der ABaC:us-Datenbasis nimmt sich das Projektteam dieses Forschungsdesiderats an, indem es komplementär zu den hochaufgelösten Bilddigitalisaten der Originaldrucke maschinenlesbare, korrigierte und annotierte Sprachdaten im Volltext generiert: Der Nutzen für die Forschungsgemeinschaft liegt einerseits im Aufbau dieser Sprachdatengrundlage und andererseits in deren Beforschung mittels digitaler Methoden. Die Sprachstufe des Älteren Neuhochdeutsch weist einerseits deutliche Unterschiede zu den heutigen Normen auf und kann daher zu den sogenannten Nonstandardvarietäten gezählt werden; andererseits

[5] Der Barockbegriff wurde lange Zeit als „Übergangsbezeichnung“ verwendet. In der germanistischen Literaturwissenschaft ist diese Sprachregelung heute kaum noch umstritten und „Barock“ hat sich als Verständigungsbegriff für die Literatur des 17. Jahrhunderts und des beginnenden 18. Jahrhunderts beziehungsweise für den mittleren Abschnitt der Frühen Neuzeit etabliert.

[6] Vgl. http://www.vd17.de/ (10.5.2015).

sind Abweichungen in der Orthographie so weit vorhersehbar, dass es sich lohnt, an der Entwicklung eines stabilen Methodeninventars zu arbeiten, das auch in anderen Geltungsbereichen (etwa den Nonstandardvarietäten, wie sie in Internetforen vorkommen) Anwendung finden könnte.

Im Vergleich zu großen gegenwartssprachlichen Referenzkorpora mag ABaC:us mit derzeit 200.000 Tokens klein erscheinen; dabei ist allerdings zu bedenken, dass sich die Erstellung historischer Korpora, deren Annotation jedenfalls manuell nachkorrigiert werden muss, ungleich aufwändiger gestaltet als die Erstellung gegenwartssprachlicher Korpora – das hat unmittelbare Auswirkungen auf die Tokenzahlen: Vergleichbare Korpusunternehmen[7], die zum Teil ebenfalls zuverlässige Sprachdaten aus der Zeit des 17. Jahrhunderts enthalten, bewegen sich ebenfalls in dieser Größenordnung oder sind kleiner als ABaC:us.

Mit der Wahl eines thematischen Schwerpunktes und der Zusammenstellung dieses historischen Korpus trägt die Initiatorin des Projekts ihren spezifischen Forschungsinteressen Rechnung, aber auch der Tatsache, dass theologische Texte innerhalb der Literaturproduktion des Untersuchungszeitraumes einen hohen Anteil und Stellenwert hatten. Innerhalb der geistlichen Schriften sind die ausgewählten Texte Vertreter einer reichhaltigen und weit verbreiteten Literatur, die sich mit dem für diese Zeit charakteristischen „Memento mori“ und der Vorbereitung auf den Tod beschäftigt. Als Ergebnis liegt ein textsortenbestimmtes Korpus von derzeit etwa 20 theologisch-erbaulichen Schriften mehrerer Verfasser vor, deren Werke sowohl Prosa als auch Verse enthalten und zum Teil mit Holzschnitten oder Kupferstichen illustriert sind:

[7] Ein Korpus, das insgesamt zehn Quellen aus dem Zeitraum 1650-1700 enthält, ist das zwischen 1972 und 1985 erstellte Bonner Frühneuhochdeutschkorpus: http://www.korpora.org/Fnhd/ (10.5.2015). Jeder ausgewählte Textausschnitt hat den Umfang von etwa 30 Normalseiten; sämtliche Texte sind mit Wortklassenangaben (beschränkt auf Substantive, Verben und Adjektive) manuell annotiert.
Ein zweites repräsentatives Korpus, das deutsche Sprachdaten aus dem Zeitraum 1650-1800 enthält, ist GerManC an der Universität Manchester: http://www.llc.manchester.ac.uk/research/projects/germanc/ (10.5.2015). Bestehend aus einzelnen Textausschnitten zu je 2000 Wörtern, umfasst es 676.508 Wortformen, von denen etwa 58.000 Tokens manuell überprüft sind („gold standard“).
Ältere Texte enthält auch das Deutsche Textarchiv an der Berlin-Brandenburgischen Akademie der Wissenschaften: http://www.deutschestextarchiv.de/ (10.5.2015); die Annotation erfolgt dort vollautomatisch (vgl. Anm. 23).

Abbildung 1: Auswahl einiger (Titel-)Seiten aus dem Austrian Baroque Corpus, darunter Werke von Abraham a Sancta Clara, Abraham Megerle, Valentin Neiner, Florentius Schilling sowie anonym publizierte Werke.

Unter den Autoren kommt dem heute noch bekannten Augustiner Barfüßer Prediger Abraham a Sancta Clara (eigentlich Johann Ulrich Megerle, 1644-1709)[8] in dieser Sammlung barocker Memento mori- und Totentanz-Literatur besonderer Stellenwert zu. Sein 300. Todestag im Jahr 2009 war der Anlass, im Folgejahr im Rahmen des Wissenschaftsstipendiums „Barocke literarische Totentänze von und mit Abraham a Sancta Clara“ (gefördert durch die Stadt Wien) mit der digitalen Erschließung

[8] Vgl. die Lexikoneinträge von Franz M. Eybl: Artikel Abraham a Sancta Clara. In: Killy Literaturlexikon Volume 1 (2008). Berlin, S. 10-14 oder Wilhelm Friedrich Bautz: Artikel Abraham a Sancta Clara. In: Biographisch-Bibliographisches Kirchenlexikon. Band I (1990), Sp. 10-11.
Mit Abraham a Sancta Claras publizistischen Erfolgen hat sich eine ganze Reihe von WissenschafterInnen beschäftigt. Das Interesse an der Person und Biographie des Predigers und die Auseinandersetzung mit seinen Schriften und deren Rezeption weisen mehrere „Kulminationsphasen“ auf, die Franz M. Eybl in seiner Habilitationsschrift eingehend dargestellt hat. Vgl. Franz M. Eybl: Abraham a Sancta Clara. Vom Prediger zum Schriftsteller. Tübingen 1992, S. 6-23.

seiner und der ihm zugeschriebenen[9] todesbezogenen Schriften zu beginnen. Fünf Werke bilden seither das Kernkorpus von ABaC:us, sie haben alle vorgesehenen Annotationsstufen durchlaufen und stehen bereits online zur Verfügung.

3. Das (pseudo-)abrahamische Kernkorpus

Da zu Abraham a Sancta Claras Werken keine wissenschaftliche Gesamtausgabe vorliegt, hat sich die Projektgruppe bei der Auswahl der fünf Texte für eine streng quellenkundliche Vorgangsweise entschieden und vorzugsweise Erstausgaben verwendet, sofern diese zu identifizieren waren. Folgende Drucke wurden digitalisiert, mithilfe von XML (Extensible Markup Language) und verwandten Technologien zu maschinenlesbarem Text verarbeitet[10] und gemäß international empfohlener Standards der Text Encoding Initiative (Version P5)[11] aufbereitet:

(1) ***Mercks Wienn*** */ Das ist Deß wütenden Todts ein vmbständige Beschreibung Jn Der berühmten Haubt vnd Kayserl. Residentz Statt in Oesterreich / Jm sechzehen hundert / vnd neun vnd sibentzigsten Jahr /* […] *Gedruckt zu Wienn / bey Peter Paul Vivian / der löbl: Universitet Buchdrucker 1680.*
(2) ***Lösch Wienn*** */ Das ist Ein Bewögliche Anmahnung zu der Kays. Residentz=Statt Wienn in Oesterreich / Was Gestalten / Dieselbige der so viel tausend Verstorbene Bekanten vnd Verwandten nicht wolle vergessen* […] *Gedruckt zu Wien / bey Peter Paul Vivian / 1680.*
(3) ***Grosse Todten Bruderschaft*** */ Das ist Ein kurtzer Entwurff Deß Sterblichen Lebens / Mit beygefügten CATALOGO, Oder Verzeichnus aller der Jenigen Herren Brüderen / Frauen / und Jungfrauen*

[9] Vgl. Franz M. Eybl: Wissenslücken um Abraham a Sancta Clara. Zur Problematik populärer Autorschaft. In: Anton Philipp Knittel (Hrsg.): Abraham a Sancta Clara. Vom barocken Kanzelstar zum populären Schriftsteller. Beiträge des Kreenheinstetter Symposions anlässlich seines 300. Todestages. Eggingen 2012, S. 104-121.

[10] Die Digitalisierung barocker Drucke ist nach wie vor ein arbeitsaufwändiges Verfahren, bei dem die Image-Digitalisate (Scans) zunächst mit Hilfe der Optical Character Recognition (OCR) eingelesen werden. Zur automatischen Erkennung des Frakturtextes hat die Arbeitsgruppe die Software ABBYY FineReader eingesetzt und die Identifikation spezieller Zeichen und Zeichenkombinationen trainiert.

[11] Vgl. http://www.tei-c.org/Guidelines/P5/ (10.5.2015).

Schwesteren / welche [...] *von Anno 1679. biß 1680. gestorben seyn. Gedruckt im Jahr 1681.*

(4) ***AUGUSTINI Feuriges Hertz*** *Tragt Ein Hertzliches Mitleyden mit den armen im Feeg=Feuer Leydenden Seelen / Das ist / Ein kleiner Haußrath etliche Sentenz auß den Schrifften vnsers Heil. Vatters.* [...] *Gedruckt zu Saltzburg bey Melchior Haan* [...] *Anno 1693.*

(5) ***Besonders meublirt- und gezierte Todten=Capelle*** */ Oder Allgemeiner Todten=Spiegel / Darinnen Alle Menschen / wes Standes sie sind / sich beschauen / an denen mannigfältigen Sinnreichen Gemählden das MEMENTO MORI zu studiren* [...]. *Nürnberg* [...] *Druckts Marrtin Frantz Hertz. An. 1710.*

Mercks Wienn/
Das ist
Deß wütenden Todts
ein umbständige Be-
schreibung
In
Der berühmten Haubt
und Kayserl. Residentz
Statt in Oesterreich/
Im sechzehen hundert/ und
neun und sibentzigsten Jahr/
Mit Beyfügung so wol
wissen als gwissen antref-
fender Lehr.
Zusammen getragen mitten in der
betrangten Statt und Zeit/
Von P. Abraham à S. Clara Re-
formierten Augustiner Baarfüsser und
Kayserlichen Predigern.
Gedruckt zu Wienn / bey Peter Paul Vi-
vian/ der löbl. Universitet Buchdrucker 1680.

Lösch Wienn/
Das ist
Ein Bewögliche Ermah-
nung zu der Kays. Residentz-
Statt Wienn in Oesterreich/
Was Gestalten
Dieselbige der so viel
tausend Verstorbenen Be-
kanten und Verwandten nicht
wolle vergessen / welche vor einem Jahr
...
Deren vermuthlich viel in
den zeitlichen
Flammen deß Fegfeuers
Ihre gröste Zuversicht schöpf-
fen zu der gewöhnlichen ...
Andacht in der Todten-Capellen ...
PP. Augustinern Baarfüssern.
In Kürtze zusammen gesetzt
Durch P. Abraham Augusti-
ner Baarfüsser Kays. Prediger und
der Zeit Prior/ rc.
Gedruckt zu Wien/ bey Peter Paul Vivian/ 1680.

Grosse
TodtenBruderschaft,
Das ist
Ein kurtzer Entwurff
Deß
Sterblichen Lebens/
Mit beygefügten
CATALOGO,
Oder
Verzeichnus aller der Jenigen
Herren Brüderen/ Frauen/ und Jungfrauen
Schwesteren/ welche aus der Hochlöblichen Todten
Sodalitet bey denen Ehrwürdigen P. P. Augu-
stinern Parfüssern in Wienn/ von Anno
1679. biß 1680. gestorben seyn.

AUGUSTINI
Feuriges Hertz
Tragt
Ein Hertzliches Mitleyden
mit den armen im Feeg-Feuer
Leydenden
Seelen/
Das ist/
Ein kleiner Haußrath etli-
che Sententz auß den Schriff-
ten unsers Heil. Vatters.
Zu Trost den verstorbenen Christ-
Glaubigen/ rc.
Durch
P. Abraham/ Augustiner Barfüsser.
Cum Licentia Superiorum, & Privilegio Sac.
Cæs. Majestatis.
Gedruckt zu Saltzburg bey Melchior Haan/
Einer löbl. Landschafft und Stadt-Buchdruckern
und Handlern / Anno 1693.

REV. P. ABRAHAM
à S. Clara,
Augustiner-Barfüsser-Orden/ weyland Kayserl. Predigers und
Definitor Provinciæ,
Besonders meublirt- und gezierte
Todten-Capelle/
Oder
Allgemeiner Todten-Spiegel/
Darinnen
Alle Menschen/ wes Standes sie sind/ sich beschauen/ an denen mannigfältigen
Sinnreichen Gemählden das
MEMENTO MORI
zu studiren/ und die Nichtigkeit und Eitelkeit dieses Lebens
Democriticè oder Heraclitice,
Mit lachendem Mund/ oder thränenden Augen/ wie es beliebt/ können betrachten
und verachten lernen.
Nürnberg/
Bey Christoph Weigel/ Kupfferstecher und Kunsthändlern gegen der Kayserl. Reichs-Post/
über ... finden.
Würzburg/ Druckts Martin Frantz Hertz. An. 1710.

Abbildung 2: Titelblätter der fünf im Volltext erfassten Werke des Kernkorpus

Die sorgfältige Kollationierung des maschinenlesbaren Textes mit den in Bibliotheken erworbenen Bilddateien nahm erwartungsgemäß viel Zeit in Anspruch. Dennoch waren diese qualitätssichernden Arbeitsschritte immens wichtig, weil nur eine mehrfach überprüfte, weitgehend fehlerfreie Textbasis, die den historischen Sprachstand der Drucke wahrt, als Grundlage zur Anreicherung der Daten herangezogen werden kann. Ebenso wie die anderen Annotationsebenen[12] in ABaC:us setzt auch die linguistische Basisannotation zuverlässige Sprachdaten voraus. Die zusätzlichen Herausforderungen, vor die uns die Sprachstufe des Älteren Neuhochdeutsch (gepaart mit abrahamischer Sprachkreativität!) bei der linguistischen Annotation stellt, werden in den folgenden Abschnitten im Detail beschrieben.

4. Linguistische Basisannotation in ABaC:us

Die Werkzeuge, die uns derzeit für die automatische linguistische Annotation von deutschen Texten zur Verfügung stehen, sind nicht speziell für diese Sprachstufe entwickelt worden, sondern erzielen vor allem bei gegenwartssprachlichen Texten hohe Erfolgsquoten. Bei historischen Texten bleiben die Leistungen des Taggers erwartungsgemäß weit hinter den erwünschten Ergebnissen zurück.[13] Dennoch war es das Ziel der Ar-

[12] Die Annotation des Kernkorpus besteht aus folgenden Ebenen: 1. Strukturelle Annotation (z. B. Kapitel, Überschriften, Absätze, Verse; orthographische und typographische Details), 2. Auszeichnung von Namen (Orts- und Personennamen, wobei letztere in historische, mythologische und biblische Namen unterteilt sind), 3. Kenntlichmachung von offensichtlichen Fehlern des Autors, Druckers oder Setzers sowie 4. Linguistische Basisannotation bestehend aus Wortartenklassifizierung (PoS) und Lemmatisierung.
Vgl. Ulrike Czeitschner, Thierry Declerck, Karlheinz Mörth und Claudia Resch: Linguistic and Semantic Annotation in Religious Memento Mori Literature. In: Eric Atwell, Claire Brierley und Majdi Sawalha (Hrsg.): Proceedings of the LREC 2012 Workshop: Language Resources and Evaluation for Religious Texts. Paris 2012, S. 49-52.

[13] Diese Erfahrungen bestätigen auch Stefanie Dipper (POS-Tagging of Historical Language Data: First Experiments. In: Manfred Pinkal, Ines Rehbein, Sabine Schulte im Walde und Angelika Storrer (Hrsg.): Semantic Approaches in Natural Language Processing. Proceedings of the 10th Conference on Natural Language Processing (KONVENS-10). Saarbrücken 2010, S. 117-121) sowie Erhard Hinrichs und Thomas Zastrow (Linguistic Annotations for a Diachronic Corpus of German. In: Linguistic Issues in Language Technology (Bd. 7, Heft 7) 2012, S. 1-16). Deren Testset enthielt u. a. den Abraham a Sancta Clara zugeschriebenen Text „Wunderlicher Traum. Von einem grossen Narren-Nest“ (1703) in einer Version des Projekts Gutenberg. Bei der Auswertung hat sich gezeigt, dass dieser Text beim automatischen Tagging-Verfahren

beitsgruppe, möglichst viele Informationen automatisch zu generieren, um die Ergebnisse anschließend zu evaluieren und – wenn möglich regelbasiert – manuell zu verbessern.

Die linguistische Basisannotation sieht folgende Schritte vor: (1) Tokenisierung, (2) Wortklassenzuordnung und (3) Lemmatisierung. Zunächst wurde der Zeichenstrom der Rohtexte in einem automatischen Verarbeitungsschritt auf Wortebene segmentiert. Durch historische Konventionen der Zusammen- und Getrenntschreibung war dieses Tokenisierungsverfahren erheblich erschwert: Belege wie *Capellan Stell*, *Sonnen Uhr* oder *Galgen Vogel*, die wir heute als Komposita erfassen, stellten für die automatische Segmentierung ein Problem dar – ebenso wie kontrahierte Formen wie *auffs*, *verachstu* oder *mustu*.

In einem nächsten Verarbeitungsschritt wurde jedes einzelne Token mithilfe der an der Universität Stuttgart entwickelten Software *TreeTagger*[14] automatisch einer morphosyntaktischen Wortklasse zugewiesen (*Part-of-Speech Tagging*). Als Klassifikationssystem wurde das vordefinierte 54-teilige Stuttgart-Tübingen-TagSet (STTS)[15] herangezogen, das von der ABaC:us-Projektgruppe zur Annotation kontrahierter Formen geringfügig modifiziert und mit kombinierten Kategorien (wie etwa KOUSPPER[16] für *wanns* oder *obs* bzw. VVFINPPER[17] für *beweists*, *gibts* oder *kommts*) erweitert wurde.

Bei der Lemmatisierung wurde für jedes Token eine normalisierte, kanonisierte Grundwortform angesetzt; als Referenzwerke dienten der Duden[18] sowie das Deutsche Wörterbuch von Jacob und Wilhelm

---

ungleich mehr fehlerhafte Annotationen aufweist als etwa Melanchtons (deutlich ältere) „Augsburger Konfession" (1530). Es steht zu vermuten, dass sich – neben dem historischen Sprachstand – vor allem die Komplexität und die Länge der Sätze im abrahamischen Text negativ auf die Leistung des Taggers auswirken.

[14] Das Tool TreeTagger wurde von Helmut Schmid entwickelt; es fügt Texten verschiedener Sprachen automatisch PoS-Tags und Lemmata hinzu: http://www.cis.uni-muenchen.de/~schmid/tools/TreeTagger/ (10.5.2015).

[15] Das Stuttgart-Tübingen-TagSet gilt mittlerweile als Standard bei der Annotation der Wortklassen in deutschen Texten. Eine ausführliche Beschreibung mit Beispielen findet sich unter: http://www.sfs.uni-tuebingen.de/resources/stts-1999.pdf (10.5.2015).

[16] Die Abkürzung KOUS steht für eine unterordnende Konjunktion mit Satz, PPER für ein Personalpronomen.

[17] Die Abkürzung VVFIN wird als Abkürzung für finite Vollverben verwendet, PPER für Personalpronomen.

[18] Vgl. http://www.duden.de/ (10.5.2015).

Grimm[19]. Die mehr als 1000 im Untersuchungskorpus vorkommenden Wortformen, zu denen es in den beiden genannten Referenzwerken keinen entsprechenden Wörterbucheintrag gibt, wurden in der Lemmaliste als sogenannte *Out-of-vocabulary*-Wörter mit Stern gekennzeichnet und auf eine naheliegende Grundform zurückgeführt. Beispiele hierfür waren etwa Lexeme aus der Gruppe der Adjektive wie „aprilisch*", „brumbrumbrummend*", „grünhosend*", „nabuchodonoserisch*" oder „weltverlachend*". Lateinische Passagen, die STTS-konform als „fremdsprachliches Material" (FM) gekennzeichnet wurden, konnten ebenfalls lexikalisch identifiziert und lemmatisiert werden.

Als „Problemfälle" bei der Lemmatisierung können spezifisch abrahamische Sprachspielereien gelten, die sich nicht eindeutig einer Grundform zuweisen lassen: In den Texten werden *Doktoren* zu *Doch=Toren* verunglimpft, der *Kieselstein* zu einem *Kitzlstein* modifiziert oder das *Quecksilber* zum *GehWeck=Silber*. Wenn diese Formen so belassen werden, hat das allerdings unmittelbare Auswirkungen auf die Suche – sucht man nach *Quecksilber*, wird man das *GehWeck=Silber* nicht finden können. In der Textstelle *S. Jst ein schlemmender Buchstab / den reichen Prasser Vnbericht / welcher / so etwan vnbekandt wäre / was er für ein Landsmann? billich vor ein Frißländer zuhalten*, in der sowohl ein Einwohner Frieslands als auch jemand gemeint sein kann, der gerne und viel isst, wurden daher zwei gleichwertige Grundformen angesetzt (siehe unten), um den Bedürfnissen fiktiver NutzerInnen, die nach beiden Lemmata suchen könnten, gerecht zu werden:

```
<w lemma="Friesländer | Frissländer" ana="#oov" type="NN" xml:id="MW_dle5845">Frißländer</w>
```

Abbildung 3: Beispiel für das Ansetzen zweier gleichwertiger Lemmata bei Wörtern mit ambiger Bedeutung

Die Lemmatisierung erleichtert insbesondere in historischen Korpora die Suche nach bestimmten Wortformen: Ein Lemma wie „helfen" steht stellvertretend für das gesamte Flexionsparadigma und führt nicht nur zu allen im Korpus vorkommenden Wortformen (*helffen, geholffen, helfft, halff, hilfft, hülff, hülfft* usw.), sondern auch zu allen Schreibvarianten. Sucht man beispielsweise nach dem Lemma „Urteil", wird man auch sämtliche andere im Korpus enthaltene Schreibweisen (*Urthel, Vrtel, Ur-*

[19] Vgl. http://woerterbuchnetz.de/DWB/ (10.5.2015).

gnug
g'macht
gnugsamb
ghörst
gmacht
gfallen
g'winnt
gwiß
gwinnt
gwendt
gschwind
gnugsame
g'wiß
g'wint
g'schach
g'hörst
g'füllte
gwisser
gwisse
gwest
gstorben
gsparsame
grunzelten
graden
gnugsam
gniest
gnaue
gmein
glangt
gfunden
gfallt
G'wiß
Gewehr=reiche

tel, Urth, Vrtheil, Urtheil) auffinden können. Wenn jede Wortform auf ein Lemma zurückgeführt ist, kann man auch gezielt nach jenen Einträgen suchen, in denen die im Korpus vorkommende Wortform z. B. ein „w", das heutige Lemma jedoch ein „u" enthält, und mit einfachen Suchbefehlen Listen von Belegen generieren: damalige Graphie *Fegfewer* < > heutige Graphie *Fegefeuer, rew=voll* < > *reuevoll, Spitlaw* < > *Spittelau,* usw. Mit dem Suchbefehl ([lemma=".*äu.*"&word=".*au.*"]) findet man Wörter, die (wohl dialektbedingt) keine Umlautung aufweisen wie *traumen* < > *träumen, leichtglaubig* < > *leichtgläubig, weitlauffig* < > *weitläuffig* oder *Mucken* < > *Mücke, Ruckkehr* < > *Rückkehr, eigenthumlich* < > *eigentümlich* und *Zahnlucken* < > *Zahnlücke*. Auch Doppelkonsonanten, die im heutigen Lemma aufgelöst sind, werden automatisch auffindbar, vgl. etwa: *auff* < > *auf, Hülff* < > *Hilfe, Eyffer* < > *Eifer* oder *Müllstein* < > *Mühlstein, Wallfisch* < > *Walfisch, Solldat* < >*Soldat*. Mit den Besonderheiten in der Schreibung des Auslauts (*darumb* < > *darum, seltzamb* < > *seltsam, Lamb* < > *Lamm,*) oder „tz" statt „z" (*gantz* < > *ganz, Hertz* < > *Herz, Creutz* < > *Kreuz* usw.) sowie Synkopen im (Pseudo-)Präfix „ge" etwa vor „f" (*Gfahr*), „sch" (*Gschmuck*), „sp" (*gsparsam*), „st" (*Gstalt*) und „w" (*Stieffgwächs*) seien nur einige wenige typische Unterschiede erwähnt, welche die Graphien des 17. Jahrhunderts von der heutigen Norm unterscheiden und mithilfe der hier vorgestellten Tools systematisch identifiziert und klassifiziert werden können.

Abbildung 4: Beispiele für e-Synkopen in ABaC:us

Um die automatisch generierten Zuordnungen des *TreeTaggers* systematisch überprüfen zu können, wurde am Institut für Corpuslinguistik und Texttechnologie der ÖAW der sogenannte *tokenEditor*[20] entwickelt,

[20] Der im Projekt getestete *tokenEditor* wurde mittlerweile in den Viennese Lexicographical Editor (VLE) integriert und steht unter https://clarin.oeaw.ac.at/vle (10.5.2015) zum Download bereit.

mit dem man die Möglichkeit hat, sich alle identen Tokens mit den attribuierten linguistischen Informationen gesammelt anzeigen zu lassen oder einzelne Tokens in ihrem Kontext zu überprüfen. Bei der Überprüfung der Datensätze kann eine Wortform durch AnnotatorInnen entweder verifiziert und als überprüft markiert werden oder sie wird manuell berichtigt. Auf diese Weise werden die zahlreichen fehlerhaften Zuordnungen in korrekte umgewandelt und die Qualität der automatischen linguistischen Annotation wird schrittweise verbessert.

Die Erfahrungen des Annotatorinnenteams haben gezeigt, dass Wortformen, die oft nur geringste Abweichungen von der heutigen Norm aufweisen (die finite Form des Verbs „lesen“: *list* ohne „e“), vom Tagger nicht identifiziert werden können (er nimmt das Nomen „List“ an) und zu falschen Klassifizierungen führen. Eine Wortform wie *folgsam* war damals nicht unbedingt ein Adjektiv, sondern konnte auch als Adverb (in der Bedeutung von „folglich“) fungieren, ebenso wie die Wortform *Geschicht*, die sich an manchen Stellen auf die „Geschichte“ zurückführen lässt, aber auch die finite Form des Vollverbs „geschehen“ am Beginn eines Satzes sein kann. Bei der manuellen Berichtigung des Taggings muss daher immer auch der Kontext einer Wortform berücksichtigt werden.

Obwohl der *tokenEditor* den manuellen Korrekturvorgang technisch erleichterte, blieb die linguistische Annotation und Analyse dieser historischen Sprachdaten eine komplexe, höchst anspruchsvolle Forschungsaufgabe[21], die „ein profundes historisch-kulturelles Wissen, solide sprach-

Barbara Krautgartner arbeitet derzeit an einer intuitiv erfassbaren Webapplikation, die eine manuelle Korrektur linguistisch annotierter Daten (PoS) ermöglichen soll: BenutzerInnen werden ihre Dokumente direkt im Browser bearbeiten und anschließend mit dem Ergebnis der automatischen Annotation vergleichen können. Im Vordergrund stehen dabei Flexibilität und BenutzerInnenfreundlichkeit: Die Daten werden in übersichtlicher, tabellarischer Ansicht vertikalisiert nach Token, Type und Lemma angezeigt, wobei Datensätze bearbeitet, hinzugefügt und gelöscht werden können. Filter- und Sortiermöglichkeiten sowie die optionale Kontextanzeige unterstützen BenutzerInnen dabei, effizienter zu annotieren. Fortschrittsanzeigen und die Möglichkeit, Zweifelsfälle zu markieren, dienen der Dokumentation des Annotationsprozesses.

[21] Unter Anleitung waren neben der Projektleitung vor allem Barbara Krautgartner und Eva Wohlfarter mit dieser Aufgabe befasst, wodurch die Konsistenz der annotierten Daten gewährleistet blieb. Die zahlreichen schwierigen Fälle wurden eingehend besprochen und – wenn es mehrere Lösungsansätze gab – letztlich gemeinsam entschieden. Es bleibt anzumerken, dass selbst bei der durch Annotatorinnen überprüften Vergabe von Wortartentags Fälle auftreten können, die man anders hätte beurteilen können.

historische Kenntnisse und Vertrautheit mit Texten und Texttraditionen sowie viel Feingefühl bei der Beurteilung“[22] erforderte und vor allem bei den ersten Werken mehr Zeit in Anspruch nahm als vermutet: Je mehr zuverlässig korrigierte Sprachdaten allerdings im Laufe des Annotationsprozesses vorlagen und je umfangreicher das maschinenlesbare, genre- und zeitspezifische Basisvokabular wurde, desto größere Fortschritte[23] ließen sich in Folge beim automatisch generierten Tagging erzielen.

5. ABaC:us als linguistische Ressource

Das Ergebnis des beschriebenen, aufgrund der Gegebenheiten sehr aufwändigen Annotationsverfahrens ist eine handverlesene Datenbasis von etwa 180.000 Tokens. Die Qualität der Daten macht diese digitale Ressource zu einer gefragten Ausgangsbasis für weiterführende Forschungsanliegen:

(1) Anhand der Datenbasis lässt sich etwa die Leistung anderer Taggingverfahren überprüfen: Während oftmals nur kurze Textstrecken zur Evaluierung bestimmter Tagger vorliegen, lässt sich nunmehr einschätzen, wie sich automatisches Tagging über längere Textstrecken auswirkt.

(2) Anhand der Datenbasis lassen sich Taggingverfahren regelbasiert verbessern. Das ABaC:us-Projektteam hat auf Anfrage seine hochwer-

---

Als Beispiel möge das Wort „ja“ dienen, dessen Zuordnung zu den Wortklassen der Antwortpartikeln (PTKANT) oder Adverben (ADV) im Satzzusammenhang nicht immer eindeutig war. Obwohl ein standardisiertes Wortartenklassifizierungssystem angewandt wurde, bleibt in der Praxis ein gewisser Entscheidungsspielraum offen – dass Annotation immer auch eine Form der Interpretation ist, muss zukünftigen BenutzerInnen daher jedenfalls bewusst sein.

[22] Wulf Oesterreicher: Korpuslinguistik und diachronische Lexikologie. Fallbeispiele aus dem amerikanischen Spanisch des 16. Jahrhunderts. In: Wolf Dietrich, Ulrich Hoinkes, Bàrbara Roviró und Matthias Warnecke (Hrsg.): Lexikalische Semantik und Korpuslinguistik (Tübinger Beiträge zur Linguistik Bd. 490). Tübingen 2006, S. 479-493, hier S. 493.

[23] Der Annotationsfortschritt mit der erarbeiteten Datenbasis als Hilfswörterbuch ist in folgender Publikation dokumentiert: Claudia Resch, Thierry Declerck, Barbara Krautgartner und Ulrike Czeitschner: ABaC:us revisited – Extracting and Linking Lexical Data from a historical Corpus of Sacred Literature. In: Eric Atwell, Claire Brierley und Majdi Sawalha (Hrsg.): Proceedings of the 2nd Workshop on Language Resources and Evaluation for Religious Texts / LREC 2014. Reykjavik 2014, S. 36-41, hier S. 37, Abschnitt 2.1 “Improvement through reliable data”.

tigen Daten dem „Deutschen Textarchiv“[24] der Berlin-Brandenburgischen Akademie der Wissenschaften genau für diesen Zweck – nämlich mit den Ergebnissen der manuellen Annotation die automatische zu optimieren – zur Verfügung gestellt. Mittel- und längerfristig gesehen wird ABaC:us dazu beitragen, dass Texte aus diesem Zeitabschnitt künftig effizienter und schneller mit verlässlichen linguistischen Informationen versehen und dadurch erschlossen werden können.
(3) Die generierten, maschinenlesbaren Wortformen- und Lemmalisten können einerseits dazu beitragen, OCR-Prozesse zu verbessern, indem das Vokabular in ein „Hilfswörterbuch“ aufgenommen wird; andererseits könnte dieses Vokabular, das in die Belegstellen im Korpus zurückverweist, als lexikalische Ressource für LinguistInnen interessant sein, die sich mit diesem Untersuchungszeitraum beschäftigen – bislang gibt es weder ein historisches Sprachstadienwörterbuch für diese Zeit noch ein Spezialwörterbuch zu Abraham a Sancta Clara.
(4) Darüber hinaus lassen sich die manuell überprüften Korpusdaten als verlässliche Basis für eine Vielzahl von linguistischen Fragestellungen nutzen: Ihr Wert liegt in der Wiederverwendbarkeit von bereits erarbeitetem Wissen über den Text, d. h. die Projektgruppe selbst, aber auch künftige NutzerInnen der Korpusdaten werden die Annotationen zeitsparend, zweckmäßig und gewinnbringend für ihre Erkenntnisinteressen einsetzen können.

6. Anwendungen und Auswertungen

Das Kernkorpus stellt aufgrund seiner linguistischen Annotation eine breite Basis für verschiedene Fragestellungen[25] dar. Die Forschung sieht sich erstmals in der Lage, den Wortschatz, aber auch sprachliche Strukturen und musterhafte Regularitäten in den Abraham a Sancta Clara zuge-

[24] Das Deutsche Textarchiv versammelt über 1600 historische Texte mit 111,5 Millionen Wortformen aus dem Zeitraum von ca. 1600 bis 1900, die mit dem Programm CAB „Cascaded Analysis Broker“ automatisch annotiert werden – allerdings ohne die Möglichkeit, die Vielzahl an Texten manuell nachkorrigieren zu können. Siehe http://www.deutschestextarchiv.de/, insbesondere http://www.deutschestextarchiv.de/doku/software#cab (10.5.2015).

[25] Die Projektgruppe hat erst damit begonnen, das Kernkorpus etwa nach Wortklassen auszuwerten. Innerhalb der Wortklasse der Nomen, die gegenüber anderen Wortklassen mit Abstand am häufigsten vorkommen (gefolgt von Artikeln), hat sich beispiels-

schriebenen Werken korpusbasiert zu untersuchen. Dass die zeitentfernten, aber nach wie vor faszinierenden abrahamischen Texte linguistisch annotiert sind, eröffnet einen unvoreingenommenen Blick auf den Autor, der in Literaturgeschichten immer wieder als „fabulierfreudiger und sprachkräftiger Schriftsteller“[26] mit einer Neigung zu sprachlichen Intensivierungen und kreativen Wortschöpfungen geschildert wird und dessen Autorschaft sich vor allem im Spätwerk verunklart.

Im Rahmen dieser Studie sollte geprüft werden, was texttechnologische Methoden dazu beitragen können, um textuelle Merkmale in der stilbildenden, von Zeitgenossen als nachahmenswürdig empfundenen, jedenfalls prägenden Art des abrahamischen Schreibens fassbar zu machen. In den folgenden Abschnitten soll der Nutzen der linguistischen Annotation insbesondere bei der Identifikation von musterhaften Regularitäten, Häufungen und Wiederholungserscheinungen aufgezeigt werden.

Bei der Identifikation textueller, stilistischer Spezifika und musterhaft vorkommender Regularitäten hat sich das Projektteam auf Neuland begeben – die sorgfältige Annotation des Korpus gepaart mit fundierten Kenntnissen über die Texte waren hierfür wesentliche Voraussetzung. Da sich bislang keine Standardmethode zur Ermittlung von Stileigenschaften etabliert hat, empfiehlt Friedrich Michael Dimpel, Untersuchungen zu möglichst vielen Merkmalen („Programmpaket“[27]) durchzuführen.

---

weise nach mehreren kontrollierten Suchabfragen gezeigt, wie frequent Diminutivbildungen in dieser Art von Literatur sind und welche Vermittlungsfunktion ihnen zukommt. Vgl. Claudia Resch und Wolfgang U. Dressler: Zur Pragmatik der Diminutive in ausgewählten Erbauungstexten der Barockzeit – Eine korpusbasierte Studie. In: Peter Ernst und Martina Werner (Hrsg.): Linguistische Pragmatik in historischen Bezügen. (Lingua Historica Germanica. Studien und Quellen zur Geschichte der deutschen Sprache und Literatur. Band 9). Berlin, Boston, 235-250.
Eine weitere morphologische Studie zur Paradigmatisierung von Fugenelementen haben Martina Werner und Claudia Resch im Rahmen des ÖLT-Workshops 2013 in Salzburg präsentiert, online einsehbar unter: http://www.academia.edu/5940272/Werner_Resch_Paradigmatisierung_von_Fugenelementen_untersucht_anhand_des_Austrian_Baroque_Corpus_Salzburg_%C3%96LT_2013_11_ (10.5.2015).

[26] Marian Szyrocki: Die deutsche Literatur des Barock. Eine Einführung. Stuttgart 1979, S. 266.

[27] Friedrich Michael Dimpel: Textstatistische Untersuchungen an mittelhochdeutschen Texten. Vgl. http://www.computerphilologie.uni-muenchen.de/jg04/dimpel.html (10.5.2015).

Die sprachlichen Phänomene, die unter Verwendung des *Sketch Engine*[28] Tools visualisiert und in Auswahl vorgestellt werden, wollen sich daher als erste korpusbasierte Ergebnisse zur Untersuchung „abrahamischen Schreibens“[29] verstanden wissen.

6.1. Identifikation musterhafter Regularitäten auf Basis der Wortartenannotation

Literarische Erzeugnisse der Barockzeit zeichnen sich ganz allgemein durch ihre Bildhaftigkeit aus – Abraham a Sancta Clara stellt hier keine Ausnahme dar. Um sich verständlich zu machen und Wirkung zu erzielen, werden anschauliche Vergleiche herangezogen, die auf Ähnlichkeiten beruhen und deren Komponenten durch eine Vergleichspartikel wie *als* oder *wie* verbunden sind. Durch ihre Musterhaftigkeit lassen sich diese mehrgliedrigen Phrasen auch computergestützt identifizieren. Die Suche nach einem Adjektiv, einer Vergleichskonjunktion, einem Artikel, (einem Adjektiv) und einem Nomen erzielt Treffer wie *schöner als die lieblichste Morgensonne*, *nützlicher als die Kunst*, *grösser als der Erdboden* usw. Um vergleichende Wendungen wie zum Beispiel *nach Hause schleichen wie die Katz aus dem Tauben=Schlag* in eine maschinenlesbare Abfrage zu übersetzen, sucht man – wie im nächsten Beispiel – nach einer Kombination von Vergleichspartikel, Artikel, Präposition, Artikel und Nomen:

---

[28] Die Sketch Engine ist ein kommerzielles, von Adam Kilgarriff entwickeltes Tool, das eine umfassende Analyse von Sprachdaten u. a. auf der Ebene der Lexik, der Morphologie und der Syntax ermöglicht: http://www.sketchengine.co.uk/ (10.5.2015).

[29] Mit Abrahams Redekunst und Sprache haben sich mehrere ForscherInnen auseinandergesetzt, vgl. etwa Carl Friedrich Wander: Abrahamisches Parömiakon (1838), Curt Blanckenburg: Die Sprache Abrahams a S. Clara. Ein Beitrag zur Geschichte der deutschen Druckssprache (1897), Hans Strigl: Einiges über die Sprache des P. Abraham a Sancta Clara (1906), Ambros Horber: Echtheitsfragen bei Abraham a Sancta Clara (1929), Margaretha Stiassny: Das Wortspiel bei Abraham a Sancta Clara (1947) und Norbert Bachleitner: Form und Funktion der Verseinlagen bei Abraham a Sancta Clara (1985). Gerade die älteren Stiluntersuchungen erreichen jedoch, so Dirk Niefanger, „keine befriedigenden wissenschaftlichen Standards“. Dirk Niefanger: Zu Gast bei Pater Abraham. In: Anton Philipp Knittel (Hrsg.): Unterhaltender Prediger und gelehrter Stofflieferant. Abraham a Sancta Clara (1644-1709). Eggingen 2012, S. 185-203, hier S. 186.

Query KOKOM, ART, NN, APPR 9 (155.3 per million)

doc#0	Menschlichen Vrtel nach so wenig reimbte/	als ein Faust auff ein Aug	/ als er von Christo gefragt worden / was
doc#0	Wiederkämpfung der feindlichen Anstoß nicht	wie der Butter an der Sonn	möchten bestehen / auch kan wohl seyn /
doc#0	Scherganten vnd Hebreischen Lothers Knechten /	wie ein Lambel von den Wölffen	/ feindlich angegriffen worden / vnd dise
doc#0	nicht also nach dem Brunnquell trachte /	wie ein Weib nach der Schönheit	. Die Heilige Schrifft thut dißfalls meine
doc#0	dem Hauß zu / vnd erzehlen gantz zitterend	wie ein Laub von der Espen	/ was ihnen begegnet ; was in dem fall
doc#0	Wunderwerck gemacht / daß selbiges Eysen	wie ein Bimbsen auff dem Wasser	geschwommen : Wann man schon einem Advocaten
doc#0	wie das Saltz im Wasser vnd verschwinden /	wie der Schatten an der Sonnen-Uhr	wans Abend ist . O / wie mancher allhie
doc#0	. Wir elende Adams=Kinder seynd gar offt	wie die Wein=Trauben vnter der Preß	/ wie ein Rosen vnter den Dörner / wie
doc#0	offt wie die Wein=Trauben vnter der Preß /	wie ein Rosen vnter den Dörner	/ wie ein Uhr mit dem schwären Gewicht

Abbildung 5: Suche nach der Reihung der Wortklassen KOKOM ART NN APPR ART und NN in Abraham a Sancta Claras „Mercks Wienn"

Die Relata, die in diesen Wendungen verglichen oder zueinander in Beziehung gesetzt werden, sind häufig unterschiedlichen Wirklichkeitsbereichen zuzuordnen. Es ist eine Besonderheit der Textsorte, dass menschliches (Fehl-)Verhalten kritisiert wird (*er trägt den Kopf wie ein Pfau in der Höhe*) und das menschliche Leben in seiner Sterblichkeit mit zum Teil biblischen Vergänglichkeitsmetaphern charakterisiert wird, etwa *verblühen wie die Blume auf dem Felde*, *versiegen wie das Wasser in die Erde* oder *verschwinden wie die Schatten an der Sonnen=Uhr*. Häufig werden in diesem Textkorpus bekannte, konventionelle Vergleiche aus Fauna und Flora bemüht, jedoch meist sind es die unkonventionellen Wendungen, die in ihrer Anschaulichkeit (wohl auch bei damaligen LeserInnen) größte Wirkung erzielen – als Beispiele können Zitate über den Tod angeführt werden, der an den Menschen nagt *wie ein Wolff an einem Schöps=Bein* oder über das menschliche Wesen, das bei Eintritt des Todes abfliegt *wie die Mucken auß einer kalten Kuchl* – und in der Schilderung auch nicht einer gewissen Komik entbehren.

Ein weiteres stilistisches Phänomen, das in den untersuchten Texten wiederholt vorkommt und musterbasiert auf Basis der Annotation der Wortarten erhoben werden kann, sind Paarformeln, die aus einem fremdsprachlichen und einem gleichbedeutenden deutschen Lexem bestehen, wobei zweiteres eine Art Übersetzungsleistung für das nicht-native Element erbringt. Die Komponenten sind durch eine Konjunktion wie „und" beziehungsweise „oder" verbunden (siehe Abbildung 6).

Die Liste an Paarformeln ließe sich beliebig erweitern; ein Abgleich der Paare mit der Konjunktion „und" (*Amphibia und Gold=Würmer*, *Arsenal vnd Rüst=Cammer*, *Epitaphia vnd Grabschrifften* usw.) bezie

doc#0	vielen vorkommen / es sey der allgemeine	**Epilogus vnd Weltschluß**	verhanden / es findet sich nicht ein einige
doc#0	Heiligen Evangelio : Serve nequam : Weit andere	**Servos vnd Diener**	zehlet diser H. Orden / in welchem da
doc#0	werden : Adio ! behüt euch Gott meine liebe	**Patres vnd Ordens-Mitbrüder**	/ ist mir leyd / daß ich euch wegen meiner
doc#0	weniger als diß / solches Kraut mit Nahmen	**Eringion oder Manns=Treu**	ist ein Distel / ein Brach=Distel / voller
doc#0	einest ihren andächtigen Gebrauch nach das	**Officium oder Tagzeiten**	vnser Lieben Frauen auß dem Büchl eyffrigst
doc#0	man mehrer Federbusch als Schein auff den	**Chaßkett vnd Peckelhauben**	: die grosse Kriegsstuck pflegt man der
doc#0	hätte wollen vnnd sollen ebenmessig aller	**Fratrum vnd Lay-Brüder**	der Religio s en gedencken / deren sehr
doc#0	Jdioten seynd ein verworffnes Confect . 170	**Scienz vnd Wissenschaft**	ist sehr nutzlich. 177 Advocaten Lob.

Abbildung 6: Suche nach der Folge von FM KON und NN (Fremdsprachliches Material, Konjunktion, Nomen)[30]

hungsweise „oder" (*Annagrammatismo oder Buchstabenwechsel, Echo oder Wiederhall, Eringion oder Manns=Treu, Herba militaris oder Soldaten=Kraut, Limbus oder Vorhöll, Mammon oder Geld, Microscopium oder Mucken=Gläßl* usw.) lässt vermuten, dass beide Konjunktionen die gleiche Funktion erfüllen.

Welche Bedeutung und Funktion diesen häufig vorkommenden Paarformeln neben der eigentlichen Übersetzungsleistung zugedacht war, bleibt fraglich. Dass die tautologischen Paare aus Rücksichtnahme auf ein weniger gebildetes Publikum oder aus didaktischen Gründen eingeflochten werden, wäre möglich. Eher ist aber davon auszugehen, dass Autoren mit der Verwendung nicht-nativer Elemente ihre Gelehrsamkeit unter Beweis stellen; inwieweit die Verwendung wirkungsvoller Paarformeln in erbaulicher, geistlicher Literatur Usus war, wäre anhand größerer annotierter Korpora zu überprüfen – mit Sicherheit liegt aber jedem dieser konstruierten, den Text ausschmückenden Paare auch eine in dieser Zeit nicht zu unterschätzende rhetorische Intention zugrunde.

6.2. Identifikation musterhafter Regularitäten auf Basis von N-Grammen

Ein weiteres rhetorisches Mittel, das in den untersuchten Texten vorkommt und sich als wiederkehrendes Muster automatisch extrahieren lässt, sind kettenartige Aufzählungen, deren Elemente der gleichen Wortart angehören. So fördert die Suche nach drei aufeinanderfolgenden Nomen getrennt durch eine Virgel (NN / NN / NN) Häufungen

[30] Die Abfrage nach diesen Wortklassen kann auch in umgekehrter Reihenfolge erfolgen (also NN KON FM), sodass das fremdsprachliche Element die Zweitposition einnimmt wie in *Titl vnd Nomine*, *Satzungen vnd Leges* oder *Sieg vnd Victori*.

wie *Ertz=Vögel / Spay=Vögel / Spott=Vögel* oder *Todten=Wägen / Todten=Truhen / Todten=Trag* zutage. Variiert man die Abfrage geringfügig (NN / NN KON NN), erhält man dreigliedrige Aufzählungen, deren letztes Element durch eine Konjunktion verbunden ist, wie *Lieb / Leib vnd Leben* oder *Thron / Cron vnnd Lohn.* Ähnliche Abfragen lassen sich freilich auch mit anderen Wortarten durchführen, etwa mit zwei- und dreigliedrigen Adjektivaufzählungen (*wehrt vnd würdig, künstlich vnd köstlich, ersahm vnnd tugendsahm, frech / frisch / frey, schutzbar / schatzbar / vnd nutzbar, Ehr=reiche / Lehr=reiche vnd Gwehr=reiche Statt* oder *mostige / rostige / tostige Kuchel Diern*) oder innerhalb der Klasse der Verben:

diser saugt so lang an einem / biß er genug	**gesogen vnd zogen**	hat / alsdann fallt er meynädig ab ; ein
/ ihr thut treiben vnd reiben / ihr thut	**springen vnnd ringen**	/ ihr thut thrennen vnd rennen / nur vmbs
Connotationibus , Etc . Sonnen klar auß einander	**bringen vnd tringen**	/ wer schuldig oder vnschuldig ist : in
so also hupffen / tantzen / sich drehen /	**schwingen und springen**	/ etwan im Hirn nicht recht verwahrt /
wohlgegründete Rationes sind / wenn sie der Tod	**überschlagen und gewogen**	/ jederzeit viel zu leicht erfunden worden
redet / da manche mit David auf der Zittern	**schlagen und klagen**	: Mein Hertz ist erschrocken in mir / die
seinem Schaden erfahren / und mit seinem Tod	**bezeugen und klagen**	: Geld und Gut / Nichts helffen thut .
/ es wird ihnen bange seyn / und werden	**zagen und verzagen**	/ weil der Gerichts=Tag angebrochen / daran

Abbildung 7: Ausschnitt der Abfrage nach allen Vollverben (VV*) endend auf „-gen“, verbunden durch eine Konjunktion

Was bei diesen Akkumulationen auffällt, sind die gleichen Endsilben der Elemente, nach denen man jedoch explizit suchen muss, damit unter den Kandidaten tatsächlich (fast) nur jene Verbpaare zu finden sind, die als stilbildendes Phänomen gelten können – in der obigen Darstellung wäre *bezeugen und klagen* auszuscheiden. Eine uneingeschränkte Abfrage von zwei aufeinanderfolgenden Vollverben, die durch eine Konjunktionen verbunden sind, ergäbe naturgemäß ungleich mehr Treffer, die als Resultate ausgeschieden werden müssten. Wie lassen sich die Ergebnisse also auf jene Muster einschränken, deren Komponenten eine ähnliche Lautung aufweisen und daher den gesuchten abrahamischen Konstruktionen entsprechen?

Um genau dieses sprachliche Phänomen, das Hans Strigl in seinem Aufsatz ‚Über die Sprache des P. Abraham a Sancta Clara‘ mit „Singsang und Klingklang“[31] umschrieben hatte, in den Texten automatisch er-

[31] Vgl. Hans Strigl: Einiges über die Sprache des P. Abraham a Sancta Clara. In: Zeitschrift für Deutsche Wortforschung Band 8 (1906), S. 206-312.

mitteln zu können, wurde im Rahmen dieser Untersuchung mit Ähnlichkeitsstudien experimentiert: In einem ersten Schritt wurden die einzelnen Wortformen in sogenannte N-Gramme – Textfragmente mit einer bestimmten Anzahl an Zeichen – zerlegt, im konkreten Fall in Teilzeichenfolgen von jeweils zwei Zeichen (Bigramme), was den Abgleich von Wortformen miteinander ermöglicht. Mithilfe des sogenannten Dice-Koeffizienten lassen sich anschließend ähnliche Zeichenketten innerhalb eines bestimmten Abschnitts identifizieren. Sein Wert gibt über die Ähnlichkeit von Zeichenketten Auskunft und liegt zwischen 0 (keine Ähnlichkeit) und 1 (idente Wortformen). Je höher der ermittelte Dice-Koeffizient ist, desto ähnlicher sind die beiden Lexeme.

Beispielhaft ermittelte Resultate dieses Verfahrens – hier im Abstand von nicht mehr als drei Wortformen – sind ähnlich lautende Wortpaare wie *Dunst vnnd Kunst*, *Holdselig vnd Goldselig* oder *Tisch=Freund vnd Fisch=Freund*, wobei sich diese Lexeme nur in jeweils einem Zeichen voneinander unterscheiden. Auf die Weise lassen sich auch jene Lexeme ermitteln, die im Vergleich zu ihrem Pendant ein oder mehrere zusätzliche Zeichen enthalten; Beispiele aus dem Korpus hierfür wären: *schandvollen vnd schadvollen Mammon*, *Hand vnd Handl*, *adeliche vnnd vnadeliche Töchter* oder *geschmückte und geschminckte Königs=Tochter*. Die Ähnlichkeit ist von der Wortartenannotation unabhängig und muss sich nicht – wie in den bisher gezeigten Belegen – auf eine Wortklasse beschränken. Durch dieses Verfahren werden etwa auch ähnlich lautende Belege bestehend aus Nomen und Adjektiv automatisch identifiziert, wie beispielsweise *Gunst vnnd günstige Augen* oder *Andacht / mit andächtigem Pracht* oder *Pracht / mit prächtigem Auffzug*.

Im Untersuchungskorpus kommen diese Klangmittel, die auf Alliteration, Assonanz oder Reim zurückzuführen sind, auch in größerer Distanz voneinander vor – wird die Suchanfrage auf einen größeren Abstand (z. B. bis zu zehn Tokens) ausgedehnt, erweitert sich auch die Liste möglicher Kandidaten. Weiters besteht die Möglichkeit, die Ähnlichkeit mehrerer Wortformen mit anderen zu vergleichen. Untenstehender Screenshot zeigt den Ausschnitt einer Suchabfrage, bei der jeweils zwei Wortformen mit zwei weiteren zum Vergleich mittels Dice-Koeffizienten herangezogen worden sind. Alle automatisch generierten Textpassagen müssen einer Prüfung unterzogen werden, denn nicht alle Resultate würde man als beispielhaft für abrahmischen Stil werten, aber zumindest einen überwiegenden Teil:

42	0,85	**O allmächtiges** Gold / als **O allmächtiger** GOtt seuffzen
43	0,85	**der Edlgstein** / in **dem Edlgstein** der Glantz
44	0,85	**gestorben seyn** / hat man beobacht / daß fünff vnd zwantzig Teusche **gestorben in** einem Peltz
45	0,85	**einem solchen** Haus=Ubel / mit **einer solchen** Muß dich
46	0,85	**aufeinander folgen** und **einander folgen** / ablösen
47	0,85	**Liebwürdig ist** / **Lobwürdig ist** / wann
48	0,84	**schrey es** auß / vnnd **schreib es** auß /
49	0,84	**Blumen vnd** Kräutl im Herbst wider **blüen vnd** grünen /
50	0,84	**ein Schatz** / **ein Schantz** / ein
51	0,84	**ein Freud** / ein Fried / **ein Freund** / der
52	0,84	**ewig immer** / **ewig nimmer** / nimmer
53	0,84	**ohne Ruder** / Ein Zech **ohne Bruder** / Ein

Abbildung 8: Ausschnitt der Abfrage, bei der die Ähnlichkeit jeweils zweier Tokens ermittelt wurde

Weitere Beispiele für die Kategorie zweier Lexeme in unmittelbarer Nähe zu anderen wären *bald satt / bald matt*, *ohne Glantz und ohne Krantz* oder *schmutziger Stumm / vnd stumme Schmutzer*. Durch die Zusammenstellung dieser Ergebnisse wird deutlich, wie häufig dieses Phänomen ist und worauf diese Parallelitäten und Ähnlichkeiten beruhen. Mehrere Beispiele dokumentieren, wie aufmerksam der Autor mit seinem Wortschatz umgeht, wenn er etwa beobachtet, dass das Lexem „Soldat" von rückwärts nach vorne „tadellos" gelesen werden kann (*Dann das Wort Solldat / heist zuruck Tadlloß*), ebenso wie die Lexeme „Leben" und „Nebel" (*NJcht vmbsonst list man das Wort Leben / zu ruck Nebel*); für den Autor ist das Grund genug, auch eine inhaltliche Zusammengehörigkeit herzustellen. Die ähnliche Lautung wird als Argument dafür verwendet, dass sich *Soldaten* eben *tadellos* verhielten und das *Leben* oftmals wie der *Nebel* verginge. Ähnlich die Beweisführung im Beispiel *viel Gottseeliger / vnd destwegen auch viel Glückseeliger*. Obwohl auch die damalige LeserInnenschaft vermutet haben wird, dass diese Konstrukte mit Ausnahme einer ähnlichen Lautung nichts miteinander zu tun haben (vgl. etwa: *Wann das Weib einen <u>Mann</u> bekombt / welcher so <u>manirlich</u> ist*), erzielt der Autor Wirkung und macht seine Ausführungen dadurch leichter begreiflich.

In vielen abrahamischen Beispielen steht die Freude am Finden immer weiterer Wendungen und Wortspiele zur klanglichen, rhythmischen Ausschmückung des Textes im Vordergrund, insbesondere die mehrgliedrigen Aufzählungen[32] zeugen von rhetorischer Geschicklichkeit – nur selten wirkt das Spiel mit Ähnlichkeiten und Analogien allzu bemüht.

Wer Abraham a Sancta Claras Schriften und jene, die mit seinem Namen beworben werden, gelesen hat, wird bezweifeln, dass man seinem Einfallsreichtum mit digitalen Methoden vollständig beikommen und damit all seine Sprachspielereien identifizieren kann. Vorliegender Aufsatz bietet zumindest eine Auswahl dessen, was sich – vor allem basierend auf der Wortartenannotation – fassen lässt. Bei der Erprobung der Analysetools hat sich gezeigt, dass maschinelle Werkzeuge in gewisser Weise schonungslos sind, wenn sie Resultate generieren. Sie fordern GeisteswissenschafterInnen dazu auf, in ihren Absichten, Überlegungen und Vorgaben präzise und explizit zu sein. Mögliche Fehlerquellen wollen bedacht und vermieden werden, wobei sich gerade dafür ein kleineres Korpus, mit dessen Inhalten man vertraut ist, besser eignet als große Korpora. Im Falle der abrahamischen, textuellen Spezifika hat sich bestätigt, dass sich nicht alle in computerlesbarer Form ausdrücken, visualisieren oder als Suchbefehl formulieren lassen[33], doch konnten etliche interessante sprachliche Phänomene im Text nach entsprechender Annotation effizient identifiziert und quantifiziert werden. Deren stilistische und pragmatische Funktionen im Text zu erklären, bleibt allerdings nach wie vor Aufgabe der ForscherInnen.

Bei der Bewertung und Einordnung der Resultate wird deutlich, dass es weiterer gut erschlossener Vergleichskorpora bedürfte, um die Resultate besser gewichten und einordnen zu können. Hierin liegt auch das enorme Potenzial dieser Methode: Je mehr Texte künftig annotiert vorliegen, umso eher wird man von „genrespezifischem" Vokabular sprechen dürfen, das künftig als Indikator zur Bestimmung von (historischen) Textsorten herangezogen werden kann. Und auch der in Literaturgeschichten

[32] Beispiele hierfür sind: *mit seiner gespitzten Kappen / mit seiner runden Kappen / mit seiner breiten Kappen* oder *ihr trinckt nicht gnug / ihr esset nicht gnug / ihr schlafft nicht gnug* oder *es schilt der Vatter / es schilt die Mutter / es schilt Sohn und Tochter.*

[33] Etwa wissen geübte LeserInnen, wer mit den Bezeichnungen *Rippen=Kramer*, *Menschen=Fresser* oder *General Haut und Bein* gemeint ist – einem Tool müssten diese semantischen Informationen erst zugeführt werden. Vgl. dazu Claudia Resch und Ulrike Czeitschner: Repräsentation von | in barocken Buch-Totentänzen im digitalen Medium. In: Gernot Gruber und Monika Mokre (Hrsg.): Repräsentation(en). Interdisziplinäre Annäherungen an einen umstrittenen Begriff. (Denkschriften der philosophisch-historischen Klasse. Band 485). Wien 2016, S. 35-49.

als „sprachgewaltig“ und „wortmächtig“ bezeichnete Abraham a Sancta Clara wird sich erst dann in der Literaturgeschichtsschreibung verorten lassen und eine abschließende Würdigung erfahren, wenn man versucht, auch die Schriften seiner Zeitgenossen mit quantitativen und qualitativen Methoden korpusbasiert zu analysieren, auszuwerten und zu vergleichen. Nicht zuletzt könnte mit Textkollationierungsprogrammen präzise nachverfolgt werden, in welchen Werken sich Versatzstücke von Abraham a Sancta Clara finden beziehungsweise aus welchen (anderen) Texten sich die ihm zugeschriebenen Werke speisen.

7. Ausblick

Dieses Argument sowie die geleistete Vorarbeit sprechen dafür, das Kernkorpus von ABaC:us mittelfristig mit weiteren Texten aus dieser Zeit zu ergänzen: Die Projektgruppe hat sich inzwischen ein profundes Wissen über die Sprachstufe angeeignet und weiß um die periodenspezifischen Herausforderungen bei der Digitalisierung, Annotation und Analyse der Texte. Mit dieser Erfahrung und Expertise ausgestattet, könnte die Textsammlung in Zukunft sogar wesentlich rascher erweitert werden als bisher – nicht nur der Workflow könnte künftig optimiert werden, sondern auch das Format zur Repräsentation der Daten: Das am ACDH entwickelte, modulare Framework *corpus_shell*[34] jedenfalls eignet sich mit seiner Architektur zur Korpuserweiterung[35] und würde die Erschließung weiterer Texte in ähnlicher Form unterstützen.

Im Sinne der Open Access-Strategie der Österreichischen Akademie der Wissenschaften stellt das ABaC:us-Team etwa 1.000 vollannotierte, manuell überprüfte Druckseiten online zur Verfügung. Die webbasierte digitale Edition sowie erläuternde Texte und Hinweise zur Abfragesyntax sind seit dem 5. Mai 2015 kostenlos unter https://acdh.oeaw.ac.at/aba-

---

[34] Dessen Beschreibung findet sich unter: https://clarin.oeaw.ac.at/corpus_shell (10.5.2015).

[35] Die Erweiterung von ABaC:us wird – ebenso wie der bisherige Aufbau – von Projektförderungen abhängig sein. In dem von der Gemeinde Wien unterstützten Projekt „Totenkult und Jenseitsvorsorge in Wien: Barocke Bruderschaftsdrucke als Forschungsgegenstand der digitalen Geistenswissenschaften“ (LWI 0240) werden derzeit Texte aufbereitet, die sich grundsätzlich zur Integration in die Sammlung eignen würden. Siehe http://www.oeaw.ac.at/acdh/de/bruderschaftsdrucke (10.5.2015).

cus/ abrufbar.[36] ABaC:us kann seither als anmeldungsfreie Ressource für individuelle, nicht kommerzielle Forschungszwecke verwendet werden, sofern mit folgender Zitation vollständig auf die Quelle und ihre Herausgeberinnen verwiesen wird: ABaC:us – Austrian Baroque Corpus 2015. Hrsg. von Claudia Resch und Ulrike Czeitschner. <http://acdh.oeaw.ac.at/abacus/> abgerufen am [Datum des letzten Zugriffs].

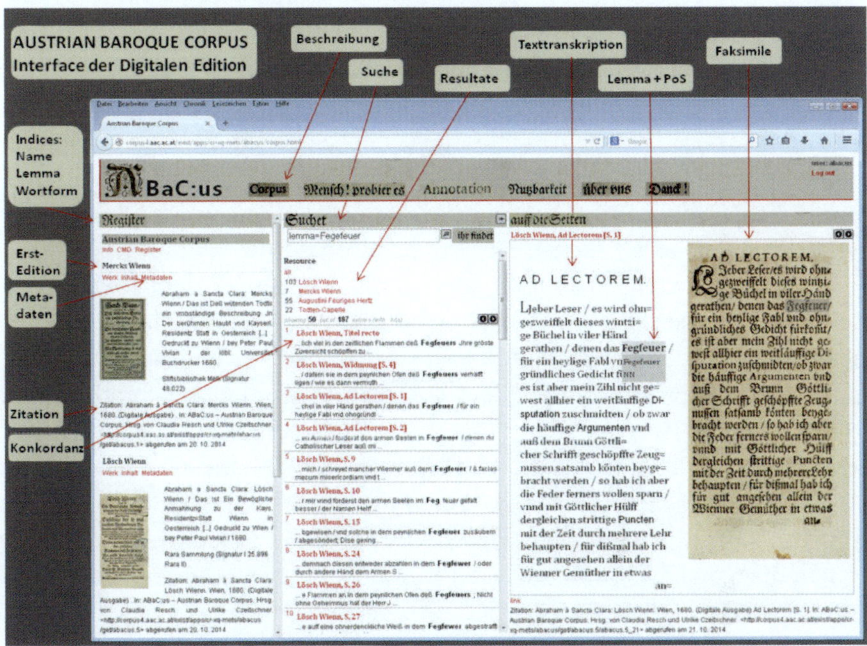

Abbildung 9: Screenshot der digitalen ABaC:us-Edition

Das beispielgebende Interface ist in Kooperation mit dem technischen Team (Matej Ďurčo und Daniel Schopper) entstanden mit der Intention, zeitentfernte, in Bibliotheken beherbergte Drucke aus der Barockzeit für wissenschaftliche Fragestellungen zugänglich zu machen. Die digita-

[36] Vgl. Claudia Resch, Ulrike Czeitschner, Eva Wohlfarter und Barbara Krautgartner: Introducing the Austrian Baroque Corpus: Annotation and Application of a Thematic Research Collection. In: Lars Wieneke, Catherine Jones, Marten Düring, Florentina Armaselu und René Leboutte (Hrsg.): Proceedings of the Third Conference on Digital Humanities in Luxembourg with a Special Focus on Reading Historical Sources in the Digital Age. Aachen: CEUR-WS.org. http://ceur-ws.org/Vol-1681/ (1.10.2016).

le Repräsentation der Texte in einem adaptiven Layout unterstützt zwei grundverschiedene Rezeptionshaltungen: das Lesen und das Suchen in den Texten. Beide Nutzungssituationen werden durch das innovative Web-Interface ermöglicht, indem es einerseits den Lesenden den Komfort einer digitalen Lektüreansicht bietet und andererseits den Suchenden Navigationsinstrumente zur Verfügung stellt, die einen direkten Zugriff (über Inhaltsverzeichnisse, Register und freie Suche) auf bestimmte Stellen im Text erlauben.

LinguistInnen können ihre Suche nach einzelnen Wortformen, nach Lemmata oder nach Wortarten ausrichten, wobei bei letztgenannten die im Register gelisteten Abkürzungen des Stuttgart-Tübingen-TagSets zu verwenden sind. Weiters besteht die Möglichkeit, eine kombinierte Suchanfrage von Lemma und Wortart durchzuführen: Etwa könnte man nach dem Wort „der" suchen und mit der Angabe der Wortart (ART oder PRELS) einschränken, ob man nach dem Artikel oder dem Relativpronomen sucht [lemma="der" and pos="ART"] bzw. [lemma="der" and pos="PRELS"]. Auch die kombinierte Suche nach einem Wortteil innerhalb einer Wortart ist zulässig: So könnte man nach Nomen endend auf „-heit" suchen [lemma="*heit" and pos="NN"] oder nach Adjektiven (attributiv oder prädikativ / adverbial) mit dem Präfix „aller-", das den Superlativ verstärkt [lemma="aller*" and pos="ADJA/ADJD"] – Beispiele aus dem Korpus sind *allerliebst*, *allerschönst* oder *allerletzt*.

Da die Sprachwissenschaft sich für andere Fragen interessiert als die Literaturwissenschaft oder textbasierte, historisch ausgerichtete Wissenschaften (Theologie, Kunstgeschichte) und sich nicht alle Fragestellungen antizipieren lassen, war den Herausgeberinnen daran gelegen, die Originaldokumente möglichst authentisch und quellennah abzubilden. In den Annotationen ist sorgfältig geprüftes Wissen über die Texte kodiert, das jederzeit online abgerufen werden kann. Mit der ABaC:us-Edition möchte das Projektteam – einem abrahamischen Buchtitel gemäß – „Etwas für alle" (1699) bieten. Es bleibt zu wünschen, dass ABaC:us in Forschung, Lehre und Unterricht rezipiert und erprobt wird und darüber hinaus auf die Neugier einer interessierten, web-affinen (Fach-)Öffentlichkeit trifft, der Abraham a Sancta Clara heute noch ein Begriff ist und die seine Zitate über den Tod nicht in Blütenlesen oder Anekdoten sucht, sondern sie im unveränderten Wortlaut unter Angabe der jeweiligen Belegstelle(n) finden möchte.

IV. DIE MORPHOLOGISCHE ANNOTATION IM GRALIS-KORPUS

Branko Tošović[1]

1. Einführung

An der Karl-Franzens-Universität Graz wurde ein komplexes und mehrsprachiges Korpus der geschriebenen und gesprochenen Sprache entwickelt, das für Analysen und das Erlernen aller slawischen Sprachen dient.[2] Die Arbeit an der Entwicklung dieses Korpus wurde im Jahre 2005 begonnen, seit 2007 wird es von SlawistInnen in mehreren Ländern sowohl in kollektiven und individuellen Forschungsprojekten als auch im Unterricht genutzt. Dieses Korpus mit der Bezeichnung Gralis-Korpus wurde dahingehend konzipiert, dass es als ein-, aber auch als mehrsprachiges (paralleles) Korpus eingesetzt werden kann, wobei die Hauptorientierung in einer Parallelisierung von mindestens zwei genetisch eng verwandten (slawischen) oder weniger eng verwandten Sprachen (slawisch-deutsch) liegt. BenutzerInnen haben die Möglichkeit, das Inter-

---

[1] Institut für Slawistik, Karl-Franzens-Universität Graz

[2] Vgl. Branko Tošović: Das Gralis-Korpus. In: Branko Tošović und Arno Wonisch (Hrsg.): Srpski pogledi na odnose između srpskog, hrvatskog i bošnjačkog jezika. Bd. I/2. Graz, Beograd 2010, S. 491-519.

Vgl. Branko Tošović: Das Gralis-Korpus. In: Branko Tošović (Hrsg.): Die Unterschiede zwischen dem Bosnischen / Bosniakischen, Kroatischen und Serbischen. Graz 2008, S. 724-827.

Vgl. Branko Tošović: Гралис-Корпус. In: Ursula Doleschal und Imke Mendoza (Hrsg.): Wiener slawischer Almanach. Sonderband 83. München 2013, S. 89-111.

Vgl. Branko Tošović: Upute za korišćenje Ćopićevog Gralis-Korpusa. In: Branko Tošović (Hrsg.): Poetika, stilistika i lingvistika pripovijedanja Branka Ćopića / Poetik, Stilistik und Linguistik des Erzählens von Branko Ćopić. Graz, Banja Luka 2012, S. 369-374.

Vgl. Branko Tošović: Leksička distanca između bosanskog / bošnjačkog, hrvatskog i srpskog jezika u Gralis-Korpusu. In: Branko Tošović (Hrsg.): Die Unterschiede zwischen dem Bosnischen / Bosniakischen / Kroatischen und Serbischen: Lexik-Wortbildung-Phraseologie. Wien, Berlin 2009, S. 17-63.

Vgl. Branko Tošović und Arno Wonisch: Gralis-Korpus. In: Jagoda Granić (Hrsg.): Jezična politika i jezična stvarnost. Zagreb 2009, S. 117-125.

face in mehreren Sprachen – Deutsch, Englisch, Russisch und Serbisch / Kroatisch / Bosni(aki)sch / Montenegrinisch – zu wählen (die Zahl der Sprachen wird sich in Zukunft erhöhen).

Das Korpus besteht aus zwei Subsystemen – einem auditiven und einem textuellen. Das Gralis Speech-Korpus umfasst transkribierte Audioaufnahmen, die die Möglichkeit einer phonetischen (akustischen, artikulatorischen), prosodischen und phonologischen Analyse von einzelnen Wörtern auf Laut-/Phonem-, Silben-, Lexem-, Syntagmen- und Satzebene bieten. Es besteht aus drei Subkorpora, dem Wort-, Fix- und Frei-Korpus. Das Wort-Korpus beinhaltet isoliert ausgesprochene Wörter in allen slawischen Sprachen (am meisten für das Serbische, Kroatische und Bosni/aki/sche). Das Fix-Korpus umfasst Aufnahmen eines vorgegebenen Textes und bietet bislang Material für die serbische, kroatische und bosni(aki)sche Sprache. Die phonetische und prosodische Transkription wird von ExpertInnen mithilfe des Programms Valorisarium durchgeführt. Das Frei-Korpus setzt sich aus Aufnahmen spontaner Rede zusammen (und besteht bislang aus einer rund 120-minütigen, mündlichen Erzählung). Mit dem Speech-Korpus ist das Programm Akzentarium[3] verbunden, das akzentuelle Informationen für mehr als 120.000 Wörter der Sprachen Serbisch, Kroatisch und Bosni(aki)sch bietet. Gegenstand der Forschungen im Zeitraum vom 1. Oktober 2012 bis zum 30. März 2013 war die automatische Generierung von Substantiv-, Adjektiv-, Pronominal- und Verbalparadigmen in den Sprachen Serbisch, Kroatisch, Bosni(aki)sch und Montenegrinisch mithilfe einer festgelegten Zahl an Flexionsregeln.

Das Gralis Text-Korpus enthält parallele Texte für Analysen zu allen slawischen Sprachen, wobei der Fokus bis dato auf der Befüllung mit Texten in südslawischen Sprachen (Serbisch, Kroatisch, Bosni(aki)sch, Montenegrinisch, Bulgarisch, Mazedonisch und Slowenisch) und in der slawischen Sprache mit den meisten SprecherInnen (Russisch) lag. Die entwickelte Infrastruktur bietet (1) die Wahl aller slawischen Sprachen und des Deutschen, (2) eine Parallelisierung slawischer Sprachen nach den drei Arealen (ost-, süd- und westslawisch) und (3) die Wahl von Sprachen aus einem der drei Großareale (z. B. südslawisch).

[3] Es handelt sich um ein Programm, mit dem es möglich ist, die Akzentuierung(en) für jedes Wort zu finden. Vgl. http://www-gewi.uni-graz.at/gralis-alt/php/en/Akzentarium/suche.php (30.6.2014).

Daneben gibt es Korpora zu einzelnen Schriftstellern, wobei gegenwärtig vier Subkorpora zur Verfügung stehen – zu Ivo Andrić (1892-1975; Nobelpreisträger für Literatur), zu Branko Ćopić (1915-1984; einer der größten slawischen Erzähler, Humoristen und Satiriker), zu Zoran Živković (geboren 1948; der meistübersetzte Literat des ehemaligen Jugoslawien) und zu Blaže Koneski (1921-1993; der bekannteste mazedonische Literat, Lyriker und Philologe).[4] Einen besonderen Korpustyp bildet das Edukativ-Korpus, in das Texte für das Verfassen von Diplomarbeiten, Dissertationen und Habilitationen aufgenommen werden. Das Gralis Text-Korpus besteht derzeit aus 5.300.000 Tokens und steht in all jenen Segmenten für eine Nutzung zur Verfügung, für die die Frage der AutorInnenrechte gelöst wurde.

Im Rahmen des Gralis-Korpus kann auch auf unterschiedliche Programme für Forschung und Lehre hingewiesen werden: Diese tragen die Namen Akzentarium (Online-Programm für das Erlernen des Akzentsystems von Serbisch, Kroatisch, Bosni(aki)sch), Anketarium (monatliche Online-Befragung der Studierenden des Instituts für Slawistik[5]), Bibliothekarium (bibliographisches Hilfsmittel zur Durchführung wissenschaftlicher Projekte und im Unterricht), MorphoGenerator (morphosyntaktische Annotation aller veränderlichen Wortarten, automatische Generierung aller Formen und Paradigmen mit Deklinationen, Konjugationen, Komparationen zur automatischen Analyse) und Lexikarium (dieses ist mit dem Text-Korpus, dem Akzentarium und dem MorphoGenerator verbunden und bietet komplexe prosodische, lexikalisch-semantische und grammatikalische Informationen).

Typologisch handelt es sich um ein lemmatisiertes Korpus (bislang sind eine morphosyntaktische Annotation und die Suche nach entsprechen-

---

[4] Vgl. Branko Tošović (Hrsg.): Поетиката, стилистиката и лингвистиката на текстовите од Блаже Конески во корпусот Гралис / Poetik, Stilistik und Linguistik der Texte von Blaže Koneski im Gralis-Korpus. Graz, Skopje 2013.

[5] Mithilfe des Programms Anketarium konnte die Möglichkeit geschaffen werden, Fragebögen, Umfragen und Datenerhebungen online durchzuführen, wobei es allen Studierenden mit individuell granulierbaren Zugangsberechtigungen offensteht, Fragebögen und andere Dokumente online zu erstellen und die auf einem Webserver gespeicherten Ergebnisse jederzeit abzurufen. Das Programm zeichnet sich dadurch aus, dass es allen an der Erstellung von Online-Fragebögen und Umfragen beteiligten Studierenden ermöglicht, diese problemlos, effizient und den eigenen Bedürfnissen entsprechend anzulegen.

den Annotationen für die Sprachen Serbisch, Kroatisch, Bosni(aki)sch und Montenegrinisch möglich). Die Generierung der Paradigmen für alle flektierenden Wortarten auf Basis der morphologischen Annotation verfolgt unterschiedliche Ziele: (1) Untersuchung grammatikalischer Formen und Konstruktionen, (2) Gebrauch des annotierten Materials für die Lehre der serbischen, kroatischen und bosni(aki)schen Sprache als Erst- und Fremdsprache, (3) automatisches Suchen nach Tokens (Wortformen) mit bestimmten morphologischen Merkmalen im Gralis-Korpus.

2. Das Gralis Text-Korpus

Im Gralis Text-Korpus gibt es drei Arten der Annotation: (1) eine metatextuelle, (2) eine extralinguistische und (3) eine linguistische[6], wobei die metatextuelle Annotation Informationen zu Titel, Kapitel und Absatz bietet. Für die morphologische Annotation und die Analyse der grammatikalischen Struktur der Korpus-Sprachen dient das Online-Programm Gralis-MorphoGenerator, das in Verknüpfung mit dem Korpus eine vollständige morphosyntaktische Annotation sämtlicher Tokens (Wortformen) des Gralis-Korpus ermöglicht. Auf diese Weise kann neben tabellarischen Übersichten in Bezug auf die Frequenz einzelner Wörter und Wortarten auch ein kompletter Überblick über die Flexion aller Tokens der drei Sprachen des Korpus gegeben werden, wodurch für Lernende eine wertvolle Hilfe zum Studium der in diesen Sprachen überaus komplexen Deklinations- und Konjugationsmuster geschaffen werden konnte.

Die extralinguistische Annotation verfügt über folgende Komponenten: (1) AutorInnen: individuelle AutorInnen (Vor- und Nachname),

[6] Die linguistische Annotation umfasst die Hervorhebung von Sätzen, Syntagmen und Wörtern, wobei zwischen folgenden weiterführenden Annotationsschritten unterschieden wird: (1) morphologische Annotation: nach morphosyntaktischen Kategorien; (2) orthoepische Annotation: nach der Art des Akzents (lang steigend, lang fallend, kurz steigend, kurz fallend, Länge); (3) semantische Annotation: gemäß dem Programm WortNet; (4) stilistische Annotation: nach der Art des Stils, der Art des funktionalen Stils (literarisch-künstlerisch, publizistisch, wissenschaftlich, administrativ, umgangssprachlich) und (5) syntaktische Annotation: gemäß dem syntaktischen Baum der Abhängigkeiten. Siehe auch Branko Tošović: Морфологическое порождение существительных сербского, хорватского, бошняцкого и черногорского языков. In: Doleschal und Mendoza [Anm. 2], S. 113-134.

kollektive AutorInnen (Vor- und Nachname), fingierte AutorInnen (Vor- und Nachname), Pseudonym, unbekannte AutorInnen (NN), Geburtsdatum (oder ungefähres Alter), Geschlecht, Nationalität, Konfession, Herkunft (Staat, Land, Stadt), Berufsfeld (Kunst, Publizistik, Wissenschaft, Recht usw.); (2) Editionsangaben: Umfang des Textes (Seitenzahl), Zeit des Entstehens des Textes, Ort des Entstehens des Textes, HerausgeberInnen; Angaben zur Sprache, zur regionalen Variante, Schrift, Übersetzung (ÜbersetzerInnen); (3) textuelle Angaben: Medium (schriftlich, mündlich), Textdomäne (Recht, Psychologie usw.), funktionaler Stil (literarisch-künstlerisch, publizistisch, wissenschaftlich, administrativ, umgangssprachlich), „Unterstil" (informativ, analytisch, populärwissenschaftlich), Genre (Prosa, Poesie, Drama, Artikel, Dissertation), Herkunft des Textes (Buch, Radiosendung, Zeitungsbeilage usw.), Typ der Sprachkommunikation (Monolog, Dialog, Gespräch, Vortrag); (4) inhaltliche Angaben: Thema (z. B. Kampf gegen Drogenmissbrauch, Kochrezept u. a.), Chronotop (welche Zeit und welcher Ort werden im Text behandelt); (5) strukturelle Angaben: Art der Formatierung, Reim (falls vorhanden) und (6) kommunikatorische Angaben (Zielgruppe des Texts).

Die Annotationsschritte erfolgen in mehreren Phasen, wobei zuerst die metatextuelle Annotation, in einer zweiten Phase die morphologische, in einer dritten die geplante syntaktische und schließlich in einer vierten Phase die semantische und stilistische Annotation durchgeführt werden. Morphosyntaktische Homographie soll überwiegend händisch entfernt werden.

Angesichts dessen, dass die Qualität jedes Korpus durch (1) die Tiefe und den Umfang der Annotation, (2) die Suchmöglichkeiten, (3) die Repräsentativität, Proportionalität und Ausgewogenheit sowie (4) die Zugänglichkeit bestimmt wird, wird diesen Faktoren bei der stetigen Weiterentwicklung des Korpus umfassend Rechnung getragen.

Die morphosyntaktische Annotation und die Suchabfrage erfolgen mit dem Gralis-MorphoGenerator. Dieses Programm ermöglicht es, komplexe statistische Informationen zu jedem Token des Gralis-Korpus zu erhalten. Dieses online abrufbare analytisch-synthetische System dient für (1) die automatische morphosyntaktische Annotation von Wörtern, (2) grammatikalische Analysen und (3) die automatische Generierung der Paradigmen zu allen veränderlichen Wortarten.

Die grammatikalischen, lexikographischen, orthoepischen und orthographischen Informationen werden im Online-Wörterbuch Gralis-Lexikarium vereinigt.[7] Die diesbezüglichen Datenbanken bestehen aus 3.308.359 Wortformen, die auf 259.283 Lemmata (lexikalische Grundformen) zurückgehen. Die meisten Wörter gehören zu den Substantiven, gefolgt von Pronomina und Verben. Im Falle einer veränderlichen Wortart (Substantive, Adjektive, Pronomina, Verben, Zahlwörtern und teilweise Adverbien) besteht im Gralis-Lexikarium die Möglichkeit, das gesamte Paradigma eines Wortes abzurufen. Bedingt durch die automatische Generierung aller in den Datenbanken des Lexikariums vorhandenen Wörter und die jeweiligen Zusatzinformationen kann das Online-Wörterbuch Gralis-Lexikarium als wertvolles elektronisches Nachschlagewerk herangezogen werden, das seinen BenutzerInnen nicht nur Informationen zur Wortbedeutung in der jeweils anderen Sprache bietet, sondern dazu auch gesamte Paradigmen anzeigt, Angaben zu Synonymen und graphisch ähnlichen Lexemen tätigt, Häufigkeitsstatistiken errechnet und einige weitere Informationen zur Verfügung stellt.

3. Morphologische Annotation

Die Tätigkeiten zur automatischen Annotation von ca. 120.000 Wörtern des Bosni(aki)schen, Kroatischen und Serbischen wurden nach fünf Jahren (2008-2013) abgeschlossen, wobei die automatisch generierte Aufstellung der flektierten Formen aller Wortarten und ihrer Paradigmen mit den grundlegenden grammatikalischen Informationen in Gralis (das linguistische Slawistik-Portal der Karl-Franzens-Universität Graz)[8] zugänglich ist. Die morphologische Annotation wurde im April 2008 im Rahmen des Projektes „Die Unterschiede zwischen dem Bosnischen / Bosniakischen, Kroatischen und Serbischen“[9] begonnen und im Rahmen des Projekts Gralis-Lexikarium (2008-2013, gefördert durch die Steiermärkische Landesregierung) fortgesetzt. Das System der Annotation und

[7] Vgl. http://www-gewi.uni-graz.at/gralis-alt/0.Projektarium/MorphoGenerator/lex_login.php (30.6.2014).
Gegenwärtig wird an diesem Online-Wörterbuch gearbeitet.

[8] Als Plattform für dieses Korpus dient das Gralis-Portal: http://www-gewi.kfunigraz.ac.at/gralis/index.html (30.6.2014), siehe auch Branko Tošović: Gralis: Das linguistische Slawistik-Portal der Karl-Franzens-Universität Graz (2000-2010). Graz 2010.

[9] Branko Tošović: Die Unterschiede zwischen dem Bosnischen / Bosniakischen, Kroatischen und Serbischen (FWF-Projekt P19158-G03 2006-2010). Konzeption, Aktivitäten, Ergebnisse. Graz 2010.

die Generierung wurden von Branko Tošović entwickelt, die dazugehörigen Software-Applikationen stammen von Olga Lehner.

4. Kodierung

Für die morphologische Annotation wurde die Multext-East-Kodierung (Multilingual Texts and Corpora for Eastern and Central European Languages – multilingual dataset for language engineering research and development: MultiText East)[10] gewählt, die im Jahr 2004 von Tomaž Erjavec und seiner Gruppe entwickelt wurde. Sie umfasst Codes für alle Wortarten, Abkürzungen und so genannte Residuals[11]:

CATEGORY (en)	Value (en)	Code (en)	Attributes
CATEGORY	Noun	N	5
CATEGORY	Verb	V	10
CATEGORY	Adjective	A	7
CATEGORY	Pronoun	P	10
CATEGORY	Adverb	R	2
CATEGORY	Adposition	S	3
CATEGORY	Conjunction	C	4
CATEGORY	Numeral	M	6
CATEGORY	Particle	Q	1
CATEGORY	Interjection	I	1
CATEGORY	Abbreviation	Y	4
CATEGORY	Residual	X	0

Abbildung 1: Die grundlegenden grammatikalischen Kategorien für die Annotation im Gralis-Korpus

5. Positionen der Kodierung

Die morphologische Kodierung für das Gralis-Korpus besteht aus folgenden Positionen: (1) Wortart, (2) Typ der Wortart, (3) Verbalmodus, (4) Tempus, (5) Person, (6) Zahl, (7) Genus, (8) Diathese, (9) Responsiv, (10) Un/Bestimmtheit, (11) Reflexivität, (12) Kasus, (13) Un/Belebtheit, (14) Klitika, (15) Aspekt, (16) Etikettieren, (17) Akzent, (18) Aktionsart, (19) lexikalisch-semantische Gruppe, (20) Kollokation (Rektion, Kongruenz), (21) Expression, (22) funktionaler Stil, (23) analytische Form, (24) Destruktion, (25) Derivation, (26) Nummer der Regel, (27) grammatikalischer Typ der Generierung einer Form.

Auf Basis dieses Modells wurde ein konkretes Schema mit 20 Positionen entwickelt, das alle Wortarten und ihre Kategorien umfasst. Als Bezeichnung verwendet man in jeder Position Kleinbuchstaben (nur für

[10] Vgl. http://nl.ijs.si/ME (30.6.2014).

[11] Unter „Residuals" versteht man den Rest als eine Menge, die nach einem Prozess, einem Geschehen oder einer Handlung übrig bleibt.

die Bezeichnung der Person und Regel dienen Ziffern). Da es mehr Positionen als Buchstaben gibt, wiederholen sich einige Grapheme, wobei die erste Position stets die Wortart nennt:

(1) Wortart
n – Substantive, **v** – Verben, **a** – Adjektive, **p** – Pronomina, **r** – Adverbien, **s** – Präpositionen, **c** – Konjunktionen, **m** – Numeralia, **i** – Interjektionen, **q** – Partikeln, **y** – Abkürzungen.

(2) Subtyp der Wortart
S u b s t a n t i v e: **c** – Gattungsbezeichnungen, **p** – Eigennamen, **m** – Stoffname, **l** – Kollektivum.
V e r b e n: **m** – Vollverben, **a** – Hilfsverben, **o** – Modalverben, **c** – Kopulaverben, **b** – Grundverben.
A d j e k t i v e: **f** – Relativadjektive, **r** – Relationsadjektive, **m** – Stoffadjektive, **s** – Possessivadjektive, **o** – Ordinaladjektive, **m** – Kardinaladjektive.
P r o n o m i n a: **p** – Personalpronomina, **d** – Demonstrativpronomina, **i** – Indefinitpronomina, **s** – Possessivpronomina, **q** – Interrogativpronomina, **r** – Relativpronomina, **x** – Reflexivpronomina, **z** – Negationspronomina, **g** – allgemeine Pronomina, **y** – interrogativ-relative Pronomina, **j** – bestimmte Pronomina, **t** – demonstrativ-relative Pronomina.
A d v e r b i e n: **g** – allgemeine, **z** – Negationsadverbien, **a** – adjektivische, **v** – verbale, **q** – Interrogativadverbien.
P r ä p o s i t i o n e n: **p** – präponierende, **t** – postponierende.
K o n j u n k t i o n e n: **c** – nebenordnende, **s** – unterordnende.
N u m e r a l i a: **c** – Grundzahlwörter, **o** – Ordnungszahlwörter, **m** – Kollektivzahlwörter, **l** – Multiplikativa, **s** – spezifische.
P a r t i k e l n: **z** – Negationspartikeln, **q** – interrogative Partikeln, **o** – Modalpartikeln, **r** – Bestätigungspartikeln.
A b k ü r z u n g e n: **n** – substantivische, **r** – adverbiale.

(3) Typ der Form
V e r b e n: **i** – Indikativ, **m** – Imperativ, **c** – Konjunktiv 1, **h** – Konjunktiv 2, **n** – Infinitiv, **p** – Partizip, **g** – Adverbialpartizip 1 (der Gegenwart), **w** – Adverbialpartizip 2 (der Vergangenheit), **u** – Supin, **t** – transitiv, **q** – zitierte, **s** – hypothetische.
A d j e k t i v e: Komparation: **p** – Positiv, **c** – Komparativ, **s** – Superlativ.

A d v e r b i e n: Komparation: **p** – Positiv, **c** – Komparativ, **s** – Superlativ, **e** – Elativ.

(4) Tempus: **p** – Präsens, **i** – Imperfekt, **f** – Futur I Sr (serbisch), **w** – Futur I Hr (kroatisch), **z** – Futur I Sr/Hr (serbisch und kroatisch), **q** – Futur II, **s** – Perfekt, **l** – Plusquamperfekt 1, **t** – Plusquamperfekt 2, **a** –Aorist

(5) Person: **1** – erste, **2** – zweite, **3** – dritte

(6) Numerus: **s** – Singular, **p** – Plural, **d** – Dual, **l** – Kollektivum

(7) Genus: **m** – maskulin, **f** – feminin, **n** – neutral, **l** – allgemein

(8) Diathese: **a** – Aktiv, **p** – Passiv

(9) Responsiv: **y** – ja, **n** – nein

(10) Bestimmtheit: **y** – ja, **n** – nein

(11) Reflexivität: **y** – ja, **n** – nein

(12) Kasus: **n** – Nominativ, **g** – Genitiv, **d** – Dativ, **a** – Akkusativ, **v** – Vokativ, **i** – Instrumental, **l** – Lokativ

(13) Belebtheit: y – ja, **n** – nein

(14) Klitika: **y** – ja, **n** – nein

(15) Aspekt: **p** – unvollendet, **e** – vollendet, **b** – doppelt

(16) Etikettierung: **y** – ja, **n** – nein

(17) Transitivität: **y** – ja, **n** – nein

(18) Destruktion: **y** – ja, **n** – nein

(19) Wortbildung: **s** – unmotivierte, **c** – Kompositum

(20) Zahl der Regel: 01, 02, 03 etc.

Der Beginn des Generierungsmodells der Paradigmen sieht folgendermaßen aus:

Substantiv	Art	Type	Person	Gender	Number	Case	Owner_ Number	Owner_ Gender	Clitic	Referent _Type	Sintactic _Type	Definiteness	Animate	Clitic_s	Pronoun _Form	Owner_ Person	Owner_ Number	Wh_ Type		Typ
	1	2	3	4	5	6	7	8	9	10	39	12	13	14	15	16	17	18	19	20
turist	**N**			**m**	**s**	**n**														**39**

Abbildung 2: Das substantivische Paradigma für das Wort *turist* ,Tourist'

Nicht ausgefüllte Positionen sind dabei: 11. Reflexivität, 16. Etikettieren, 18. Destruktion, 19. Wortbildung. Von den 28 geplanten Positionen fehlen folgende: 18. Akzent (der sich im Akzentarium befindet), 19. Aktionsarten, 20. lexikalisch-semantische Gruppen, 21. Kollokation (Rektion, Kongruenz), 22. Expression, 23. funktionaler Stil und 24. analytische Form.

6. Der Gralis-MorphoGenerator

Beim Gralis-MorphoGenerator[12] handelt es sich, wie bereits besprochen, um ein Online-Tool, das eine umfassende morphosyntaktische Annotation für automatische Analysen von Wörtern und Paradigmen bietet. Das Ziel dieser Online-Applikation liegt darin, allen interessierten Personen automatisch alle Wortformen und -abwandlungen (Deklinationen, Konjugationen, Komparationen) darzulegen, sodass dieses Programm eine wesentliche Hilfe in Lehre und Forschung darstellt. Der MorphoGenerator ist mit dem Gralis BKS-Korpus verbunden und dient zur Annotation sämtlicher im Korpus enthaltenen Wortformen. Eine Suche kann entweder nach Wortformen, Lemmata oder einzelnen Wortarten durchgeführt werden. Dazu ist auch eine Abfrage nach den absoluten Häufigkeiten in den einzelnen Sprachen möglich. Als Ergebnis einer Suche erscheinen sämtliche Belege sowohl der Lemmata mit diesem Wortstamm als auch aus dem gesamten flektierten Paradigma. In weiterer Folge wird durch einen Klick auf ein blau unterlegtes Wort dessen gesamte Flexion abgebildet, wobei z. B. im Falle des Substantivs *ruka* (,Hand') alle Kasus in Singular und Plural erscheinen. Auf der rechten Seite befinden sich die morphosyntaktischen Spezifikationen, nach denen die Annotation dieses Wortes vorgenommen wurde.

[12] Vgl. http://www-gewi.uni-graz.at/gralis-alt/0.Projektarium/MorphoGenerator/morpho.php (30.6.2014).

ruka		
Kasus	Singular	
	f	
Nominativ	ruka	N-fsn----4SfA06
Genitiv	ruke	N-fsg----4SfA06
Dativ	ruci	N-fsd----4SfA06
Akkusativ	ruku	N-fsa----4SfA06
Vokativ	rukom	N-fsv----4SfA06
Instrumental	rukom	N-fsi----4SfA06
Lokativ	ruci	N-fsl----4SfA06

ruke		
Kasus	Plural	
	f	
Nominativ	ruke	N-fpn----4SfA06
Genitiv	ruka ruku	N-fpg----4SfA06 N-fpg----4SfA06
Dativ	rukama	N-fpd----4SfA06
Akkusativ	ruke	N-fpa----4SfA06
Vokativ	ruke	N-fpv----4SfA06
Instrumental	rukama	N-fpi----4SfA06
Lokativ	rukama	N-fpl----4SfA06

Abbildung 3: Das Paradigma und der Code des Wortes *ruka* ‚Hand'

Ein Überblick über die morphosyntaktischen Spezifikationen im MorphoGenerator, der – wie erwähnt – mit dem Gralis-Korpus verbunden ist, in Bezug auf die einzelnen Wortarten und deren Häufigkeit, gegliedert nach Lemmata und Tokens, stellt sich wie folgt dar:

- Morphosyntaktische Spezifikationen
- Gralis Morpho-Generator
- Gralis BKS-Korpus

BKS morphologisches Lexikon			
Wortart		Lemma	Token
Abbreviatur	Y	243	243
Adjektiv	A	3576	613123
Adverb	R	6884	6901
Interjektion	I	589	595
Konjunktion	C	50	50
Partikel	Q	88	89
Pronomen	P	56	2506
Präposition	S	174	196
Substantiv	N	31837	464925
Verb	V	4858	277913
Zahlwort	M	1025	3816
insgesamt:		**49380**	**1370357**

BKS-Korpus Lexikon			
			Token
sr			101635
	hr		105521
		bs	52127
sr	hr	bs	31428
sr	hr		62165
	hr	bs	42735
sr		bs	35633
insgesamt:			**150178**

Abbildung 4: Die Ergebnisse im Gralis-Lexikon

Im Falle eines Substantivs werden im Zuge der morphosyntaktischen Annotation die Kategorien Typ, Genus, Numerus, Kasus, Bestimmtheit, Vorkommen als Enklitikon, Belebtheit und personenbezogener Numerus unterschieden.

Substantiv									
Art	Type	Gender	Number	Case	Definiteness	Clitic	Animate	Owner_Number	Typ
1	2	3	4	5	6	7	8	9	10
N: Noun	c: common	m: masculine	s: singular	n: nominative	n: no	n: no	n: no	s: singular	01
	p: proper	f: feminine	p: plural	g: genitive	y: yes	y: yes	y: yes	p: plural	02
	m: material	n: neuter	d: dual	d: dative					...
	l: collective	l: collective	p: paucal	a: accusative					
				v: vokative					
				i: instrumental					
				l: lokative					

Abbildung 5: Die ersten Positionen der substantivischen Kategorien

Eng mit dem Gralis-MorphoGenerator in Verbindung steht ein Programm mit der Bezeichnung Gralis-PhonoGraphemator, das seine Datenbankbasis ebenfalls aus dem Gralis-Korpus bezieht. Dieses Programm ermöglicht Analysen zur Abfolge von Vokalen und Konsonanten in den Sprachen Serbisch, Kroatisch und Bosni(aki)sch, wie z. B. eine Suchabfrage nach der Abfolge des Vokals a und des Konsonanten c, wobei zuerst die Häufigkeit dieser Kombination im Gralis-Korpus und auch im Programm Gralis-Akzentarium angezeigt wird. Sodann werden durch einen Klick sämtliche Wörter angezeigt, die die Abfolge ac beinhalten.

Dank der morphologischen Annotation und der Funktionalität des Gralis-MorphoGenerators ist es nunmehr möglich, für jedes flektierbare Wort automatisch das gesamte Paradigma zu erhalten. Hierbei werden die Unterschiede zwischen dem Bosni(aki)schen, Kroatischen und Serbischen nicht global und pauschalisierend festgelegt, sondern in Form von Tabellenangaben über Vorkommen jedes einzelnen Tokens im Gralis-Korpus, wie etwa im Falle des Wortes *put* in den Bedeutungen 1. ‚Weg' (Substantiv, mask.), 2. ‚Hautfarbe' (Substantiv, fem.), 3. ‚mal' (Adverb) und 4. ‚nach, in Richtung' (Präposition).

Auf diese Übersicht über die morphosyntaktische Annotation und die grammatikalischen Kategorien dieses Verbs folgt sodann ein Überblick über alle vorhandenen Formen (z. B. im Falle eines Substantivs – sämtliche Flexionsformen in den einzelnen Kasus), was gerade für Lernende dieser Sprachen eine große Hilfestellung darstellt, da man einerseits mühelos gesamte Paradigmen für jedes veränderliche Wort erhalten kann und andererseits eine derartige Aufstellung des gesamten Formenbestandes von veränderlichen Wörtern bzw. Wortarten in keinem Lehr- oder Wörterbuch und auch in keiner Grammatik gefunden werden kann. Zwischensprachliche Unterschiede in der Häufigkeit des Gebrauches wer-

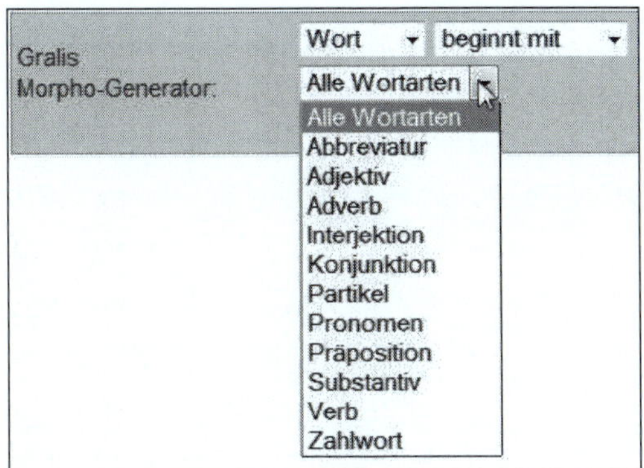

Abbildung 6: Auswahl der Parameter im MorphoGenerator

den nicht mit allgemeinen Formulierungen, sondern konkret und objektiv mit Korpusangaben dargestellt. Im MorphoGenerator kann man Tokens oder Lemmata, einen Wortan- oder einen Wortauslaut und / oder einen Teil eines Wortes suchen:

Der MorphoGenerator bietet auch eine rückläufige Sortierung und Angaben über die Häufigkeit in den Sprachen Serbisch, Kroatisch und Bosni(aki)sch. Für Substantive, Adjektive und Verben, die sich durch ein breites System an Änderungen (Deklination, Konjugation und Komparation) auszeichnen, wurden drei getrennte Masken entwickelt; siehe dazu etwa die Ansicht für Substantive:

Morpho-Generator

Substantive

Lemma · beginnt mit · ru

Gender: alle · Number: alle · Case: alle · Type: alle · Nr.: alle · Animate: alle · Sortiert nach: Wort · Einträge/Seite: 10

alle
-S?
-SfA01
-SfA02
-SfA03
-SfA04
-SfA05
-SfA06
-SfA07
-SfA08
-SfA10
-SfA11
-SfA12
-SfA13
-SfA14
-SfA15
-SfA16
-SfA17
-SfA18
-SfA19

Suchergebnisse:
Treffer: 1 - 10 von 1539

1 2 3 4 5 6 7 8 9 10 11 nächster Treffer

n		Wort	Lemma	Gende	ber	Case	Animate	Type	Nr.
1		rub	rub	m		n		-Sm-08	21
2		rub	rub	m		a	n	-Sm-08	21
3		ruba	rub	m		g		-Sm-08	21
4		ruba	rub	m		g		-Sm-08	21
5		rubac	rubac	m		n		-Sm-#39	55
6		rubac	rubac	m		a	y	-Sm-#39	55
7		rubaca	rubac	m		g		-Sm-#39	55
8		rubalja	rublja	f		g		-SfA12	20
9		rube	rub	m		v		-Sm-08	21
10		rube	rub	m		a		-Sm-08	21

Abbildung 7: Suche nach Substantiven im MorphoGenerator

7. Statistik

Der MorphoGenerator umfasst auch statistische Informationen zu jeder Wortart im Gralis-Korpus.

SR-Korpus LEXICON					HR-Korpus LEXICON					BS-Korpus LEXICON				
Wortart		n	SUM Häufigkeit	%	Wortart		n	SUM Häufigkeit	%	Wortart		n	SUM Häufigkeit	%
Substantiv	N	22621	452597	31.99%	Substantiv	N	22560	463071	32.39%	Substantiv	N	12249	151307	32.63%
Pronomen	P	477	233359	16.49%	Pronomen	P	530	232995	16.29%	Pronomen	P	453	75718	16.33%
Verb	V	6982	156688	11.08%	Verb	V	6731	160030	11.19%	Verb	V	4278	51166	11.03%
Konjunktion	C	45	139478	9.86%	Präposition	S	126	132322	9.25%	Adjektiv	A	8901	44909	9.68%
Präposition	S	118	129316	9.14%	Konjunktion	C	45	129581	9.06%	Konjunktion	C	39	44197	9.53%
Adjektiv	A	15900	126944	8.97%	Adjektiv	A	16652	128995	9.02%	Präposition	S	109	43264	9.33%
Interjektion	I	179	118372	8.37%	Interjektion	I	180	120248	8.41%	Interjektion	I	112	40555	8.75%
Partikel	Q	62	89315	6.31%	Adverb	R	1992	86311	6.04%	Adverb	R	1264	26295	5.67%
Adverb	R	1923	88348	6.24%	Partikel	Q	62	75273	5.26%	Partikel	Q	54	25757	5.55%
Zahlwort	M	1011	21994	1.55%	Zahlwort	M	986	21865	1.53%	Zahlwort	M	636	8932	1.93%
Abbreviatur	Y	190	10587	0.75%	Abbreviatur	Y	194	10573	0.74%	Abbreviatur	Y	172	4823	1.04%
annotiert: 48.20 %		48991	1210688	85.58%	annotiert: 46.94 %		49529	1212126	84.77%	annotiert: 53.54 %		27908	396112	85.42%
unannotiert: 51.80 %		52644	204058	13.58%	unannotiert: 53.06 %		55992	217749	14.40%	unannotiert: 46.46 %		24219	67626	13.40%
insgesamt:		101635	1414746	99.15%	insgesamt:		105521	1429875	99.17%	insgesamt:		52127	463738	98.82%

Abbildung 8: Die allgemeine Statistik im Gralis-Korpus

8. Regeln

Die morphologische Annotation wurde für 100.461 Wörter durchgeführt, wobei deren Paradigmen mit 822 Regeln generiert wurden. Unter einer Regel versteht man Verfahren für die Darstellung der morphologischen Änderungen und Varianzen, deren Bestimmung und Beschreibung mithilfe kurzer Anweisungen bzw. die Matrize der Beziehungen zwischen den Codepositionen und der paradigmatischen Besetzung. Man unterscheidet syntagmatische und paradigmatische Regeln. Erstere umfassen die lineare Organisation der Wörter, wohingegen zweitere die Möglichkeiten der Wahl sprachlicher Einheiten in Bezug auf lineare Verkettungen bieten. Für die Annotation sind die paradigmatischen Regeln von besonderer Bedeutung, weil sie für die Generierung der vollen Paradigmen von Wörtern des gleichen Veränderungstyps (im Rahmen von Deklination, Konjugation und / oder Komparation) dienen.

Es gibt zwei Typen von paradigmatischen Regeln, einzelne und allgemeine: Einzelne Regeln beziehen sich auf bestimmte grammatikalische Kategorien und Unterkategorien und verweisen auf die Besonderheiten der Veränderung im Rahmen der bestimmten grammatikalischen Kategorien wie Kasus, Genus, Numerus etc. So etwa müssen bei der Erzeugung der Formen für männliche Substantive mit Nullendung vier Kasus im

Singular (Nominativ, Genitiv, Vokativ und Instrumental) und zwei Kasus im Plural (Nominativ und Genitiv) berücksichtigt werden.

Die allgemeinen Regeln umfassen drei Typen der Flexion: Deklination, Konjugation und Komparation. Den Regeln für die Deklination liegen Umstände zugrunde, die für die Generierung der Formen relevant sind. So etwa sind für die Erzeugung der substantivischen Paradigmen fünf von sieben Fällen im Singular (Nominativ, Genitiv, Akkusativ, Vokativ und Instrumental) und drei Fälle im Plural (Nominativ, Genitiv und Dativ) von Relevanz.

Es gibt drei Typen allgemeiner Regeln, nämlich strukturelle, kategoriale und interkategoriale. Die strukturellen Regeln verweisen auf formelle Mittel für die Generierung der Paradigmen und Alternationen an der Fugenstelle hin zum vorangegangenen Morphem. Dazu gehört die Regel in Bezug auf Endungen, denn so werden z. B. im System der Substantive unter Berücksichtigung des Suppletivismus alle Formen mit elf Endungen gebildet (čovjek – ljudi ‚Mensch – Leute'), mit Erweiterung des Stammes (*vuk – vukovi* ‚Wolf – Wölfe') und mit postakzentuierten Längen (vgl. Nom. Sg. und Gen. Pl. *Ovo je* žȅna. ‚Das ist *eine Frau*' – *Nema* žénā ‚Es gibt *keine Frauen*'). Die kategorialen Regeln betreffen diejenigen Kategorien, die für die Generierung der morphologischen Formen von Bedeutung sind. Die intrakategorialen Regeln umfassen zwei oder mehrere Kategorien.

Die Notwendigkeit für die Bildung der großen Zahl der Regeln, besonders für Substantive und Verben, stellt ein Resultat der verschiedenen Alternationen dar, wobei zwei grundlegende Regeln unterschieden werden können: phonetisch-phonologische (in erster Linie das bewegliche /a/, die Palatalisierung, Sibilarisierung und Jotierung) und prosodische (vor allem die postakzentuierte Länge im Genitiv Plural einiger Substantive).

9. Annotationsphasen

Der Prozess des morphosyntaktischen Annotierens für das Gralis-Korpus besteht aus mehreren Verfahren. Die Annotationsphasen sehen wie folgt aus:

(1) Vorbereitung der Liste aller Wörter im Rahmen einer Standardsprache (Serbisch, Kroatisch, Bosni(aki)sch)

(2) Einteilung der Wörter nach Wortarten

(3) Vereinigung von Lexemen im Rahmen jeder Wortart in eine einzelne Liste entsprechend den grammatikalischen Merkmalen, die für die Generierung des Paradigmas wichtig sind (für Substantive die Kategorie des Genus, für Adjektive die Komparation, für Verben der Aspekt u. a.)

(4) Die dadurch erhaltene Liste wird unter Berücksichtigung zusätzlicher Merkmale (bei Substantiven die Belebtheit, bei Verben die Transitivität u. a.) weiter in Unterlisten unterteilt. Damit endet die Aufbereitung des lexikalischen Materials für die grammatikalische Verarbeitung.

(5) Sodann wird eine Analyse der Listen unter Punkt (4) durchgeführt und es kommt zur Bestimmung der paradigmatischen Marker (Kasus, Person u. a.), die für die Generierung der kompletten Paradigmen relevant sind (z. B. Nominativ, Genitiv, Vokativ und Instrumental Singular wie auch Nominativ und Genitiv Plural für männliche Substantive mit konsonantischer Endung).

(6) Nunmehr wird eine Liste mit allgemeinen Merkmalen erzeugt (z. B. für männliche Substantive mit Konsonantenendung, die im Nominativ Singular ein bewegliches /a/ aufweisen).

(7) Als weiterer Schritt wird ein typisches Wort in einer Gruppe gewählt und für dieses eine eigene Tabelle mit allen 20 Positionen und sämtlichen Formen entwickelt. Gemäß diesem Wort und der Nummer des Typs erhält jede Regel ihre eigene Benennung (z. B. 174}^{mudrac}). Der Anfang der Tabelle sieht folgendermaßen aus:

Branko Tošović — Substantiv_174_MUDRAC_Kod i paradigma

SUBSTANTIV

Substantiv

Substantiv	Art	Type	Person	Gender	Number	Case	Owner_Number	Owner_Gender	Clitic	Referent_Type	Sintactic_Type	Definiteness	Animate	Clitic_s	Pronoun_Form	Owner_Person	Owner_Number	Wh_Type		Tym
	1	2	3	4	5	6	7	8	9	10	174	12	13	14	15	16	17	18	19	20
mudrac	N			m	s	n														174
mudraca	N			m	s	g														174
mudracu	N			m	s	d														174
mudraca	N			m	s	a							y							174
mudrače	N			m	s	v														174
mudracem	N			m	s	i														174
mudracu	N			m	s	l														174
mudraci	N			m	p	n														174
mudraca	N			m	p	g														174
mudracima	N			m	p	d														174
mudrace	N			m	p	a														174
mudraci	N			m	p	v														174
mudracima	N			m	p	i														174
mudracima	N			m	p	l														174

Abbildung 9: Der Beginn des grammatikalischen Codes für die Regel 174^{mudrac}

Damit ist der linguistische Teil des Annotationsverfahrens beendet und der programmierend-technische beginnt.

(8) Das Material, das in den Arbeitsschritten (1) bis (7) erhoben und differenziert wurde, wird in Form von drei Tabellen in die relationale Datenbank MySQL überführt. Eine Tabelle umfasst vier Spalten mit dem Lemma, dem unveränderlichen Teil (Wortstamm), dem relevanten Merkmal (z. B. für Substantive die Belebtheit, für Verben die Transitivität) und der Nummer der linguistischen Regel, wie z. B.:

obnemoći	**obnemo**	n	01e
dići	**di**	y	03e
dolivati	**dol**	y	24

Tabelle 1: Auszug einer MySQL-Tabelle mit den Endungen

Der zweiten Tabelle liegt die Tabelle mit Code, Codepositionen und Paradigmen für eine bestimmte Regel zugrunde, die sich von der ersten Tabelle durch eine zusätzliche Spalte mit den unveränderlichen Segmenten des Wortes unterscheidet.

	1	2	3	4	5	6	7	8	9	10
dih	**V**	**m**	**i**	**a**	**1**	**s**	_	_	_	_
di	**V**	**m**	**i**	**a**	**2**	**s**	_	_	_	_
di	**V**	**m**	**i**	**a**	**3**	**s**	_	_	_	_

	11	12	13	14	15	16	17	18	19	20
dih	_	_	_	_	**e**	_	_	_	_	102e
di	_	_	_	_	**e**	_	_	_	_	102e
di	_	_	_	_	**e**	_	_	_	_	102e

Tabelle 2: Weitere MySQL-Tabelle

(9) Diese zwei Tabellen werden in das Format .csv überführt. In den neuen Tabellen trennt ein Strichpunkt die Inhalte ab:

šetati;še;y;45;
plesati;ple;y;48;
platiti;pla;y;90e;

In MySQL werden nunmehr Formen und Paradigmen erzeugt, wobei z. B. die MySQL-Tabelle zu den Verben 378 Regeln / Typen mit mehr als

lemma_id	lemma	stamm	transitive	typ
1	moći	mo	n	01
2	domoći	domo	y	01e
3	ispomoći	ispomo	y	01e
4	izmoći	izmo	y	01e
5	iznemoći	iznemo	n	01e
6	nasmoći	nasmo	y	01e
7	obnemoći	obnemo	n	01e
8	odmoći	odmo	y	01e
9	onemoći	onemo	n	01e

45.000 Reihen umfasst. Der Teil der Liste mit Lemmata und Wortstamm sieht folgendermaßen aus:

Abbildung 10: MySQL-Ansicht mit Lemmata, Endungen und dem Typ der Regel

Daraufhin entsteht die finale Tabelle für alle Wortarten:

wort	lemma	wortart	animate	aspect	case	definiteness	degree	gender	negative	number	person	tense	type
znakove	N:znak;	N	N:n;		N:a;			N:m;		N:p;			
vreme	N:vreme;	N	N:n;		N:nav;			N:n;		N:s;			
vremena	N:vreme;N:vrijeme;	N	N:n;		N:gnav;			N:n;		N:sp;			
vremenu	N:vreme;N:vrijeme;	N	N:n;		N:dl;			N:n;		N:s;			
vremenom	N:vreme;N:vrijeme;	N	N:n;		N:i;			N:n;		N:s;			
vremenima	N:vreme;N:vrijeme;	N	N:n;		N:dil;			N:n;		N:p;			
vrijeme	N:vrijeme;	N	N:n;		N:nav;			N:n;		N:s;			
posao	N:posao;	N	N:n;		N:na;			N:m;		N:s;			
posla	N:posao;	N	N:n;		N:g;			N:m;		N:s;			

Abbildung 11: Ansicht der finalen Darstellung in MySQL

(10) Nun gilt es, zwei Masken anzulegen – eine für die Suche nach Informationen zur grammatikalischen Annotation und eine zweite für die Darstellung der Suchergebnisse.

(11) Der MorphoGenerator ist, wie bereits erwähnt, mit dem Gralis-Korpus verbunden und bietet informative Kanäle in zwei Richtungen – vom MorphoGenerator zum Korpus und vom Korpus zum MorphoGenerator, wobei das Ziel darin liegt, jedes Wort aus dem MorphoGenerator auch im Korpus darzustellen, um im Korpus Informationen über seine Häufigkeit und Umgebung sowie im Generator das Paradigma zu erhalten.

10. Wortarten

In der serbischen, kroatischen und bosni(aki)schen Sprache bildet ein Drittel der Wörter Substantive (37,43%), gefolgt von Adjektiven (32,34%) und Verben (29,89%). Diese drei Wortarten umfassen 92,48% des gesamten Wortschatzes (siehe Tabelle 3).

Sie besitzen ein reiches Flexionsparadigma, unterscheiden sich zum Teil hinsichtlich der Kategorien Genus, Kasus, Numerus, Tempus und Aspekt, sind belebt oder unbelebt, zeichnen sich durch ein umfassendes

Nr.	Wortart	Zahl der Wörter	%	Zahl der Regeln	Beziehung Zahl der Wörter – Zahl der Regeln
1	Substantive	37.606	37,43	311	0,0083
2	Adjektive	32.492	32,34	71	0,0022
3	Verben	30.030	29,89	378	0,0126
4	Numeralia	198	0,20	12	0,0606
5	Pronomina	135	0,13	50	0,3704
Insgesamt		**100.461**	**100,00**	**822**	**0,0052**

Tabelle 3: Die Häufigkeit der Wortarten und die morphologischen Annotationsregeln

Endungssystem aus und verfügen über verschiedene morphonologische Alternationen – vokalische (Jat-Reflex, Umlaut, Ablaut, Vokalisierung, Vokalausfall) und konsonantische (Assimilierung nach Stimmtonbeteiligung und Artikulationsort, Palatalisierung, Jotierung, unbeständiges a und e, fakultatives a, Konsonantenelision) – und zeigen prosodische Besonderheiten (Änderung des Akzentstelle, der Qualität und Quantität, postakzentuierte Längen u. Ä.).

Die durchgeführte Analyse im Untersuchungszeitraum verweist darauf, dass bei der Generierung von Wörtern die größte Zahl an Regeln für Verben (384) und Substantive (311) erforderlich ist, mit deutlichem Abstand gefolgt von Adjektiven (71), Pronomina (50) und Zahlwörtern (12). Bringt man die Regeln jedoch mit der absoluten Zahl an Wörtern in Verbindung, erhält man ein gänzlich anderes Bild: Für die morphologische Generierung der 135 pronominalen Wörter benötigt man mindestens 50 Regeln, für die 198 Numeralia 112 Regeln, während für die 37.606 Substantive 311 und für die 32.492 Adjektive bloß 71 Regeln ausreichen. Somit kann festgehalten werden, dass quantitativ eher abgeschlossene Wortarten (die in der Regel nicht um neue Wörter erweitert werden, wie hier die Pronomina und Numeralia) weitaus mehr Regeln notwendig machen als für Entlehnungen und Neubildungen offene Gruppen (Substantive und Adjektive). Die vorläufige Analyse zeigt, dass für die Generierung in prozentueller Hinsicht (in Bezug auf die Zahl der Regeln und die Zahl der Lexeme) die wenigsten Regeln für Adjektive (0,22%) und Substantive (0,83%) benötigt werden, weitaus mehr jedoch für Pronomina (37,04%)

und die meisten für Zahlwörter (56,57%) aufgestellt werden müssen. Der durchschnittliche Koeffizient für die Generierung aller Nomina liegt bei 0,77% (544 Regeln für 70.431 Substantive, Adjektive, Pronomina und Numeralia).

Die Regeln für die morphologische Generierung von Substantiven sind überaus komplex, da die Menge und die Heterogenität der Endungen, die Vielfalt der morphologischen Formen und die Komplexität der grammatikalischen Kategorien in Betracht zu ziehen sind. In den untersuchten Sprachen gibt es beinahe keine Substantive, die auf Grund einer Nullendung nicht zu generieren wären (dies betrifft nur *deci* ‚zehn Dekagramm', den weiblichen Namen *Miki* und eventuell noch einige andere Wörter). Die Zahl der unikalen Endungen ist nicht allzu groß. Sie beträgt neun (-a, -o, -e, -i, -u, -ø, -oj, -ama, -ima), doch wiederholen sich diese Endungen oft in unterschiedlichen Kasus: -i in elf, -a in acht, -e in sieben, -o, -u, -ama, -ima in drei, ø, -oj in zwei.

Bei der Generierung der Formen und ganzer Paradigmen stößt man auf unterschiedliche strukturelle Typen. Die bisherige Analyse lässt erkennen, dass zwei Extremfälle vorliegen, nämlich einer betreffend die Regeln für eine minimale Zahl (eins, zwei oder drei, z. B. deckt die Regel 80}^{vreoce} die zwölf sächlichen Substantive auf -e ab), wogegen im anderen Fall einige tausend nach gleichen Regeln strukturiert werden können (wie die Regel 03}^{strana}, mit der das Paradigma für 10.532 weibliche Substantive auf -a erzeugt wurde). Extremfälle bilden auch die Regeln für Substantive ohne vokalische oder konsonantische Alternationen, wie auch mit mehr oder weniger morphologischer Varianz. Es gibt auch Beispiele, in denen ein Wort eine gesonderte Regel verlangt, z. B. das Lehnwort *nargile* (Regel 280}^{nargile}). Es gibt auch Fälle, in denen ein Wort eine eigene Regel verlangt und dadurch einen eigenen morphologischen Typ bildet. In den Regeln kommt es zu Überschneidungen der siebengliedrigen Kategorie des Kasus (Nominativ, Genitiv, Dativ, Akkusativ, Vokativ, Instrumental und Lokativ), der viergliedrigen des Genus (maskulin, feminin, neutral und allgemein), der zweigliedrigen Kategorie der Zahl (Singular und Plural) und der Gegenüberstellung von belebt und unbelebt, wobei etwa unterschiedliche morphologische Typen maskuline Substantive für (1) die Belebtheitskategorie, (2) die Unbelebtheitskategorie und für (3) Wörter bilden, die beides zugleich ausdrücken.

11. Zusammenfassung

An der Karl-Franzens-Universität Graz wurde das Gralis-Korpus entwickelt, das für Analysen und das Erlernen aller slawischen Sprachen dient. Das Korpus besteht aus zwei Subsystemen – einem auditiven und einem textuellen. Das Text-Korpus enthält parallele Texte für Analysen zu allen slawischen Sprachen, wobei der Fokus auf der Befüllung mit Texten in südslawischen Sprachen und in der slawischen Sprache mit den meisten SprecherInnen (Russisch) lag. Im Gralis Text-Korpus gibt es drei Arten der Annotation: eine metatextuelle, eine extralinguistische und eine linguistische. Für die morphologische Annotation und die Analyse der grammatikalischen Struktur der Korpus-Sprachen dient das Online-Programm Gralis-MorphoGenerator. Für die morphologische Annotation wurde die Multext-East-Kodierung gewählt. Die Kodierung für das Gralis-Korpus besteht aus 20 Positionen. Die morphologische Annotation wurde bislang für 100.461 Wörter durchgeführt, wobei deren Paradigmen mit 822 Regeln generiert wurden.

V. KODIERUNG UND ANALYSE MIT CHILDES: ERFAHRUNGEN MIT KINDERSPRACHLICHEN SPONTANSPRACHKORPORA UND ERSTE ARBEITEN ZU EINEM REIN ERWACHSENENSPRACHLICHEN SPONTANSPRACHKORPUS

Katharina Korecky-Kröll[1]

1. Was ist CHILDES?

Dieser Beitrag behandelt die semi-automatische lexikonbasierte morphologische Kodierung und Analyse mit CHILDES und ihre Anwendung auf kindersprachliche Spontansprachkorpora sowie auf ein rein erwachsenensprachliches Spontansprachkorpus. CHILDES ist das Akronym für Child Language Data Exchange System[2], ein System, das 1984 von Brian MacWhinney und Catherine Snow ins Leben gerufen wurde und seitdem laufend weiterentwickelt wird. Es ist die für die Kindersprachforschung entwickelte Komponente des TalkBank-Systems[3] und eine der führenden Methodologien in der Kindersprachforschung[4]. Es besteht aus drei Hauptkomponenten:

(1) CHAT oder *Codes for the Human Analysis of Transcripts* ist ein standardisiertes Format für die Transkription.

(2) CLAN oder *Computerized Language Analysis* ist das Programmpaket für die semiautomatische Analyse von im CHAT-Format vorliegenden Daten, das gratis für Windows, MacOS und Unix verfügbar ist.[5]

(3) Weiters gibt es die CHILDES-Database[6], eine riesige Datenbank mit Kindersprachkorpora in 38 Sprachen, die grundsätzlich frei zu-

---

[1] Institut für Sprachwissenschaft, Universität Wien

[2] Vgl. http://childes.psy.cmu.edu (12.8.2014).

[3] Vgl. http://talkbank.org (12.8.2014).

[4] Vgl. Sabine Laaha und Katharina Korecky-Kröll: Verschriftung, Kodierung und Analyse von Kindersprache mit CHILDES. In: Eveline Wandl-Vogt und Katharina Korecky-Kröll (Hrsg.): Transkriptionssysteme im Vergleich: Sprache-Ton-Bild. Codierung gesprochener Sprache. Wien (in Druck).

[5] Vgl. http://childes.psy.cmu.edu/clan/ (12.8.2014).

[6] Vgl. http://childes.psy.cmu.edu/data/ (12. 8.2014).

gänglich ist und für Forschungszwecke verwendet werden darf – selbstverständlich unter der Voraussetzung, dass die Quelle korrekt zitiert wird.

2. Die Wiener Spontansprachkorpora

Die Arbeitsgruppe für Komparative Psycholinguistik am Institut für Sprachwissenschaft der Universität Wien verfügt über drei große Kindersprachkorpora, die in den letzten 20 Jahren aufgebaut wurden. Es handelt sich dabei um die longitudinalen Spontansprachdaten der Wiener Kinder Jan, Katharina und Lena, die jeweils im zweiten Lebensjahr (mit 1;3, 1;6 oder 1;7) beginnen und dann unterschiedlich weit reichen: bei Katharina nur bis zum Alter von drei Jahren, bei Lena bis zum Alter von vier Jahren und drei Monaten und bei Jan bis zum Alter von sechs Jahren.[7] Die Kinder wurden in regelmäßigen Abständen (einmal pro Woche bis einmal pro Monat) in spontaner Interaktion mit ihren Müttern in Alltagssituationen aufgenommen, wobei auch der mütterliche Input (CDS = *Child-directed speech* oder kindgerichtete Sprache) analysiert und zu den Produktionen der Kinder in Beziehung gesetzt werden kann.

Außerdem befindet sich ein weiteres großes Korpus gerade im Aufbau, nämlich die Spontansprachdaten von 61 Wiener Kindern im Alter von drei bis viereinhalb Jahren und ihren Bezugspersonen zu Hause und im Kindergarten aus dem WWTF-Projekt „INPUT“.

Ein etwas anderes Korpus, mit dessen Bearbeitung erst kürzlich begonnen wurde, ist ein erwachsenensprachliches Spontansprachkorpus mit Tischgesprächen bei Familienfeiern einer Familie mit acht bis zehn Personen. Das Korpus trägt den Namen ADS (*adult-directed speech* oder erwachsenengerichtete Sprache).

Anhand von Beispielen aus diesen beiden neuen, sich im Aufbau befindenden Korpora soll im vorliegenden Beitrag die Methodologie der Kodierung und Analyse mit CHILDES dargestellt werden.

2.1. Das INPUT-Korpus

Das Projekt „INPUT“ oder „Investigating Parental and Other Caretakers’ Utterances to Kindergarten Children“ wird vom Wiener Wissen-

[7] Vgl. Laaha und Korecky-Kröll [Anm. 4].

schafts-, Forschungs- und Technologiefonds WWTF gefördert und hat eine Laufzeit von viereinhalb Jahren (vom 1. März 2012 bis zum 30. September 2016). Projektleiter ist Wolfgang U. Dressler; Projektmitarbeiterinnen sind Christine Czinglar, Kumru Uzunkaya-Sharma, Sabine Sommer-Lolei, Viktoria Templ, Maria Weichselbaum sowie die Autorin des vorliegenden Beitrags.[8]

Die wichtigste Hypothese des Projekts besagt, dass Menge, Qualität und Komplexität des elterlichen Inputs abhängig vom sozioökonomischen Status der Familien sind[9,10] und den kindlichen Output, die Sprachkompetenz in der Erstsprache[11] – bei zweisprachigen Kindern auch in der Zweitsprache[12] – und später auch den Bildungserfolg[13] der Kinder beeinflussen.

Die Einteilung nach dem sozioökonomischen Status (SES) in *high SES* (bildungsnah) oder *low SES* (bildungsfern) wird im INPUT-Projekt in erster Linie nach dem höchsten Bildungsabschluss der Hauptbezugsperson des Kindes getroffen, wobei die Trennlinie im Wesentlichen bei der Matura / dem Abitur bzw. dem Abschluss des türkischen Lise (vergleichbar mit dem Gymnasium) gezogen wird.[14]

---

[8] Ich danke Wolfgang U. Dressler und den anderen Projektmitarbeiterinnen sehr herzlich, dass ich unsere gemeinsamen Projektdaten für diesen Beitrag verwenden darf.

[9] Vgl. Betty Hart und Todd R. Risley: Meaningful Differences in the Everyday Experience of Young American Children. Baltimore 1995.

[10] Vgl. Erika Hoff: How social contexts support and shape language development. In: Developmental Review 26 (2006), S. 55-88.

[11] Vgl. Virginia C. Mueller Gathercole und Erika Hoff: Input and the Acquisition of Language. Three Questions. In: Erika Hoff und Marilyn Shatz (Hrsg.): Blackwell Handbook of Language Development. Malden, MA 2007, S. 107-127.

[12] Vgl. D. Kimbrough Oller und Rebecca E. Eilers (Hrsg.): Language and Literacy in Bilingual Children. Clevedon 2002.

[13] Vgl. Dale Walker, Charles Greenwood, Betty Hart und Judith Carta: Prediction of school outcomes based on early language production and socioeconomic factors. In: Child Development 65 (1994), S. 606-621.

[14] Zur genaueren Einteilung der Kinder nach dem sozioökonomischen Status siehe Christine Czinglar, Katharina Korecky-Kröll, Kumru Uzunkaya-Sharma und Wolfgang U. Dressler: Wie beeinflusst der sozioökonomische Status den Erwerb der Erst- und Zweitsprache? Wortschatzerwerb und Geschwindigkeit im NP/DP-Erwerb bei Kindergartenkindern im türkisch-deutschen Kontrast. In: Klaus-Michael Köpcke und Arne Ziegler (Hrsg.): Deutsche Grammatik in Kontakt. Deutsch als Zweitsprache in Schule und Unterricht. Berlin 2015, S. 207-240.

Im INPUT-Projekt werden also insgesamt vier Gruppen von Kindern über einen Zeitraum von eineinhalb Jahren untersucht. Die Gruppen sind (1) monolingual deutschsprachige Kinder aus bildungsnahen Familien, (2) monolingual deutschsprachige Kinder aus bildungsfernen Familien, (3) bilinguale Kinder aus bildungsnahen Familien mit Türkisch als Familiensprache, die im Kindergarten Deutsch lernen, und schließlich (4) bilinguale Kinder aus bildungsfernen Familien mit Türkisch als Familiensprache und Deutsch im Kindergarten (siehe Tabelle 1):

Bildungs-hintergrund	**Monolingual deutschsprachig**	**Bilingual mit Familiensprache Türkisch und L2 Deutsch**	**Summe**
bildungsnah	6 Buben, 6 Mädchen	6 Buben, 6 Mädchen	24
bildungsfern	6 Buben, 6 Mädchen	6 Buben, 6 Mädchen	24
Summe	24	24	48

Tabelle 1: Gruppeneinteilung der Kinder aus dem INPUT-Projekt (Mindestzahl)

Ursprünglich hatten wir insgesamt etwas mehr – nämlich 61 – Kinder gefunden, wobei zwei Familien, eine davon mit Zwillingen, ihre Teilnahme inzwischen leider beendet haben. Derzeit nehmen 58 Kinder weiterhin an der Studie teil. Die Datenerhebung ist inzwischen abgeschlossen, und ein Großteil der Daten wurde bereits kodiert und analysiert, doch gewisse Zusatzkodierungen und -analysen sind noch ausständig.

Folgende Erhebungsmethoden werden im INPUT-Projekt verwendet:
(1) Spontansprachaufnahmen des Kindes mit der erwachsenen Hauptbezugsperson zu Hause (d. h. mit einem Elternteil)
(2) Spontansprachaufnahmen des Kindes mit den erwachsenen Bezugspersonen im Kindergarten (d. h. mit den PädagogInnen und AssistentInnen)
(3) Interviews mit Eltern und PädagogInnen
(4) Sprachstandtests zum passiven Wortschatz, zur Pluralbildung, zur Sprachproduktion und zum Verständnis von W-Fragen, zur Adjektivsteigerung und zur Bildung des Partizips Perfekt.
(5) Überprüfung der narrativen Fähigkeiten der Eltern und Kinder[15]

[15] Ruth Berman und Dan Isaac Slobin: Relating events in narrative: A crosslinguistic developmental study. Hillsdale, NJ 1994.

mithilfe einer Bildgeschichte[16], die jeweils einmal von den Eltern und ein- bis zweimal[17] von den Kindern erzählt wird.

Im vorliegenden Beitrag beschränken wir uns allerdings auf die Analyse von Spontansprachaufnahmen, weil sich das CHILDES-System für diese als besonders gut geeignet erwiesen hat.

2.2. Das ADS-Korpus

Das Wiener ADS-Korpus wurde in den Jahren 2010-2016 erhoben, wobei erste Transkriptionen und Kodierungen ab August 2013 erfolgten – es handelt sich also, ebenso wie bei den Daten des INPUT-Projekts, um sehr aktuelle Daten.

Das Korpus verfügt über etwas mehr als 57 Stunden Aufnahme; bisher wurden jedoch nur zwei Stunden Aufnahme transkribiert und kodiert. Diese zwei Stunden umfassen 16.905 Tokens; hochgerechnet auf das Gesamtkorpus werden es etwa 338.000 Tokens sein. Dieser Umfang ist zwar im Vergleich zu internationalen Korpora wie CELEX[18] oder Wortschatz[19] sehr gering, aber mengenmäßig mit unseren bisher vorliegenden Daten kindgerichteter Erwachsenensprache (CDS) gut vergleichbar. Da es sich um gesprochene Wiener Spontansprache im informellen Kontext handelt, ist es auch methodisch mit den CDS-Daten gut vergleichbar, was bei den anderen elektronisch vorliegenden Korpora nicht der Fall ist, weil diese mehrheitlich geschriebene oder zumindest formelle Sprache enthalten. Außerdem handelt es sich um die Familie eines der Kinder aus unseren Langzeitstudien, was teilweise direkte Vergleiche derselben Personen bei der Produktion von CDS vs. ADS ermöglicht.

Die Situationen sind Tischgespräche bei Familienfeiern mit unterschiedlichen Gesprächsthemen, aber einem Schwerpunkt auf politischen Diskussionen. Es ist fast ausschließlich Spontansprache; sehr selten wird ein kurzer Text aus einer Zeitung oder als Glückwunsch vorgelesen. Es sind meistens acht Personen anwesend, manchmal nur sechs, selten auch

---

[16] Mercer Mayer: Frog, Where Are You? New York 1969.

[17] Bei den monolingual deutschsprachigen Kindern wird eine Froschgeschichte nur auf Deutsch, bei den deutsch-türkisch bilingualen Kindern sowohl in ihrer L1 (Türkisch) als auch in ihrer L2 (Deutsch) elizitiert.

[18] Rolf Harald Baayen, Richard Piepenbrock und Hedderik van Rijn: The CELEX lexical database (CD-ROM). Philadelphia 1993.

[19] Vgl. http://wortschatz.uni-leipzig.de (12.8.2014).

zehn. Die Personen sind unterschiedlich alt und haben verschiedene Bildungshintergründe, weshalb es in Zukunft auch interessant sein wird, sie mit den bildungsnahen und bildungsfernen Eltern aus dem INPUT-Projekt zu vergleichen.

3. Transkription mit CHILDES

Wie bereits erwähnt, gibt es ein standardisiertes Format, in dem die Transkription zu erfolgen hat, nämlich das CHAT-Format. Das CHAT-Format (für eine umfassende Beschreibung s. CHAT-Manual[20]) ist gekennzeichnet durch einen *File Header*, in dem allgemeine Angaben zur Aufnahme stehen (z. B. Sprache, Erklärung der Personenkürzel, Aufnahmedatum, TranskribentInnen, Informationen zum Ort und zur Situation der Aufnahme) sowie durch spezielle Anforderungen an die eigentlichen Transkriptionszeilen: So steht beispielsweise zuerst ein Asterisk, gefolgt vom Personenkürzel mit Doppelpunkt und einem Tabulator, worauf dann die eigentliche Äußerung folgt. Jede neue Äußerung beginnt in einer neuen Zeile; Großschreibung beschränkt sich auf Eigennamen und Kommentare erfolgen in eckiger Klammer mit =! oder in einer eigenen Kommentarzeile (%com:), die unter der jeweiligen Transkriptionszeile steht. Pausen werden je nach Länge mit #, ## oder ### markiert, wobei es inzwischen allerdings in den neuen CLAN-Versionen schon eine aktuellere Pausennotation mit (.), (..) und (...) gibt.[21] Weitere Kennzeichen des CHAT-Formates sind spezielle Codes (z. B. @g für Aussprachefehler, @o für Onomatopoetika wie miau@o, @m für morphologische Fehler) und Standardisierung mittels runden Klammern (bei Auslassung) oder eckigen Klammern (bei Ersetzung) von dialektalen und umgangssprachlichen Formen für diejenigen standardsprachlichen Formen, die auch im Lexikonfile vorkommen (z. B. geh(e)n), nix [: nichts]). Außerdem gibt es Markierungen für Überlappungen (+<), Eigenunterbrechungen (+//.), Unterbrechungen durch andere (+/.) und unvollendete Sätze (+...). Am besten schreibt man beim Transkribieren direkt in den CLAN-Editor hinein und speichert das File mit der Dateiendung .cha.

---

[20] Brian MacWhinney: The CHILDES Project. Tools for Analyzing Talk – Electronic Edition. Part 1: The CHAT Transcription Format, http://childes.psy.cmu.edu/manuals/CHAT.pdf (12.8.2014).

[21] MacWhinney [Anm. 20], S. 63.

Dass die folgenden Transkriptionsbeispiele nur ASCII-Zeichen enthalten, liegt nicht an den Vorgaben des CHAT-Formats, das inzwischen schon seit vielen Jahren auch Unicode-Zeichen erlaubt, sondern an unserem über Jahrzehnte gewachsenen Lexikonfile, das sich auf ASCII-Zeichen beschränkt (siehe auch Abschnitt 5).

Im folgenden Transkriptionsbeispiel (1), das aus einer der ersten Aufnahmen des INPUT-Projekts stammt, spielt das bildungsnahe Mädchen SAK ein Rollenspiel mit seiner Mutter. CHI steht für Child und bezeichnet jeweils das Kind, und PAR (für Parent) bezeichnet die Mutter:

```
(1) @Begin
@Languages:     deu
@Participants:  CHI SAK Target_Child, PAR Mother, EX1 Katharina
                                    Experimenter
@ID:            deu,|change_me_later|CHI|||||Target_Child|||
@ID:            deu,|change_me_later|PAR|||||Mother|||
@ID:            deu,|change_me_later|EX1|||||Experimenter|||
@Date:          15-MAR-2013
@Transcriber:   Anna K.
@Comment:       duration of session: video t2 00:17-30:17,
                audio 06:53 - 36:53
@Location:      Vienna
@Situation:     wohnzimmer, rollenspiel
*PAR:           ja komm schwesterchen +//.
*PAR:           wir geh(e)n in den kindergarten .
*CHI:           # moecht(e) nix [: nichts] anzieh(e)n .
*PAR:           du magst auch nicht [=! mit piepsiger stimme] +//.
*PAR:           du magst sicher wieder ein kleid anzieh(e)n wie ich
                dich kenn(e).
*PAR:           wie eine prinzessin willst du stolzier(e)n .
*CHI:           aber !
*PAR:           +< haha [=! mit piepsiger stimme] !
*CHI:           ich bin son@g [: schon] eine pinzessin@g [: prinzes-
                sin] .
*PAR:           nein du bist ein maedchen und keine prinzessin [=!
                mit piepsiger stimme] .
*PAR:           ich bin der prinz [=! mit piepsiger stimme] .
                @End
```

Beispiel (2) zeigt einen weiteren Auszug aus einem Transkript (diesmal ohne *File Header*) aus einer der ersten Aufnahmen. Hier sitzt der Bub JUB, der aus einer bildungsfernen Familie stammt, mit seiner Mutter vor dem Fernseher:

(2)*CHI:	ah haha [=! lacht] .
*PAR:	du schweindi was hastn [: hast denn] du jetzt g(e)macht ?
*PAR:	puuuh [: puh] !
*PAR:	du bist a [: ein] schweindi .
*PAR:	host [: hast] a [: ein] pfurzi gelass(e)n ?
*CHI:	au !
*PAR:	was is(t) da [=! im fernseher] ?
*PAR:	he wer isn [: ist denn] das ?
*PAR:	wer is(t) das ?
*PAR:	der loewe ?
*CHI:	fugzeug@g [: flugzeug] da .

Hier sehen wir schon inhaltlich einen gewissen Kontrast zwischen den beiden Aufnahmen. Abgesehen davon, dass JUB neben Interjektionen nur zwei Inhaltswörter (nämlich *Flugzeug* und *da*) gebraucht, sind auch die Äußerungen von JUBs Mutter auf den ersten Blick deutlich kürzer und weniger divers als bei SAKs Mutter in Beispiel (1). Inwiefern sich diese beiden kontrastreichen Beispiele anhand verschiedener linguistischer Kennzahlen tatsächlich quantitativ voneinander unterscheiden, werden wir in Abschnitt 7 im Rahmen der Analysen mit CLAN noch genauer sehen.

4. Kontrolle

Nach der Transkription folgen drei Kontrollschritte:

(1) Zuerst wird das Transkript durch eine zweite, möglichst erfahrene Person kontrollgehört. Das ist unbedingt nötig, denn auch gut geschulte TranskribentInnen überhören immer wieder Kleinigkeiten oder verstehen Satzteile nicht, die die kontrollhörende Person dann ergänzen kann.

(2) Dann folgt der programmspezifische formale Check. Mit dem Befehl ESC + L springt man in dem in CLAN geöffneten Transkript von einem formalen Fehler zum nächsten und korrigiert die Fehler, bis die Meldung erscheint: Success! No errors found!

(3) Der nächste Schritt, nämlich die Standardisierungskontrolle, ist zwar nicht verpflichtend, aber zu empfehlen. Mit dem etwas kompliziert aussehenden CLAN-Befehl *freq +r2 +r6 +dl +o3 +f filename.cha,* der direkt in das *Commands*-Fenster (siehe Abbildung 1) eingegeben und mit Return oder Run bestätigt wird, erzeugt man in dem als Output-Ordner eingestellten Verzeichnis ein File mit einer Liste aller transkribierten Wörter (SAK30319frq0.cex in Abbildung 1) und kann so überprüfen, ob die Standardisierungsklammern korrekt gesetzt wurden (für Details zu diesem Befehl siehe Abschnitt 6.1.).

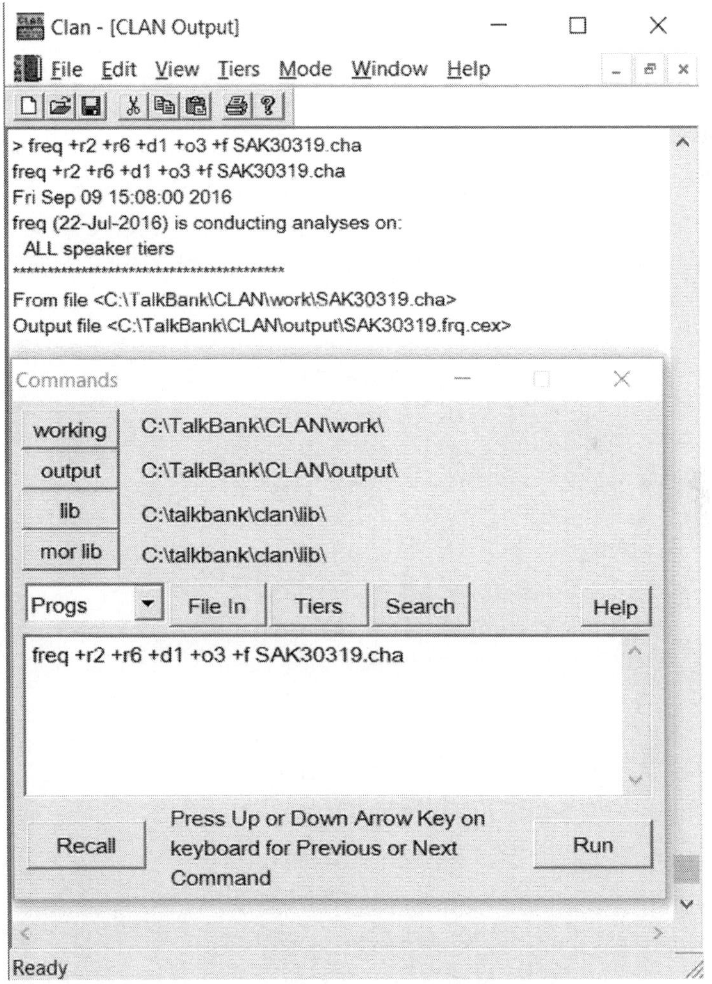

Abbildung 1: Screenshot zur Standardisierungskontrolle

5. Die semi-automatische lexikonbasierte[22] morphologische Kodierung

Für eine tiefergehende linguistische Analyse ist nicht nur ein gutes Transkript nötig, sondern auch die Möglichkeit, aus dem Transkript möglichst automatisch verschiedene Arten von linguistischen und metalinguistischen Informationen zu extrahieren, wie z. B. Basisinformationen über den verwendeten Wortschatz oder die auftretenden Flexionsformen, aber auch über syntaktische Strukturen. Zu diesem Zweck müssen alle Wörter zunächst einmal nach ihren Wortklassen und -formen kodiert werden.

Da es extrem zeitaufwändig und fehleranfällig wäre, jedes vorkommende Wort einzeln manuell zu kodieren, bietet CLAN eine semi-automatische Möglichkeit: Mithilfe eines Lexikons oder einer Wortliste, in der die nötigen Informationen für die Kodierung bereits vorhanden sind oder manuell ergänzt werden können, können sämtliche Wörter in einem Transkript semi-automatisch kodiert werden, was dann zu jeder Transkriptionszeile eine morphologische Kodierungszeile (%mor) ergibt:

(3) *PAR:	ja komm schwesterchen +//.
%mor:	CO:ass|ja V:X|komm-IMP:2S N:05:n|schwester&DIM3 +//.
*PAR:	wir geh(e)n in den kindergarten .
%mor:	PRO|wir V:S|geh-1P PREP|in DET:art:def|d-en N:06:m|kinder+garten .
*CHI:	# moecht(e) nix [:nichts] anzieh(e)n .
%mor:	V:mod|moeg-CON:PRET:1S PRO:indef|nichts an#V:S|zieh-INF .
*PAR:	du magst auch nicht [=! mit piepsiger stimme] +//.
%mor:	PRO|du V:mod|moeg-2S ADV|auch ADV|nicht +//.
*PAR:	du magst sicher wieder ein kleid anzieh(e)n wie ich dich kenn(e) [=! mit piepsiger stimme] .
%mor:	PRO|du V:mod|moeg-2S ADV|sicher ADV|wieder DET:art:indef|ein N:07:n|kleid an#V:S|zieh-INF CONJ|wie PRO|ich PRO|du-ACC V:02|kenn-1S .

[22] Dieser Beitrag beschäftigt sich ausschließlich mit der lexikonbasierten morphologischen Kodierung. Für die morphologische Kodierung mithilfe einer MOR-Grammatik siehe http://childes.psy.cmu.edu/morgrams/ (12.8.2014).

*PAR:	wie eine prinzessin willst du stolzier(e)n [=! mit piepsiger stimme] .
%mor:	CONJ|wie DET:art:indef|ein-e N:02:f|prinzessin V:mod|woll-2S PRO|du V:01|stolzier-INF .
*CHI:	aber !
%mor:	ADV|aber !
*PAR:	+< haha [=! mit piepsiger stimme] !
%mor:	INTERJ|haha !
*CHI:	ich bin son@g [: schon] eine pinzessin@g [: prinzessin] .
%mor:	PRO|ich V:S|sein-1S ADV|schon DET:art:indef|ein-e N:02:f|prinzessin .
*PAR:	nein du bist ein maedchen und keine prinzessin [=! mit piepsiger stimme] .
%mor:	CO:neg|nein PRO|du V:S|sein-2S DET:art:indef|ein N:05:n|maedchen CONJ|und DET:qn|kein-e N:02:f|prinzessin .
*PAR:	ich bin der prinz [=! mit piepsiger stimme] .
%mor:	PRO|ich V:S|sein-1S DET:art:def|d-er N:02:m|prinz .

Diese morphologische Kodierungszeile dient als Ausgangspunkt für die meisten Analysen in CLAN (siehe Abschnitt 6 und 7).

Im Folgenden wird genauer beschrieben, wie man zu dieser Kodierungszeile kommt, wobei auch deutlich werden soll, warum die Methode als semi-automatisch bezeichnet werden kann.

5.1. Das Kodierungsschema

Zunächst muss man sich ein geeignetes Kodierungsschema überlegen. Es sollte genau genug sein, um die eigenen Forschungsinteressen abzudecken, aber auch nicht zu genau, denn sonst wird es fehleranfälliger. Wir haben uns z. B. entschieden, die verschiedenen Flexionsklassen für Nomina und Verben mit unterschiedlichen Zahlen- und Buchstabencodes relativ genau zu markieren, was viele KollegInnen nicht machen, aber dafür setzen wir zwischen die einzelnen Glieder von Komposita nur ein + und geben sonst keine weiteren Details zur Kodierung der Interfixe oder Fugenmorpheme (z. B. *er* in *Kinder+garten*) an, wie wir sie bei anderen ForscherInnen hingegen schon finden.

5.2. Erstellen eines ulx.cex-Files

Hat man nun ein Kodierungsschema festgelegt und ein erstes Transkript erstellt und fertig kontrolliert (siehe Abschnitt 4), geht es im nächsten Schritt darum festzustellen, welche Wörter aus dem vorliegenden Transkript noch nicht im Lexikonfile vorhanden sind. Liegt noch kein Lexikon bzw. nur ein leeres Lexikon vor, werden das alle Wörter aus dem Transkript sein. Mit dem Befehl *mor +xl filename.cha*, der wiederum in das *Commands*-Fenster eingegeben wird, wird ein File mit der Dateiendung ulx.cex erstellt, das alle Wörter aus dem Transkript enthält, die noch nicht im Lexikonfile enthalten sind (siehe Abschnitt 5.3., Abbildung 2a). Bei jedem dieser Lexikoneinträge steht an Stelle der Kodierung allerdings ein Fragezeichen, das signalisiert, dass die Kodierung noch fehlt.

5.3. Manuelles Kodieren der neuen Lexikoneinträge des ulx.cex-Files

Nun kann man in dem ulx.cex-File mit der morphologischen Kodierung der Lexikoneinträge beginnen (siehe Abbildung 2b), wobei jede in dem Transkript vorkommende Flexionsform einen eigenen Eintrag erhält. In der linken Spalte steht jeweils die transkribierte, standardisierte Form. Jeder dieser Formen entspricht zumindest eine kodierte Form, die in der rechten Spalte an Stelle des Fragezeichens ergänzt wird, es können aber auch mehrere kodierte Formen sein: Wenn wir z. B. den Eintrag *kleid* kodieren möchten, fällt uns vermutlich zuerst das Nomen *Kleid* ein, aber wir sollten auch *kleid* als Imperativ von *kleiden* hinzufügen, denn es besteht die Möglichkeit, dass irgendwann einmal jemand in einer zukünftigen Aufnahme *kleid* als Imperativ verwendet. Bei mehreren zu kodierenden Formen für eine transkribierte Form wird jeweils eine neue Zeile angelegt. Im vorliegenden Beispiel erstellt man also eine Zeile für *kleid* als Nomen und eine Zeile für *kleid* als Verb (siehe Abbildung 2b):

Wenn man nun alle Einträge in dieser Datei fertig kodiert hat, kopiert man die fertige Liste in das Lexikonfile lex.cut (das unter Windows im Ordner C:\Talkbank\CLAN\lib\lex zu finden ist bzw. dort neu angelegt werden sollte) und speichert dieses ab.

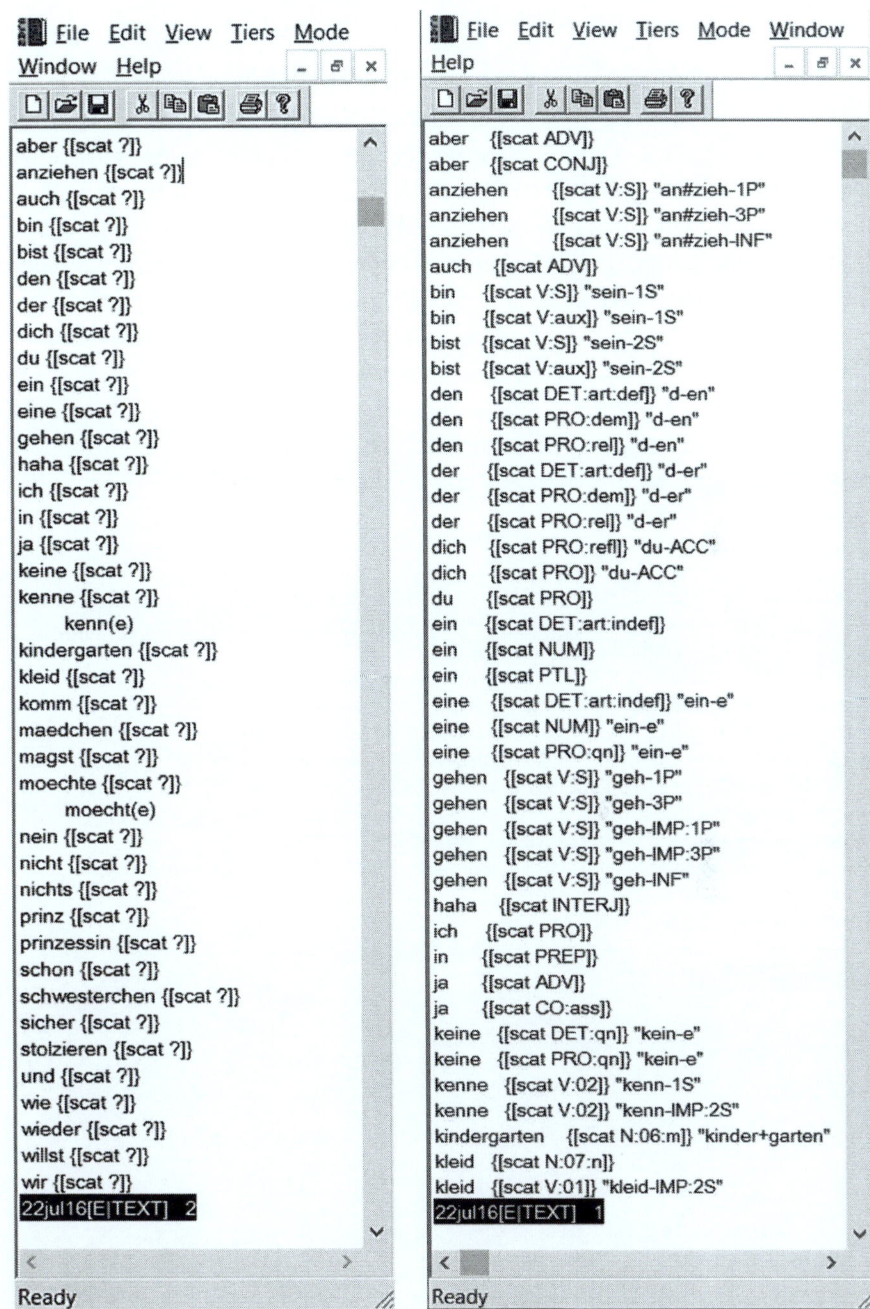

Abbildung 2a:
ulx.cex-File vor der Kodierung

Abbildung 2b:
ulx.cex-File nach der Kodierung

5.4. Automatisches Kodieren des transkribierten Files

Nun haben wir zwar die einzelnen Einträge fertig kodiert, aber noch nicht unser Transkript. Die automatische Kodierung eines Transkripts erfolgt mit dem CLAN-Befehl *mor +d filename.cha.* Damit wird eine Datei generiert, die unter jeder Transkriptionszeile eine mit %mor beginnende Zeile für die morphologische Kodierung beinhaltet. In dieser Zeile sind alle möglichen Kodierungen für einen Lexikoneintrag aufgelistet, die im Lexikonfile vorkommen, jeweils durch ein Zirkumflexzeichen getrennt (siehe Abbildung 3). Dabei ist Vorsicht geboten: In den neueren CLAN-Versionen seit Februar 2016 wird das Originaltranskript bei der Erstellung der Datei mit der Kodierungszeile aus dem Arbeitsverzeichnis gelöscht. Möchte man das Originaltranskript gerne behalten, empfiehlt es sich daher, zuvor eine Sicherungskopie davon anzulegen.

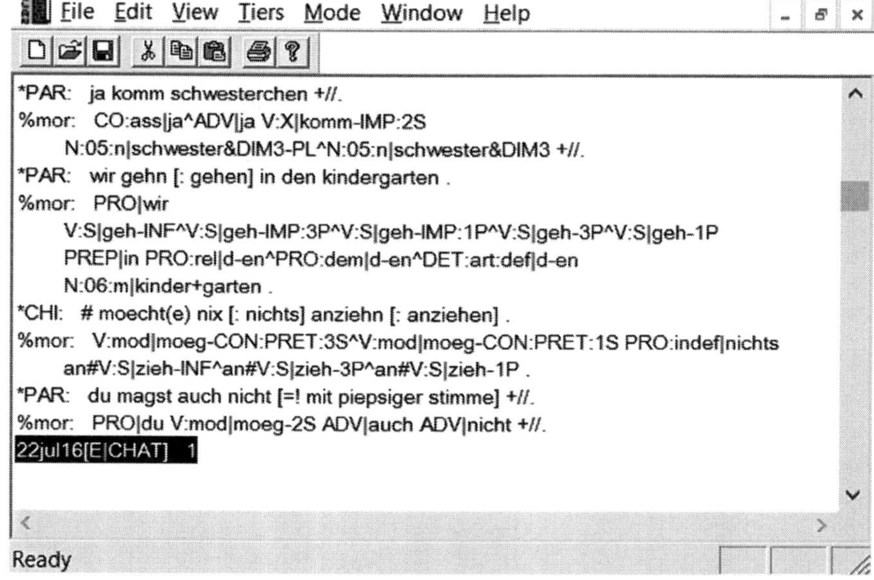

Abbildung 3: Morphologisch kodiertes, aber noch nicht disambiguiertes File

5.5. Manuelles Disambiguieren ambiger Kodierungen

Diese möglichen Kodierungen, die durch ein Zirkumflex getrennt sind, beziehen sich auf ambige Formen, die nun manuell disambiguiert werden müssen: Dabei muss diejenige Form ausgewählt werden, die im jeweiligen

Kontext korrekt ist. Mit dem CLAN-Befehl ESC+2 springt die Markierung von einer ambigen Form zur nächsten, und man muss dann mit Doppelklick die jeweils korrekte Form auswählen. Im vorliegenden Beispiel kommt das Verb *anziehen* im Infinitiv vor, aber in einem anderen Kontext könnte es sich auch um eine erste oder dritte Person Plural handeln. Hier muss nun mit Doppelklick die Infinitivkodierung ausgewählt werden (siehe Abbildung 4)

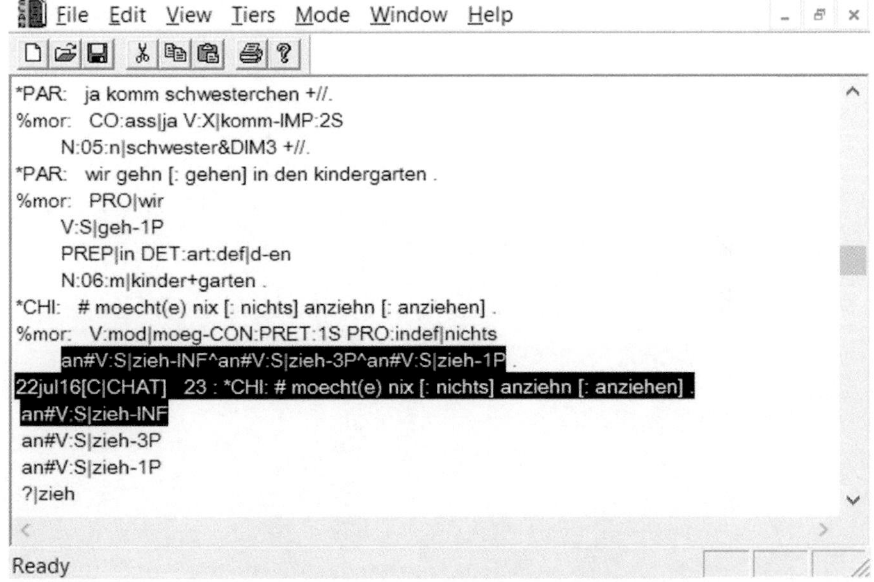

Abbildung 4: Disambiguierung durch Doppelklick auf die korrekte Form

Wenn man alle passenden Formen ausgewählt hat, kann die transkribierte, kodierte und disambiguierte Datei schließlich für verschiedenste Analysen herangezogen werden.

5.6. Weitere Änderungen zum Abschluss der Kodierung

Weitere Ersetzungen, Verschiebungen und Einfügungen sind je nach Fragestellung des Projekts optional und sollten erst nach dem Disambiguieren durchgeführt werden. Im INPUT-Projekt ist die kindliche oder kindzentrierte Spontansprache der Default, weshalb sie keine separate Markierung bekommt; hingegen unterscheiden wir bereits in der Transkription zwischen Zitaten, imitierten Äußerungen der Kinder und von Erwachsenen an Erwachsene gerichtete Äußerungen, die spezielle Postcodes am Ende der Transkriptionszeile bekommen, wie z. B. die Zitate von Kinderreimen in Beispiel (4a) und (4b), die ebenfalls aus der ersten Aufnahme des bildungsnahen Mädchens SAK stammen. (4a) enthält nur Zitate mit dem Postcode [+ cit], in (4b) imitiert allerdings das Kind das Zitat der Mutter, was mit dem Postcode [+ imi] gekennzeichnet ist:

(4a) *PAR: ich bin ein kleines haeschen [=! mit piepsiger stimme] +//. [+ cit]
%cit: PRO|ich V:S|sein-1S DET:art:indef|ein ADJ|klein-es N:05:n|hase&DIM3 +//.
*PAR: kann schnuppern mit meinem [=! mit piepsiger stimme] +... [+ cit]
%cit: V:mod|koenn-1S V:01|schnupper-INF PREP|mit DET:pro:poss|mein-em +...
*CHI: ++ naeschen . [+ cit]
%cit: N:05:n|nase&DIM3 .
(4b) *PAR: mein versteck . [+ cit]
%cit: DET:pro:poss|mein N:03:n|versteck .
*CHI: mein versteck . [+ imi]
%imi: DET:pro:poss|mein N:03:n|versteck .

Das Beispiel (4c) für erwachsenengerichtete Sprache, das den dazugehörigen Postcode [+ ads] aufweist, stammt aus der ersten Aufnahme des bildungsfernen Buben JUB, in der die Mutter sich längere Zeit mit ihrer Freundin (VIS) unterhält:

(4c) *PAR: in [: den] parkplotz [: parkplatz] muas [: muss] i(ch) schauf(e)ln . [+ ads]
%ads: DET:art:def|d-en N:04:m|park+platz V:mod|muess-1S PRO|ich V:01|schaufel-INF.
*VIS: wer sagt das ? [+ ads]
%ads: PRO:wh|w-er V:01|sag-3S PRO:dem|d-as ?
*VIS: weil wenn [/] wenn si(ch) do [: da] kana [: keiner] histoed [: hinstellt] dann brauchst nix [: nichts] schauf(e)ln . [+ ads]
%ads: CONJ|weil CONJ|wenn PRO:refl|er-ACC ADV|da PRO:qn|kein-er hin#V:01|stell-3S ADV|dann V:01|brauch-2S PRO:indef|nichts V:01|schaufel-INF.

*PAR: i(ch) muas [: muss] &a +//. [+ ads]
%ads: PRO|ich V:mod|muess-1S +//.
*PAR: i(ch) muas [: muss] mein [*] parkplotz [: parkplatz] schauf(e)ln . [+ ads]
%ads: PRO|ich V:mod|muess-1S DET:pro:poss|mein [*] N:04:m|park+platz V:01|schaufel-INF .

In einem zusätzlichen Schritt, den man mithilfe der Funktion *Find* in CLAN durchführen kann, werden nun im INPUT-Projekt die ursprünglich automatisch mit %mor markierten Anfänge von Kodierungszeilen, die unmittelbar auf Transkriptionszeilen mit solchen Postcodes folgen, durch %imi, %cit oder %ads ersetzt. Das erlaubt es uns, Imitationen der Kinder, Zitate oder erwachsenenzentrierte Sprache je nach Fragestellung in die Analysen einzubeziehen oder daraus auszuschließen.

Im Gegensatz zum INPUT-Projekt gilt im ADS-Projekt die erwachsenenzentrierte Sprache als Default. Würde nun jemand von den vorkommenden Erwachsenen etwa eine Person nachäffen, die zu einem Kleinkind spricht, würde diese Äußerung mit dem Postcode [+ cds] markiert und bci Bedarf ebenfalls aus den Analysen ausgeschlossen werden.

Ein weiteres Beispiel für nachträgliche Änderungen, die wir im INPUT-Projekt durchführen, ist das Verschieben von getrennten Verbpartikeln vor das dazugehörige Lemma – dieser Schritt ist nötig, um bei einer Lemma- und Wortformenanalyse korrekte Zahlen zu erhalten: Da *anziehen* sowohl in Beispiel (5a) als auch in (5b) als ein und dasselbe Lemma gezählt werden soll, ist es nötig, die Partikel *an* aus Beispiel (5b) vor das Verb zu verschieben, was dann Beispiel (5c) ergibt:

(5a) *PAR: du magst sicher wieder ein kleid anzieh(e)n wie ich dich kenn(e) [=! mit piepsiger stimme] .
%mor: PRO|du V:mod|moeg-2S ADV|sicher
ADV|wieder DET:art:indef|ein N:07:n|kleid
an#V:S|zieh-INF CONJ|wie PRO|ich PRO|du-ACC
V:02|kenn-1S .
(5b) *PAR: dann geh(e)n wir nach hause und zieh(e)n uns trockene sach(e)n an
[=! mit piepsiger stimme] .
%mor: ADV|dann V:S|geh-1P PRO|wir PREP|nach ADV|hause
CONJ|und

	V:S|zieh-1P PRO:refl|wir-DAT ADJ|trocken-e N:02:f|sache-PL **PTL|an** .
(5c) *PAR:	dann geh(e)n wir nach hause und zieh(e)n uns trockene sach(e)n an [=! mit piepsiger stimme] .
%mor:	ADV|dann V:S|geh-1P PRO|wir PREP|nach ADV|hause CONJ|und **an#V:S|zieh-1P** PRO:refl|wir-DAT ADJ|trocken-e N:02:f|sache-PL .

Ein Beispiel für nachträgliche Einfügungen, die im INPUT-Projekt relevant sind, ist die Markierung morphosyntaktischer Fehler mit [*] auf der morphologischen Kodierungszeile. Diese Fehler werden auch gleich im Zuge der Transkription auf der Transkriptionszeile mit [*] markiert; diese Markierungen werden allerdings bei der Kodierung nicht automatisch auf die Kodierungszeile übertragen, weshalb man sie wiederum mithilfe der Funktion *Find* manuell nachtragen muss.

Abschließend ist noch eine finale Suche nach ?| zu empfehlen, um etwaige noch nicht kodierte Wörter (z. B. morphologische Fehler, die in unseren Projekten nicht ins Lexikon aufgenommen, sondern manuell mit der Fehlerkodierung *m kodiert werden) nachträglich zu kodieren.

6. Analysen mit CLAN

Die für unsere Zwecke wichtigsten Analyseprogramme, die von CLAN zur Verfügung gestellt werden, sind FREQ, KWAL, COMBO, MLU und VOCD (für eine Gesamtaufstellung aller Analyseprogramme siehe CLAN-Manual[23] ab Kapitel 9).

6.1. FREQ

Mit FREQ[24] kann man verschiedenste Arten von Frequenzlisten (z. B. von Lemmata, Types und Tokens) erstellen. Als Beispiel für einen FREQ-Befehl haben wir bereits die Standardisie-

[23] Brian MacWhinney: The CHILDES Project. Tools for Analyzing Talk – Electronic Edition. Part 2: The CLAN Programs, http://childes.psy.cmu.edu/manuals/CLAN.pdf (12.8.2014).

[24] MacWhinney [Anm. 23], S. 90-106.

rungskontrolle kennengelernt (siehe Abschnitt 4, Abbildung 1): *freq +r2 +r6 +d1 +o3 +ffilename.cha*

Die einzelnen Teile dieses Befehls lassen sich folgendermaßen aufschlüsseln:

freq ist der Name des auszuführenden Programms; *r2* bedeutet, dass die Standardisierungsklammern angezeigt werden sollen; *r6* schließt Retracings aus (d. h. Wiederholungen und Selbstkorrekturen, die durch [/] bzw. [//] gekennzeichnet sind); *d1* lässt die Frequenzinformationen weg und beschränkt sich auf die Ausgabe der Wortliste; *o3* zeigt an, dass eine einzige Wortliste für alle SprecherInnen gemeinsam ausgegeben werden soll, und *f* schreibt die Ausgabe in eine Datei im Output-Verzeichnis. Diese Optionen werden jeweils durch Leerzeichen und + voneinander getrennt, wobei die Reihenfolge der Optionen irrelevant ist. Schließlich muss man noch den Namen der jeweiligen Datei, aus der die Frequenzinformationen extrahiert werden sollen, angeben, wobei mit dem Wildcard-Zeichen * auch mehrere Dateien gemeinsam ausgewertet werden können (so wären z. B. SAK*.mor.cex alle morphologisch kodierten Files des Mädchens SAK, und die Option *+u* würde anzeigen, dass die Frequenzen aller dieser Files zusammengerechnet werden sollen).

Kapitel 9.9. des CLAN-Manuals[25] beschreibt noch viele weitere Optionen, mit denen die Ausgabe von Frequenzinformationen abhängig von der aktuellen Forschungsfrage optimal gestaltet werden kann.

6.2. KWAL

Mit KWAL[26], das eigentlich ein Akronym für *Keyword and line* ist, kann man sich ausgewählte Wörter oder Kodierungen – die *Keywords* oder Schlüsselwörter – innerhalb ihrer Äußerung oder innerhalb eines größeren Kontexts anzeigen lassen. Die Schlüsselwörter werden dabei mit einer Stringsuche innerhalb der Anführungszeichen von +s"..." angegeben. Viele Optionen teilt KWAL mit FREQ; andere, wie z. B. die Angabe der Anzahl der Äußerungen vor oder nach der Äußerung mit dem Schlüsselwort, sind programmspezifisch: +w2 bedeutet hier etwa, dass die Äußerung mit dem Schlüsselwort und zwei nachfolgende Äußerungen ausgegeben werden sollen; -w4 bedeutet, dass die Äußerung

[25] MacWhinney [Anm. 23], S. 90-106.

[26] MacWhinney [Anm. 23], S. 114-117.

mit dem Schlüsselwort und vier Äußerungen davor ausgegeben werden sollen. So würde der folgende Befehl genau diesen Kontext für das Vorkommen des Wortes *Schwester* bei dem Mädchen SAK liefern: *kwal +t*CHI +s"schwester" +w2 -w4 SAK*.mor.cex*

6.3. COMBO

COMBO[27] zählt Kombinationen von ausgewählten Wörtern oder Kodierungen und zeigt diese innerhalb ihrer Äußerung an. Getrennt werden die Wörter im Suchstring üblicherweise durch ^, wie z. B bei der Suche nach der Kombination *eine Prinzessin* bei dem Mädchen SAK: *combo +t*CHI +s"eine^prinzessin" SAK*.mor.cex*

6.4. MLU

MLU[28] oder *Mean length of utterance* berechnet die mittlere Äußerungslänge (inklusive Standardabweichung), die ein wichtiges Basismaß für die Syntaxentwicklung von Kleinkindern darstellt. Je nach Bedarf kann diese Auswertung in Morphemen (Defaulteinstellung, siehe Beispiel (6a)) oder in Wörtern (Beispiel (6b)) durchgeführt werden:

(6)
(6a) *mlu +t*CHI SAK*.mor.cex*
(6b) *mlu +t*CHI –t%mor SAK*.mor.cex*

6.5. VOCD

VOCD[29] oder *Vocabulary diversity* misst die Diversität des Wortschatzes. Diese Messung beruht auf wiederholten zufälligen Samples aus den ausgewählten Transkripten und ist daher weniger abhängig von der Größe des Korpus als die Type-Token-Ratio.

7. Beispiele für Analysen

Einige konkrete Anwendungsbeispiele für die in Abschnitt 6 beschriebenen Analysen sollen nun die zuweilen kompliziert anmutenden Befehle

[27] MacWhinney [Anm. 23], S. 71-79.
[28] MacWhinney [Anm. 23], S. 121-126.
[29] MacWhinney [Anm. 23], S. 136-141.

anhand von Fragestellungen aus den zwei Projekten INPUT und ADS veranschaulichen.

7.1. Beispiele für Analysen aus dem INPUT-Korpus

Wenn wir uns ein paar vergleichende Basisanalysen unserer beiden Beispielkinder SAK und JUB ansehen (allerdings nicht nur aus den hier gezeigten Beispielen, sondern aus der gesamten 30-minütigen ersten Aufnahme zu Hause), zeigt uns Tabelle 2, dass das bildungsnahe Mädchen SAK weitaus mehr spricht als der bildungsferne Bub JUB, und zwar sowohl in Types und Tokens als auch in Lemmata. Auch bei den Müttern sind die Unterschiede sehr groß. Wir beschränken uns hier auf kindliche oder kindgerichtete Spontansprache (%mor) und Zitate aus Liedern, Gedichten und Büchern (%cit); kindliche Imitationen (%imi) und erwachsenengerichtete Sprache (%ads) wurden hingegen ausgeschlossen.

Kind	Befehl	LEM	TYP	TOK
SAK	LEM: freq +t*CHI +t%mor +t%cit +s“*|*-%%“ SAK303*.mor.cex TYP: freq +t*CHI +t%mor +t%cit +s“*|*“ SAK303*.mor.cex	248	314	831
JUB	LEM: freq +t*CHI +t%mor +t%cit +s“*|*-%%“ JUB302*.mor.cex TYP: freq +t*CHI +t%mor +t%cit +s“*|*“ JUB302*.mor.cex	24	24	57
PARSAK	LEM: freq +t*PAR +t%mor +t%cit +s“*|*-%%“ SAK303*.mor.cex TYP: freq +t*PAR +t%mor +t%cit +s“*|*“ SAK303*.mor.cex	435	574	1929
PARJUB	LEM: freq +t*PAR +t%mor +t%cit +s“*|*-%%“ JUB302*.mor.cex TYP: freq +t*PAR +t%mor +t%cit +s“*|*“ JUB302*.mor.cex	188	227	791

Tabelle 2: Wortschatz der Kinder SAK und JUB und ihrer Mütter PARSAK und PARJUB in der ersten Aufnahme (LEM, TYP, TOK)

Die mithilfe von FREQ ausgegebene Frequenzliste zeigt, dass das Kind SAK zweimal das Adjektiv *klein* in verschiedenen Formen benutzt. Wenn uns nun der größere Kontext dieser zwei Formen interessiert, können wir mithilfe von KWAL die jeweiligen Äußerungen sowie z. B. zwei Äußerungen davor und zwei Äußerungen danach ausgeben lassen:

(7) kwal +t*CHI +t%mor +t%cit +s"ADJ*|*klein*" -w2 +w2 SAK303*.mor.cex

(7a) *CHI:	und die kann noch nich(t) flitz(e)n .
%mor:	CONJ|und PRO:dem|d-ie V:mod|koenn-3S ADV|noch ADV|nicht V:01|flitz-INF .
*PAR:	die kann nicht flitz(e)n ?
*CHI:	nur die **klein** [*] kann xxx .
%mor:	ADV|nur DET:art:def|d-ie ADJ|klein [*] V:mod|koenn-3S .
*PAR:	nur die kleinen ?
*PAR:	ich kann ja auch flitz(e)n und bin eine mama .
(7b) *CHI:	mama schau [*] best(e)n zu .
%mor:	N:01:f|mama zu#V:01|schau-IMP:2S [*] ADV|gut-SP .
*CHI:	zu die [*] baby .
%mor:	PREP|zu DET:art:def|d-ie [*] N:01:n|baby-PL5** .
*CHI:	das sin(d) die **kleinen** babys .
%mor:	PRO:dem|d-as V:S|sein-3P DET:art:def|d-ie ADJ|klein-en N:01:n|baby-PL .
*PAR:	das sind die kleinen babys ?
*PAR:	wie alt sind deine babys ?

Der Kontext zeigt uns etwa, dass die Mutter sehr auf die Äußerungen von SAK eingeht und ihre im Kontext inkorrekte Form *klein* aus Beispiel (7a) sofort richtig reformuliert, während sie SAKs korrekte Form *kleinen* aus Beispiel (7b) ebenfalls wiederholt und gleich danach eine offene Frage stellt, um SAK weiter zum Sprechen anzuregen.

Ein guter Indikator für den Sprachstand eines etwa dreijährigen Kindes ist sein Gebrauch von vollständigen DPs (Determinerphrasen bestehend aus Determiner + Nomen oder Determiner + Adjektiv + Nomen). Wenn uns nun interessiert, wie viele dieser vollständigen DPs die beiden Kinder SAK und JUB im Vergleich gebrauchen, empfiehlt sich eine Auswertung mit COMBO (siehe Tabelle 3):

Kind	Befehl	TOK
SAK	DET+N: combo +t*CHI +t%mor +t%cit +s"DET*^N:*" SAK303*.mor.cex DET+ADJ+N: combo +t*CHI +t%mor +t%cit +s"DET*^AD-J*^N:*" SAK303*.mor.cex	59 2
JUB	DET+N: combo +t*CHI +t%mor +t%cit +s"DET*^N:*" JUB302*.mor.cex DET+ADJ+N: combo +t*CHI +t%mor +t%cit +s"DET*^AD-J*^N:*" SAK303*.mor.cex	0 0
PARSAK	DET+N: combo +t*PAR+t%mor +t%cit +s"DET*^N:*" SAK303*.mor.cex DET+ADJ+N: combo +t*PAR +t%mor +t%cit +s"DET*^AD-J*^N:*" JUB302*.mor.cex	141 11
PARJUB	DET+N: combo +t*PAR +t%mor +t%cit +s"DET*^N:*" JUB302*.mor.cex DET+ADJ+N: combo +t*PAR +t%mor +t%cit +s"DET*^AD-J*^N:*" JUB302*.mor.cex	64 0

Tabelle 3: Vollständige DPs der Kinder SAK und JUB und ihrer Mütter PARSAK und PARJUB in der ersten Aufnahme (TOK)

Diese COMBO-Analyse ergibt für SAK 59 vollständige DPs aus Determiner und Nomen, während JUB in 30 Minuten keine einzige vollständige DP produziert. SAKs Mutter bildet ebenfalls deutlich mehr vollständige DPs als JUBs Mutter, wobei die DP-Produktion von JUBs Mutter im Verhältnis zur Gesamtmenge der gesprochenen Tokens (siehe Tabelle 2) allerdings sogar relativ umfänglich ist: JUBs Mutter spricht insgesamt nur 41% der Tokens von SAKs Mutter, verwendet aber 45% der Tokens von vollständigen DPs im Vergleich zu SAKs Mutter. Allerdings verwendet JUBs Mutter keine einzige DP mit attributivem Adjektiv, während das bildungsnahe Mädchen SAK immerhin zwei DPs mit Adjektiv gebraucht. Am meisten DPs mit Adjektiv, nämlich elf, findet man erwartungsgemäß bei SAKs Mutter.

Im nächsten Schritt wollen wir untersuchen, wie es um die mittlere Äußerungslänge der Kinder bestellt ist: Spricht SAK nicht nur mengenmäßig mehr, sondern auch durchschnittlich längere Sätze als JUB? Tabelle 4 zeigt, dass das tatsächlich der Fall ist:

Kind	Befehl	MLU	SD
SAK	MLUm: mlu +t*CHI SAK303*.mor.cex	4,310	2,992
	MLUw: mlu +t*CHI -t%mor SAK303*.mor.cex	2,957	1,994
JUB	MLUm: mlu +t*CHI JUB303*.mor.cex	1,298	0,542
	MLUw: mlu +t*CHI -t%mor JUB303*.mor.cex	1,191	0,444
PARSAK	MLUm: mlu +t*PAR SAK303*.mor.cex	5,815	3,756
	MLUw: mlu +t*PAR -t%mor SAK303*.mor.cex	3,945	2,368
PARJUB	MLUm: mlu +t*PAR JUB302*.mor*.cex	4,052	3,026
	MLUw: mlu +t*PAR -t%mor JUB302*.mor.cex	2,993	2,248

Tabelle 4: Mittlere Äußerungslänge der Kinder SAK und JUB und ihrer Mütter PARSAK und PARJUB in der ersten Aufnahme (MLUm = in Morphemen, MLUw = in Wörtern, SD = Standardabweichung)

Während SAK durchschnittlich Dreiwortäußerungen mit etwas über vier Morphemen produziert, verwendet JUB hauptsächlich Einwortäußerungen, die kaum polymorphemische Wörter enthalten – auch in der Syntaxentwicklung scheint das bildungsnahe Mädchen SAK dem bildungsfernen Buben JUB also weit voraus zu sein. Interessant ist außerdem, dass SAKs mittlere Äußerungslänge sowohl in Morphemen als auch in Wörtern etwa im Bereich von JUBs Mutter liegt, während SAKs Mutter wiederum alle anderen deutlich übertrifft (siehe Tabelle 4).

Abschließend wollen wir uns noch die lexikalische Diversität ansehen, die mit dem Programm VOCD berechnet wird (siehe Tabelle 5).

Kind	Befehl	D optimum average
SAK	vocd +t*CHI +t%mor +t%cit +s"*|*" SAK303*.mor.cex	92,55
JUB	vocd +t*CHI +t%mor +t%cit +s"*|*" JUB302*.mor.cex	9,92
PARSAK	vocd +t*PAR +t%mor +t%cit +s"*|*" SAK303*.mor.cex	119,36
PARJUB	vocd +t*PAR +t%mor +t%cit +s"*|*" JUB302*.mor.cex	90,68

Tabelle 5: Lexikalische Diversität (D) bei den Kindern SAK und JUB und ihrer Mütter PARSAK und PARJUB in der ersten Aufnahme

Auch bei diesem Indikator übertrifft SAK mit einem Wert von 92,55 den Buben JUB um ein Vielfaches, und wieder liegt sie etwa im Bereich von JUBs Mutter (sogar leicht darüber), während SAKs Mutter auch hier den höchsten Wert liefert.

Sämtliche Analysen zeigen also deutlich, dass sich die beiden gleichaltrigen Kinder in ihrer Sprachentwicklung sehr stark unterscheiden, was offensichtlich auch durch den ebenfalls sehr unterschiedlichen Input der beiden Mütter bedingt ist.

7.2. Beispiele für Analysen aus dem ADS-Korpus

Eine Frage, die in der Spracherwerbsforschung von großem Interesse ist, betrifft die Verwendbarkeit von Informationen aus erwachsenensprachlichen Korpora für die Kindersprache. Ist es also z. B. vertretbar, anhand von Frequenzinformationen aus CELEX einen Test für Kleinkinder zu entwerfen, oder sind die Wörter, die ein Kleinkind im Alltag zu hören bekommt, doch deutlich zu unterscheiden von den Wörtern in erwachsenensprachlichen Korpora?

Da eine Frau aus unserem ADS-Korpus gleichzeitig die Mutter eines der Kinder aus unseren drei longitudinalen Spontansprachkorpora ist, können wir anhand ihrer Daten gut untersuchen, inwiefern sich ihre kindgerichtete Sprache (CDS) von ihrer erwachsenengerichteten Sprache (ADS) unterscheidet. Tabelle 6 zeigt die mit dem FREQ-Programm generierten Frequenzlisten ihrer Nomina im Vergleich:

ADS (bisher kodiert)	CDS (Alter des Kindes: 1;4)
1 N:01:f|hak	1 N:01:f|jean
1 N:01:m|pool	1 N:01:f|mama
1 N:01:m|test	1 N:01:f|mama-GEN
1 N:01:n|wc	2 N:01:n|aa
1 N:02:f|frage-PL	3 N:01:n|auto
1 N:02:f|kassette-PL	4 N:01:n|baby
1 N:02:f|koalition	2 N:01:n|bussi
1 N:02:f|person-PL	15 N:01:n|joghurt
1 N:02:f|schlaf+menge	3 N:01:n|muell+auto
1 N:02:f|schmelze	1 N:02:f|gabel
1 N:02:f|sekunde-PL	**8 N:02:f|kassette**
1 N:02:f|sonne	**2 N:02:f|kassette-PL**
2 N:02:f|sprache	10 N:02:f|nase
1 N:02:f|wiese	1 N:02:f|schuessel
2 N:02:f|zeit	2 N:02:f|strassen+bahn
1 N:02:f|zeitung	19 N:02:f|suppe
1 N:02:m|bauer-PL	1 N:02:f|tuer
1 N:02:m|herr	1 N:02:f|u+bahn

<table>
<tr><th>ADS (bisher kodiert)</th><th>CDS (Alter des Kindes: 1;4)</th></tr>
<tr><td>1 N:02:m|riesen+see-PL</td><td>2 N:02:f|uhr</td></tr>
<tr><td>1 N:02:m|see 1 N:03:m|ausdruck-PL</td><td>3 N:02:f|unter+hose</td></tr>
<tr><td>1 N:03:m|fuss+ball+turnier</td><td>1 N:02:f|windel</td></tr>
<tr><td>1 N:03:m|moment</td><td>4 N:02:f|windel-PL</td></tr>
<tr><td>1 N:03:m|vertrag</td><td>4 N:02:f|zehe-PL</td></tr>
<tr><td>1 N:03:m|wirtschafts+fluechtling-PL</td><td>1 N:02:m|baer</td></tr>
<tr><td>1 N:03:m|witz</td><td>1 N:02:m|baer-DAT</td></tr>
<tr><td>3 N:03:n|jahr-PL-DAT</td><td>7 N:02:n|auge</td></tr>
<tr><td>1 N:03:n|oel</td><td>1 N:03:m|bart+wisch</td></tr>
<tr><td>1 N:04:f|bank</td><td>2 N:03:m|keks-PL</td></tr>
<tr><td>1 N:04:m|gegensatz</td><td>7 N:03:m|mittag</td></tr>
<tr><td>1 N:05:m|computer</td><td>1 N:03:m|schuh-PL</td></tr>
<tr><td>1 N:05:m|laut+sprecher</td><td>2 N:03:m|teppich</td></tr>
<tr><td>1 N:05:m|politiker</td><td>1 N:03:n|aufnahme+geraet</td></tr>
<tr><td>1 N:05:m|sommer</td><td>13 N:03:n|mikrophon</td></tr>
<tr><td>1 N:05:n|bade+zimmer</td><td>2 N:04:f|hand</td></tr>
<tr><td>1 N:05:n|schlaf+zimmer-PL</td><td>1 N:04:f|nacht</td></tr>
<tr><td>1 N:05:n|versuchs+kaninchen-PL</td><td>7 N:04:m|bauch</td></tr>
<tr><td>1 N:05:n|wasser</td><td>9 N:04:m|fuss</td></tr>
<tr><td>1 N:06:m|schaden</td><td>2 N:04:m|fuss-PL</td></tr>
<tr><td>1 N:fre|chemin</td><td>2 N:04:m|hals</td></tr>
<tr><td>1 N:plt|leute</td><td>2 N:04:m|orangen+saft</td></tr>
<tr><td>1 N:sgt:m|wahn+sinn</td><td>3 N:04:m|saft</td></tr>
<tr><td>2 N:sgt:n|eis</td><td>2 N:04:m|schatz</td></tr>
<tr><td>1 N:sgt:n|geschaefte+sterben</td><td>1 N:04:m|zahn-PL</td></tr>
<tr><td>------------------------------</td><td>10 N:05:m|becher</td></tr>
<tr><td>44 Total number
of different item types used</td><td>1 N:05:m|finger-PL-DAT
1 N:05:m|kaese</td></tr>
<tr><td>49 Total number of items (tokens)</td><td>11 N:05:m|koffer</td></tr>
<tr><td>0.898 Type / Token ratio</td><td>6 N:05:m|loeffel</td></tr>
<tr><td></td><td>2 N:05:m|pullover</td></tr>
<tr><td></td><td>1 N:05:m|pullover-PL</td></tr>
<tr><td></td><td>1 N:05:m|schnuller</td></tr>
<tr><td></td><td>1 N:05:m|sessel</td></tr>
<tr><td></td><td>4 N:05:m|socken-PL</td></tr>
<tr><td></td><td>2 N:05:n|kabel</td></tr>
<tr><td></td><td>1 N:05:n|kasten&DIM8</td></tr>
<tr><td></td><td>1 N:05:n|schlaf+zimmer</td></tr>
<tr><td></td><td>4 N:06:m|apfel</td></tr>
<tr><td></td><td>1 N:06:m|boden</td></tr>
<tr><td></td><td>1 N:06:m|kasten</td></tr>
<tr><td></td><td>1 N:08:n|buch</td></tr>
</table>

ADS (bisher kodiert)	CDS (Alter des Kindes: 1;4)
	1 N:08:n|gast+haus 1 N:08:n|taschen+tuch 1 N:sgt:m|hunger ------------------------------
	63 Total number of different item types used
	210 Total number of items (Tokens)
	0.300 Type / Token ratio

Tabelle 6: Nomina bei PAR in ADS vs. CDS (Types und Tokens)

Es zeigt sich, dass überhaupt nur zwei Lemmata (nämlich *Kassette* und *Schlafzimmer*) in beiden Kontexten vorkommen. Ansonsten findet man in ADS viel mehr Abstrakta (*Fragen, Koalition, Schlafmenge, Schmelze, Sprache, Zeit, Ausdrücke, Fußballturnier, Moment, Witz, Jahren, Gegensatz, Sommer, Schaden, Wahnsinn, Geschäftesterben*) als in CDS (*Mittag, Nacht, Hunger*), in CDS dafür viel mehr Konkreta (besonders Begriffe für Alltagsgegenstände und Körperteile). Natürlich kann dieser kleine Auszug aus den ADS-Daten, der uns bisher vorliegt, noch keine eindeutige Antwort auf die Frage der Verwendbarkeit von ADS-Frequenzdaten für die Kindersprache geben, doch angesichts der beträchtlichen Unterschiede zwischen den beiden Listen erscheint eine gewisse Vorsicht angebracht.

8. Weiterführende Analysen in MS Excel

8.1. Das Programm clantocsv

Wie wir bisher gesehen haben, ist CLAN ein durchaus mächtiges Programmpaket, das viele Arten von Analysen erlaubt. Wo es jedoch darum geht, genauere Auswertungen bezüglich Syntax oder Pragmatik zu machen, die nicht unmittelbar aus der morphologischen Basiskodierung abgeleitet werden können, stößt CLAN an seine Grenzen bzw. hat sich MS Excel gerade für sehr große Datenmengen als geeigneter erwiesen.[30] Seit

[30] Vgl. Katharina Korecky-Kröll: Der Erwerb der Nominalmorphologie bei zwei Wiener Kindern: Eine Untersuchung im Rahmen der Natürlichkeitstheorie. Dissertation. Wien 2011 und vgl. Christine Czinglar: Grammatikerwerb vor und nach der Pubertät. Eine Fallstudie zur Verbstellung im Deutschen als Zweitsprache. Berlin 2013.

Herbst 2013 verfügen wir daher über ein Java-Programm mit dem Namen *clantocsv*[31], das es uns erlaubt, mor.cex-Files nach bestimmten Kriterien in das csv-Format umzuwandeln, so dass sie problemlos in MS Excel importiert werden können, wo dann weiterführende Analysen möglich sind.

8.2. Weitere Kodierung und Auswertung mittels Pivot-Tabellen in MS Excel

Wurde der Import der csv-Dateien in MS Excel erfolgreich abgeschlossen, kann man mit weiterführenden Kodierungen in Excel beginnen.

Möchte man etwa feststellen, ob die Mutter von SAK oder von JUB mehr offene Fragen (bzw. W-Fragen) an das Kind stellt, kann man z. B. in der Spalte der transkribierten Äußerung nach dem Fragezeichen (in Excel ~?) filtern und in der Spalte der kodierten Äußerung nach der Fragewortkodierung :wh filtern. Danach legt man eine weitere Spalte an und gibt in alle gefilterten Zeilen in dieser Spalte z. B. die Kodierung qwh (für question wh) ein. Da Excel sehr schnelles Kopieren durch Ziehen an der rechten unteren Ecke der Tabellenzelle erlaubt, kann man so Tausende von Datensätzen innerhalb weniger Minuten kodieren.

Zur schnellen Berechnung der Anzahl der offenen Fragen markiert man das gesamte Datenfile durch Klick auf die linke obere Ecke der Tabelle und fügt anschließend in das nächste Tabellenblatt eine Pivot-Tabelle ein. Spalten und Zeilen dieser Pivot-Tabelle können je nach Fragestellung durch Ziehen der Spaltennamen sehr variabel angeordnet werden (z. B. die Namen der Kinder in den Zeilen und die Anzahl der qwh-Kodierungen in den Spalten oder auch umgekehrt) und ermöglichen eine sofortige Ausgabe der Resultate. Ändert man etwas in der ursprünglichen Rohdatentabelle, muss man bloß die Pivot-Tabelle aktualisieren und es liegen sofort die aktualisierten Resultate vor.

[31] Ich danke meinem Sohn Paul Korecky sehr herzlich für die Entwicklung und Verbesserung des Programms clantocsv und für seine Unterstützung bei der Benutzung. Inzwischen gibt es auch eine benutzerfreundlichere Javascript-Version des Programms. Interessierte LeserInnen dieses Beitrags können das Programm sowie eine Installations- und Bedienungsanleitung (derzeit nur auf Englisch) gerne per E-Mail (katharina.korecky-kroell@oeaw.ac.at) bei mir anfordern.

9. Zusammenfassung und Ausblick

Der vorliegende Beitrag hatte das Ziel, einen Einblick in die Kodierung und Analyse mit CHILDES zu geben. CHILDES (und darunter besonders das CLAN-Programmpaket) hat sich als sehr geeignet für die Kodierung und Analyse von Spontansprachdaten erwiesen, und zwar nicht nur für Daten von Kindern, sondern auch für rein erwachsenensprachliche Daten. Insbesondere wenn man Vergleiche zwischen erwachsenenzentrierten und kindlichen oder kindgerichteten Daten anstellen möchte, empfiehlt sich die Verwendung desselben Systems.

Die Transkription ist zwar – so wie in jedem System – zeitaufwändig, doch die semi-automatische lexikonbasierte Kodierung, die zwar mehrere manuelle Schritte (z. B. Disambiguierung), aber eben auch automatische Schritte (z. B. die Erstellung des mor.cex-Files mit der morphologischen Kodierungszeile auf Basis des Lexikons) enthält, bringt gegenüber einer rein manuellen Kodierung einen wesentlichen Zeit- und Genauigkeitsvorteil.

Die vom System bereitgestellten Analysebefehle zeigen in allen untersuchten Bereichen klare Unterschiede zwischen den Daten des bildungsnahen Mädchens und des bildungsfernen Buben und zwischen der bildungsnahen und der bildungsfernen Mutter, aber auch zwischen den Daten derselben bildungsnahen Frau, wenn sie sich mit ihren erwachsenen Familienmitgliedern unterhält oder wenn sie mit ihrem Kleinkind spricht. Die erwachsenensprachlichen Daten weisen ein sehr verschiedenes Vokabular mit viel mehr abstrakten Begriffen auf als die kindgerichteten Daten.

Obwohl das CLAN-Programmpaket für alle auf der morphologischen Kodierung basierenden Analysen sehr gut geeignet ist, ist für gewisse weiterführende (z. B. syntaktische oder pragmatische) Analysen der Import in MS Excel mithilfe des Programms *clantocsv* sehr zu empfehlen, da Excel auf Basis von Filtern das sehr rasche Hinzufügen von weiteren Kodierungen erlaubt, was in CLAN nicht möglich ist.

Als Ausblick ist abschließend hinzuzufügen, dass Transkription, Kodierung und Analyse der beiden im Aufbau befindlichen Korpora mithilfe von Drittmitteln in Zukunft verstärkt vorangetrieben werden sollen.

VI. EIGENNAMEN IN DER KORPUSLINGUISTIK: EINE PRAXISORIENTIERTE ERSTANALYSE

Peter Ernst[1]

Die Namenforschung kann insbesondere im deutschsprachigen Raum auf eine lange und reiche Tradition zurückblicken. Die Korpuslinguistik hingegen ist eine relativ junge Disziplin, die eng an die Entwicklung der technischen Möglichkeiten von Datenspeicherung und -verarbeitung gebunden ist.[2] Derzeit hat es nicht den Anschein, als hätten beide Gebiete einander jene Aufmerksamkeit geschenkt, die sie jeweils verdienen würden.[3] Die folgenden Ausführungen sollen sich der Thematik daher unter zwei Gesichtspunkten nähern: Welchen Nutzen kann die Namenkunde aus den bestehenden Initiativen der Korpuslinguistik ziehen? Und welchen Beitrag kann sie selbst für deren Weiterentwicklung leisten?

1. Onomastische Problemfelder

Das Thema stellt nicht nur eine Schnittstelle zwischen Theoretischer und Angewandter Linguistik dar, sondern berührt auch die drei Morris'schen Aspekte der Pragmatik, Semantik und Syntaktik. Einerseits geht es um die semantische Dimension von Namen[4] (Namensemantik), die bei der Auffassung von Namen als sprachliche Zeichen in der traditionellen Namenforschung stets im Vordergrund stand und steht, andererseits um die morphosyntaktische Komponente (Namengrammatik) und schließlich um die Verwendung von Namen durch die SprachteilnehmerInnen (Namenpragmatik). Ohne hier auf die lange und komplizierte Geschichte der

---

[1] Institut für Germanistik, Universität Wien

[2] „Corpus linguistics today is often understood as being a relatively new approach in linguistics that has to do with the empirical study of ‚real life' language use with the help of computers and electronic corpora." Anke Lüdeling und Merja Kyoto: Introduction. In: Anke Lüdeling und Merja Kyoto (Hrsg.): Corpus linguistics. An International Handbook. Vol. 1 (Handbooks of Linguistics and Communication Science 29.1). Berlin, New York 2008, S. iii-xii, hier S. iii.

[3] Dies zeigt sich etwa darin, dass das umfassende HSK-Handbuch „Corpus linguistics" von Lüdeling und Kyoto [Anm. 2] keinen eigenen Artikel über Eigennamen enthält.

[4] Im Folgenden werden *Name*, *Eigenname, Proprium* synonym verwendet.

Namendefinition eingehen zu können, muss man sich der Einordnung des Namenzeichens ins sprachliche System bewusst sein, um die Ansätze und Probleme des Stellenwerts von onomastischen Zeichen in der Korpuslinguistik besser zu verstehen. Es werden daher einige onomastische Problemfelder aufgegriffen, die sich auch in der Korpuslinguistik abbilden.

1.1. Namendefinition

Spätestens John Stuart Mill (1806-1873) stellte die Semiotik des Eigennamens auf moderne Grundlagen. Seither werden Namen im Allgemeinen semantisch auf einer Skala eingeordnet, deren Endpunkte von „vollkommen bedeutungsleer" bis „maximal bedeutungsbesetzt" gebildet werden.[5] In der aktuellen Diskussion um Namendefinitionen scheint sich die Ansicht durchzusetzen, dass Namen im Gegensatz zu Nichteigennamen (üblicherweise als *Appellative* bezeichnet) keine Kategorien bezeichnen, sondern Individuen. Die Faktoren der „Mono- und Direktreferenz" sollen direkt auf ein einzelnes außersprachliches Objekt verweisen (Abbildung 1):

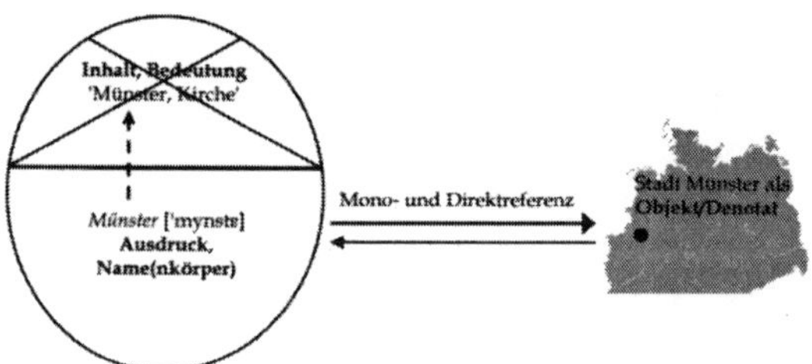

Abbildung 1: Mono- und Direktreferenz bei Namen am Beispiel von Münster[6]

Obwohl dies im ersten Moment als verlockende Lösung erscheint, ergeben sich daraus mehrere schwerwiegende semiotische Probleme, die sich aus Abbildung 2 ablesen lassen:

---

[5] Vgl. Ernst Hansack: Der Name im Sprachsystem. Grundprobleme der Sprachtheorie (Studia in Exempla Linguistica et Philologica Ser. I Vol. 5). Regensburg 2000, S. 200-207. Ausführlicher bei Jean-Yves Lerner und Thomas Ede Zimmermann: Eigennamen. In: Arnim von Stechow und Dieter Wunderlich (Hrsg.): Semantik. Ein internationales Handbuch der zeitgenössischen Forschung (Handbücher zur Sprach- und Kommunikationswissenschaft 6). Berlin, New York 1991, S. 349-370.

[6] Damaris Nübling, Florian Fahlbusch und Rita Heuser: Namen. Eine Einführung in die Onomastik. 2. Auflage. Tübingen 2015, S. 18.

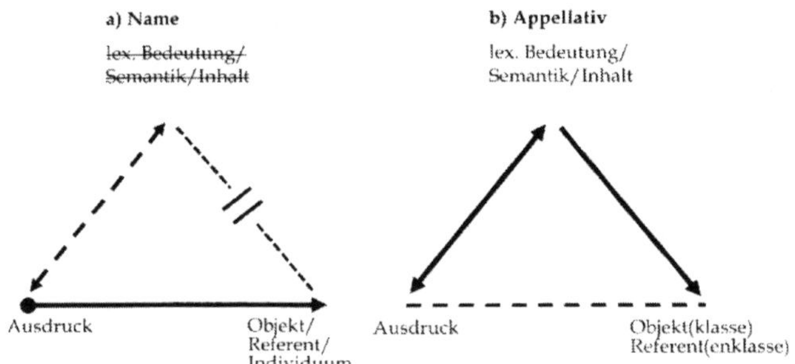

Abbildung 2: Semiotische Bezeichnungsmodelle für (1) Namen und (2) Appellative[7]

Das Semiotische Dreieck (2) wird durch ein Modell (1) ersetzt, das einen eindeutigen und direkten Bezug zu einem sprachexternen Referenten aufweist (im konkreten Fall die Stadt Münster). Auch wenn in (2) mit dem eingeklammerten Ausdruck „(-klasse)" die kategoriale Systematizität angedeutet wird, bleibt die Möglichkeit des singulären Objekts bestehen. Der Unterschied zwischen (1) und (2) besteht also primär darin, dass (1) eine feste Verbindung zwischen Ausdruck und Individuum unter Hintergehung der mentalen Komponente annimmt. Trotzdem muss davon ausgegangen werden, dass eine Verbindung zwischen „lexikalischer Bedeutung / Semantik / Inhalt" und „Objekt / Referent / Individuum" existiert, die in (1) mit dem Symbol —| |— geradewegs abgestritten wird.

Ein solches Modell ist aus einsichtigen Gründen zu verwerfen, würde aus ihm doch schlicht und einfach resultieren, dass zwischen Signifié und Signifiant ein fester Zusammenhang bestünde. Eigennamen unterliegen als sprachliche Zeichen aber denselben Rahmenbedingungen wie Appellative. Ein weiterer problematischer Aspekt kann nur mit Hinweis auf die mögliche Ambiguität von sprachlichen Zeichen zwischen Eigenname und Appellativ angedeutet werden, weil als weiteres Element der Sprachverwender und sein Interpretant hinzukommt.

Namenklassifikationen basieren im Allgemeinen auf rein semantischen Kriterien. Die mittlerweile übliche, auf die Anfänge der wissenschaftlichen Onomastik zurückgehende Dreiteilung in Anthroponyme, Toponyme und Varia wird heute durch komplexere Schemata ersetzt, in der besonders die Gruppe der Varia stärker berücksichtigt wird und eine

[7] Nübling, Fahlbusch und Heuser [Anm. 6], S. 32.

einheitliche, auf griechischen Wurzeln basierende Terminologie durchgesetzt werden soll, etwa in Form von Namen für Ereignisse, astronomische Phänomene, Medikamente[8] und dergleichen mehr.

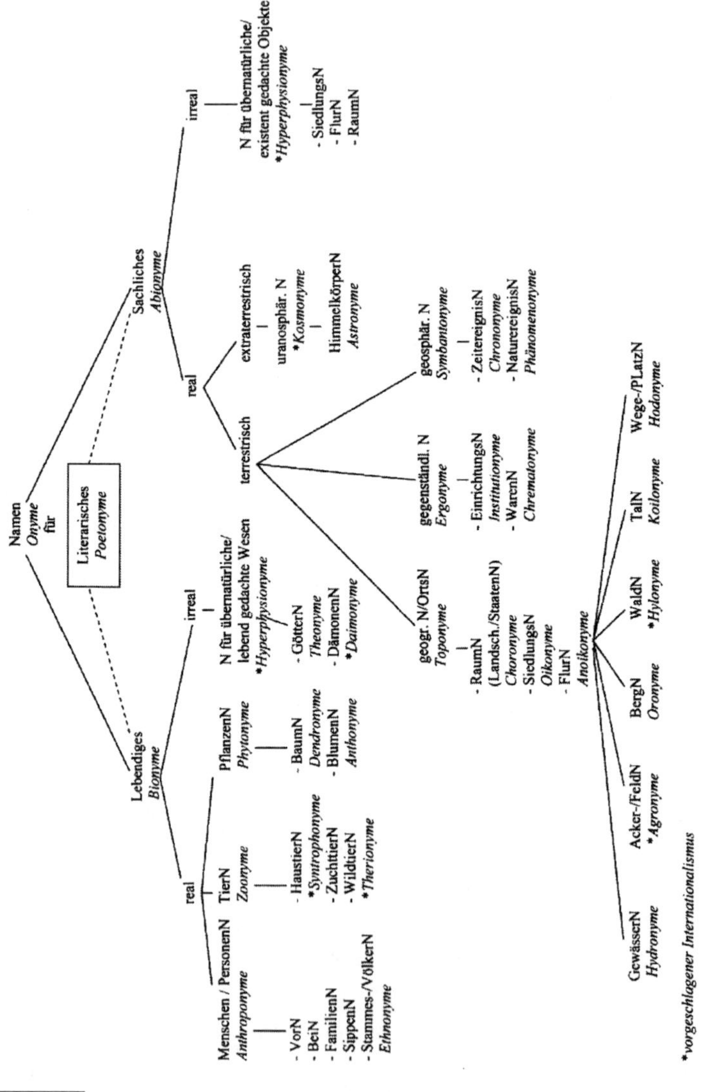

Abbildung 3: Beispiel für den Versuch einer vollständigen Gliederung mit einheitlicher Terminologie auf semantischer Basis[8]

[8] Weiterführend siehe Andrea Brendler und Silvio Brendler (Hrsg.): Namenarten und ihre Erforschung. Ein Lehrbuch für das Studium der Onomastik. Anlässlich des 70. Geburtstages von Karlheinz Hengst (Lehr- und Handbücher zu Onomastik 1). Hamburg 2000.

[9] Friedhelm Debus: Namenkunde und Namengeschichte. Eine Einführung (Grundlagen der Germanistik 51). Berlin 2012, S. 29.

Namenklassifikationen wie die weit verbreitete und in mehreren Fassungen vorliegende von Friedhelm Debus (Abbildung 3) demonstrieren ebenfalls die überragende Bedeutung von Sememen für die onomastische Grundlagenforschung. Hier wird nicht einmal der Versuch unternommen, auch andere denkbare Schemata einzusetzen. Möglich wäre etwa die Differenzierung in amtlich kodifizierte und nicht kodifizierte Namen, die im alltäglichen Leben der NamenträgerInnen sicherlich eine wesentliche Funktion einnehmen. In Bezug auf die historisch orientierten Klassifizierungen spiegeln sich v. a. die Großgruppen Anthroponyme, Toponyme und Varia, die auch die Forschungsgeschichte seit Ernst Förstemann von grundlegender Bedeutung geworden sind, wider.

1.2. Straßennamen

Für die Onomastik steht außer Frage, dass Straßennamen den Onymen zuzuzählen sind. Neben wiederum semantischen Benennungsmotiven wie bedeutenden Persönlichkeiten (*Max-Planck-Straße*), Örtlichkeiten (*Brunnenplatz*), Lage- oder Richtungshinweisen (*Nordring*) wurde hier auch der Versuch einer pragmatischen Orientierung unternommen: Rita Heuser etwa unterscheidet zwischen „Primären Namen" und „Sekundären Namen", deren Klassifikation jeweils aus Aspekten wie Funktion, Art und Zeit der Entstehung, Morphologie u. a. m. folgt (Tabelle 1).

	Primäre Namen	**Sekundäre Namen**
Funktion	Hinweis- (*Unter den Schmieden*) und Orientierungsfunktion (*Krautmarkt*) Objektbezogen (*Langgasse, Schusterstraße*)	Orientierungs- (*Bahnhofstraße*) und Erinnerungsfunktion (*Goethestraße*) Träger und Übermittler ideologischer/politischer Botschaften (*Freiheitsplatz, Adolf-Hitler-Straße, Willy-Brandt-Platz*)
Entstehung	durch alltägliche, mündliche Kommunikation und Interaktion der SprachteilnehmerInnen	administrativ ausgewählt und vergeben, nicht ohne bürokratischen Umbenennungsakt veränderbar
Zeit	Mittelalter bis frühe Neuzeit	Seit dem 18./19. Jh.
Eigenschaften	mündlich überliefert, selten schriftlich nicht normiert kennzeichnen den historischen Stadtkern	schriftlich fixiert normiert dominieren die neu entstandenen Stadtteile

	Primäre Namen	**Sekundäre Namen**
Namen-wechsel	bedingt durch Änderungen der realen Gegebenheiten volksetymologische Umdeutungen	bedingt durch politische, gesellschaftliche Veränderungen, aus wirtschaftlichen Gründen
Bildungs-weisen	frühe Bildungen mit Unter (*Unter den Leingaden*) I.d.R. Komposita auf *-gasse, -weg, -plan* u.a. (*Betzelgasse, Steinweg, Geilerplan*)	überwiegend Komposita auf *-straße* (*Mozartstraße*), *-platz* (*Fichteplatz*). *-allee* (*Rheinallee*) etc. präpositionelle Fügungen (*An der Dreispitz*)

Tabelle 1: Primäre und Sekundäre Namen bei Straßennamen[10]

1.3. Namencluster

Unter „Namencluster" wollen wir onomastische Einheiten verstehen, die selbst wieder aus Eigennamen bestehen. Folgende Formen sind möglich:

(1) Herkunftsnamen unter den Familiennamen wie *Frankfurter*: Der Familienname enthält einen Siedlungsnamen, im Gegensatz zu den Örtlichkeitsnamen, die im Kern ein Appellativum tragen wie *Brunner* zu *Brunnen.*[11]

(2) Reihen von Einzelnamen in sogenannten Gesamtnamen, also Vorname + Nachname[12] *Friedrich Schiller* oder zusammengesetzte Siedlungsnamen wie *New York.*

(3) Verschachtelte Namen, die selbst wieder einen eingebetteten Namen aufweisen. Besonders häufig tritt dies bei Titeln von Kunstwerken

[10] Rita Heuser: Namen der Mainzer Straßen und Örtlichkeiten. Sammlung, Deutung, sprach- und motivgeschichtliche Auswertung. Stuttgart 2008, S. 17.

[11] *Brunner* stellt außerdem ein Beispiel für synchrone Homonymie dar, denn er kann einerseits als Herkunftsname zu einem Ort namens *Brunn* oder Örtlichkeitsname zum Appellativ *Brunnen* interpretiert werden: Ein weiteres Beispiel dafür, dass rein semantische Kriterien zu nicht lösbaren Problemen führen, wenn man nicht andere Kriterien mitberücksichtigt. Zum Versuch, Toponyme anhand von Kontexten wie *die Schweiz* vs. *Frankreich* zu beschreiben, vgl. Peter Ernst: Namen und Grammatik am Beispiel geographischer Namen. In: Arne Ziegler und Erika Windberger-Heidenkummer (Hrsg.): Methoden der Namenforschung. Methodologie, Methodik und Praxis. Berlin 2011, S. 89-99.

[12] *Nachname* und *Familienname* sind synonym.

auf wie *Lieben Sie Brahms?* oder *Thomas Crown ist nicht zu fassen.* (4) In historischer Hinsicht sind hierzu auch die Beinamen zu zählen: *Niklas der Würffel*, wobei der zunächst appellativische Teil in dieser syntaktischen Kombination schon als Namenteil gewichtet werden müsste.

Namencluster werfen erneut das Problem der rein semantischen Klassifizierung von Eigennamen auf: So muss nicht nur der Namencluster als Name erkannt werden, sondern auch der rekursiv eingesetzte Teilname. Es liegt hier nahe, nicht die semantische Füllung als das entscheidende Kriterium zu sehen, sondern den Rückgriff auf das Weltwissen, das uns erlaubt, einen Namen zu erkennen bzw. wiederzuerkennen. Auch ein Name muss wie ein Appellativ dem Lexikon hinzugefügt werden, aus dem er beim aktiven oder passiven Verwenden wieder abgerufen werden muss / kann. Insofern kann ein Name auch als spezifische Anwendung eines Sprechaktes gesehen werden. Edeltraud Dobnig-Jülch[13] spricht in ihrer Arbeit von 1977 generell von *Namengebungshandlungen*, wenn Namen in Sprechakten verwendet werden. Wenn wir aber etwas präziser sein wollen, so können wir Namengebungshandlungen noch genauer unterscheiden, nämlich in folgende:

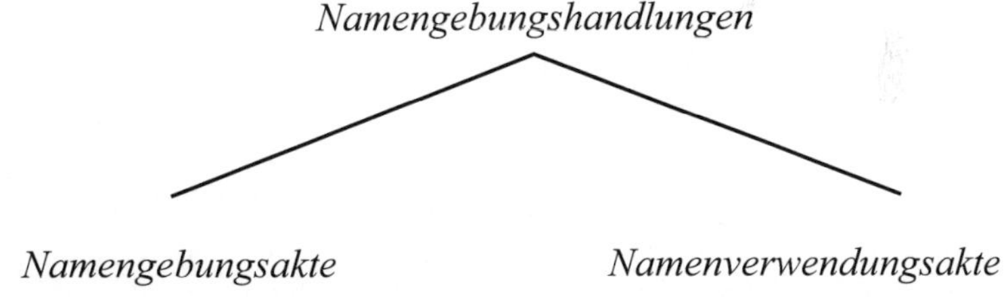

Abbildung 4: Namen als Sprechakte[14]

[13] Vgl. Edeltraud Dobnig-Jülch: Pragmatik und Eigennamen. Untersuchungen zur Theorie und Praxis der Kommunikation mit Eigennamen, besonders von Zuchttieren (Reihe Germanistische Linguistik 9). Tübingen 1977.

[14] Peter Ernst: Zum Versuch einer pragmatischen Namendefinition. In: Maria Giovanni Arcamone, Davide de Camilli, Bruno Porcelli und Alda Rossebastiano (Hrsg.): Atti del XXII Congresso Internazionale di Scienze Onomastiche. Pisa 2007, S. 483-494; hier S. 490.

Namengebungsakte wären im Sinn der „klassischen“ Sprechakttheorie „direkte“ Sprechakte, also solche, in denen die illokutive Kraft in einem eigenen Sprechaktverb enthalten ist: „Ich taufe dich auf den Namen ‚Johann‘“. *Namenverwendungsakte* sind demnach indirekte Sprechakte, die zwar auf einen Namen referieren, diesen aber nicht neu vergeben, sondern schon auf die „Ablage“ des Namens im Erfahrungswissen zurückgreifen können. Bei *Namenverwendungsakten* wird demnach bei der Nennung oder Verwendung eines Namens von den HörerInnen die Erkennung der illokutiven Kraft der Namenverwendung gefordert oder stillschweigend vorausgesetzt. In einer Äußerung wie *Mozart starb in Wien* wird von HörerInnen verlangt, den Namen *Mozart* mit dem Salzburger Komponisten, der von 1756 bis 1791 lebte, zu verbinden.

2. Annotationsprobleme

Die Verbindung von elektronischen Texten und Annotationen muss aus dem oben Gesagten zwangsläufig zu theoretischen und praktischen Problemen führen, wenn man nicht bei reinen elektronischen Textsammlungen stehen bleiben will. Der Unterschied zwischen manueller und (halb)automatischer Annotation ist genau genommen kein prinzipieller, sondern ein gradueller: Es muss zuvor festgelegt werden, welchen Prinzipien die Namenerfassung folgt und mit welchen Tags Namen versehen werden. Ein elektronisch erfasster Text selbst ist noch kein Korpus im eigentlichen Sinn, obwohl man auch damit Analysen durchführen kann. Diese müssen aber rudimentär bleiben und liefern unter Umständen schwer vergleichbare Ergebnisse. Das Anreichern der Daten mit Metainformationen durch automatische, halbautomatische oder manuelle Verfahren birgt jeweils eigene Schwierigkeiten. Deshalb werden die Verfahren oft miteinander kombiniert. Das kann etwa durch einen ersten Schritt der automatischen Annotation erfolgen, dem eine manuelle Feinabstimmung folgt.

Am einfachsten ist selbstverständlich, Namen im oben genannten Sinn als semantische Entitäten zu sehen. Dieser Zugang wäre als am ehesten als „intuitiv“ zu bezeichnen, da die Abgrenzung von Namen und Nichtnamen eben nicht auf exakte Kriterien zurückgeführt werden kann.

2.1. STTS

Als erstes Beispiel kann das Stuttgart-Tübingen-TagSet (STTS) dienen. Seine Grundstruktur zu den Nomina und Pronomina sieht folgendermaßen aus (im Auszug):

Part of Speech	**Beschreibung**	**Beispiele**
NN	normales Nomen	Tisch, Herr, [das] Reisen
NE	Eigennamen	Hans, Hamburg, HSV
PDS	substituierendes Demonstrativpronomen	dieser, jener
PDAT	attribuierendes Demonstrativpronomen	jener [Mensch]
PIS	substituierendes Indefinitpronomen	keiner, viele, man, niemand
PIAT	attribuierendes Indefinitpronomen ohne Determiner	kein [Mensch], irgendein [Glas]
PIDAT	attribuierendes Indefinitpronomen mit Determiner	[ein] wenig [Wasser], [die] beiden [Brüder]
PPER	irreflexives Personalpronomen	ich, er, ihm, mich, dir
PPOSS	substituierendes Possessivpronomen	meins, deiner
PPOSAT	attribuierendes Possessivpronomen	mein [Buch], deine [Mutter]
PRELS	substituierendes Relativpronomen	[der Hund,] der
PRELAT	attribuierendes Relativpronomen	[der Mann,] dessen [Hund]
PRF	reflexives Personalpronomen	sich, einander, dich, mir
PWS	substituierendes Interrogativpronomen	wer, was
PWAT	attribuierendes Interrogativpronomen	welche [Farbe], wessen [Hut]
PWAV	adverbiales Interrogativ- oder Relativpronomen	warum, wo, wann, worüber, wobei

Tabelle 2: STTS Tag-Table (Ausschnitt: Nomina und Pronomina)[15]

---

[15] Anne Schiller, Simone Teufel, Christine Stöckert und Christine Thielen: Vorläufige Guidelines für das Tagging deutscher Textcorpora mit STTS. Draft. 14. November 1995; http://www.docstoc.com/docs/79125887/stts_guide (2.10.2012), S. 7f. In den nunmehr geltenden Richtlinien des STTS in der Version von 1999 wurde dieses Bei-

Man beachte die differenzierte Gliederung etwa innerhalb der Pronomina, der nur eine binäre Aufteilung im Bereich der Nomen gegenübersteht. Diese werden jeweils als „Eigennamen" (NE) und „Normale Nomen" (NN) klassifiziert, wobei sich die Frage aufdrängt, was mit „normal" gemeint ist – wohl der appellativische Charakter. Dieser führt auch zum semantischen Unterschied der beiden Homonyme *Fischer* in den folgenden Beispielsätzen:[16]

„Verkleidete *Fischer* jagen nackte Amerikaner."
„Bundesaußenminister *Fischer* stimmte zu."

Der „Semantic role labeler"[17] der STTS-Forschungsgruppe zeigt aber, dass zu den semantischen Kriterien auch morphosyntaktische hinzukommen (siehe Abbildung 5).

Im NP-Komplex liefert auch das Adjunkt „Außenminister" Informationen zu „Fischer", durch die unter PFeats Kasus, Numerus und Genus festgelegt werden können. Ebenso wird das Appellativ „Fischer" durch den Kontext als solches bestimmbar (siehe Abbildung 6).

Als automatisierte Richtlinien werden allerdings nur „semantische Kriterien" bei Einzelwortformen angegeben, der Kontext wird bei komplexen Namen (wie bei den oben besprochenen „Namenclustern") hinzugezogen. Dies kann aber nicht ganz den Tatsachen entsprechen, denn wie besonders auch der Strukturbaum in Abbildung 5 und 6 zeigt, kommen strukturelle Merkmale ebenso zum Einsatz.

Im Vergleich zu der viel ausführlicheren Namenklassifikation von Debus (Abbildung 3) ist die Liste der als NE beurteilten Einheiten sehr kurz und wenig detailliert. Insbesondere ist der „Königsweg" der Eigennamenklassifikation in Anthroponyme und Toponyme deutlich wiederzuerkennen, ergänzt um eine Klasse „Varia" wie Tiernamen und Planetennamen, wobei die Ursachen ihrer Aufnahme bei der gleichzeitigen Vernachlässigung anderer nicht zu erkennen sind.

---

spiel allerdings getilgt und mit dem Verweis auf „Namenssemantik" ersetzt. Siehe http://www.sfs.uni-tuebingen.de/resources/stts-1999.pdf, S. 12. (10.11.2014).

[16] Vgl. Lothar Lemnitzer und Heike Zinsmeister: Korpuslinguistik. Eine Einführung. 3. Auflage. Tübingen 2015, S. 64.

[17] Semantic role labeler: http://de.sempar.ims.uni-stuttgart.de/parse (10.11.2014).

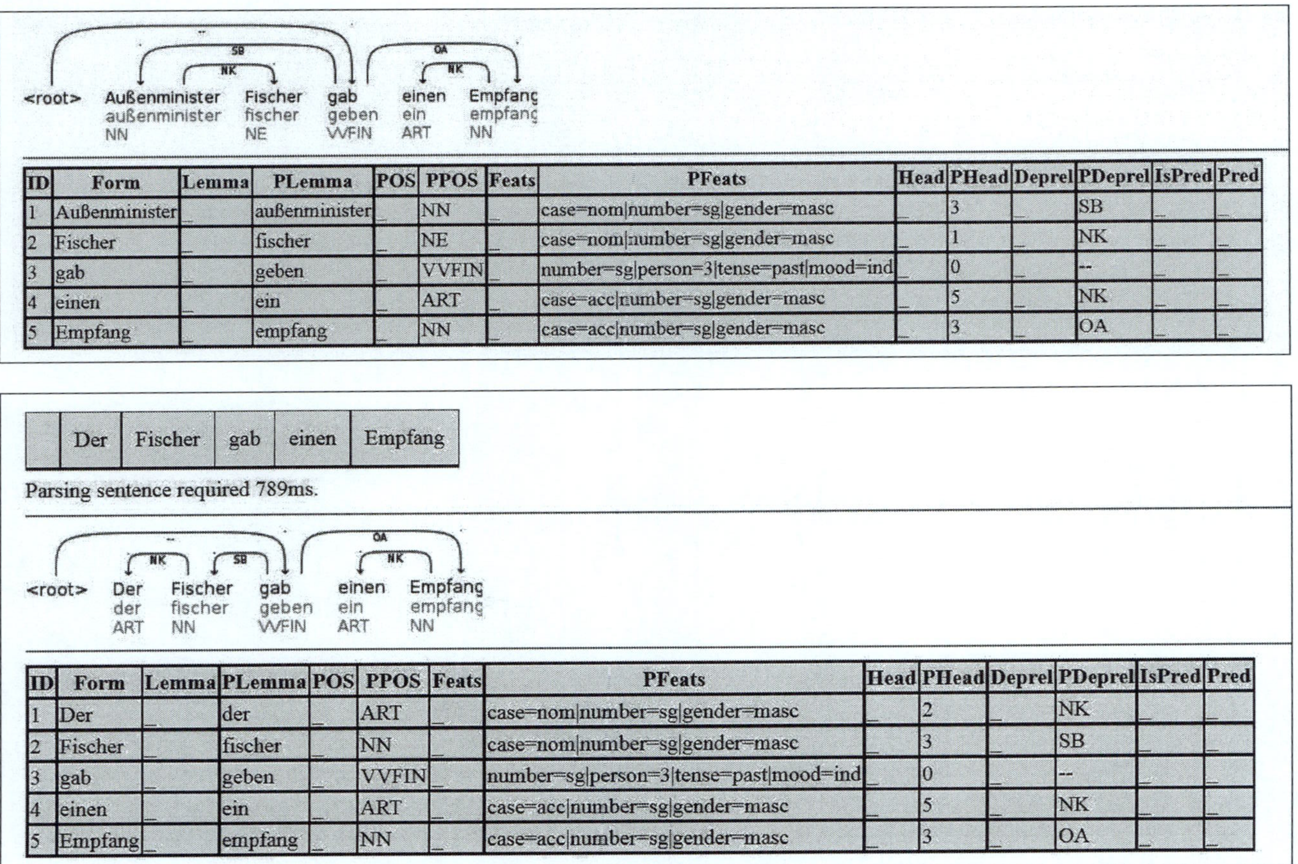

ID	Form	Lemma	PLemma	POS	PPOS	Feats	PFeats	Head	PHead	Deprel	PDeprel	IsPred	Pred
1	Außenminister	_	außenminister	_	NN	_	case=nom|number=sg|gender=masc	_	3	_	SB	_	_
2	Fischer	_	fischer	_	NE	_	case=nom|number=sg|gender=masc	_	1	_	NK	_	_
3	gab	_	geben	_	VVFIN	_	number=sg|person=3|tense=past|mood=ind	_	0	_	--	_	_
4	einen	_	ein	_	ART	_	case=acc|number=sg|gender=masc	_	5	_	NK	_	_
5	Empfang	_	empfang	_	NN	_	case=acc|number=sg|gender=masc	_	3	_	OA	_	_

Abbildung 5: Beispiel für NE aus dem „Semantic role labeler“

ID	Form	Lemma	PLemma	POS	PPOS	Feats	PFeats	Head	PHead	Deprel	PDeprel	IsPred	Pred
1	Der	_	der	_	ART	_	case=nom|number=sg|gender=masc	_	2	_	NK	_	_
2	Fischer	_	fischer	_	NN	_	case=nom|number=sg|gender=masc	_	3	_	SB	_	_
3	gab	_	geben	_	VVFIN	_	number=sg|person=3|tense=past|mood=ind	_	0	_	--	_	_
4	einen	_	ein	_	ART	_	case=acc|number=sg|gender=masc	_	5	_	NK	_	_
5	Empfang	_	empfang	_	NN	_	case=acc|number=sg|gender=masc	_	3	_	OA	_	_

Abbildung 6: Beispiel für NN aus dem „Semantic role labeler“

- *ich trinke gerne* **Kerner**/NN *und* **Trollinger**/NN
- **aber:** *ich trinke gerne* **Kerner**/ADJA *und* **Trollinger**/ADJA *Wein*
- *der Film* "**Ein**/ART **Fisch**/NN **namens**/APPR **Wanda**/NE"
- *ich gehe ins Gasthaus* "**Ewige**/ADJA **Lampe**/NN"
- **aber:** *ich gehe ins Gasthaus* **Lampe**/NE
- **Deutsch**/NN *ist leichter als* **Russisch**/NN

Kriterien zur Abgrenzung NN/NE:

- Komplexe Namen: jedes Teil wird getaggt wie im prototypischen Kontext.
- Einzelwortformen: semantisches Kriterium. Namenssemantik.
- Indefiniter Artikel kann verwendet werden → Anzeichen für NN.

Kriterien zur Abgrenzung NN/FM:[1]

- Deutsche Flexion → NN
- Großgeschrieben, wenn das entsprechende Wort in Originalsprache kleingeschrieben wurde → NN, z.B. die **Contras**/NN

Abbildung 7: Namenklassifikation im STTS[18]

2.1.2 NE: Eigennamen

Klassifikation von NE

POS =	Beschreibung	Beispiele
NE	Vornamen	*Hans, Uli*
	Familiennamen	*Maier, Krafft*
	Tiernamen	*Fifi, Hansi, Betzi*
	Firmennamen	*Mercedes, LB*
	Ortsnamen	*Stuttgart, Moskau, Heslach*
	Ländernamen und Gebietsnamen	*England, Schweiz, USA, Baden-Württemberg, Pfalz*
	Gewässernamen	*Rhein, Bodensee, Pazifik*
	Bergnamen	*Zugspitze, Lemberg*
	Gebirgsnamen	*Alpen, Alb, Hunsrück*
	Planetennamen	*Venus, Mars, Jupiter*
	Namen von Stadtvierteln	*Ostend, Stuttgart-West*
	fremdspr. Namensteile	*Vincent van Gogh, New York*
Aber:		
NN	Produktnamen	*ein* **Mercedes**/NN, *eine* **Cola**/NN
NN	aus NN abgeleitete Eigennamen	*die* **Grünen**/NN
NN	Determinativkomposita (NE+NN)	**Mozartstaße**/NN, **Bachkantate**/NN, **Gretchenfrage**/NN
NN	Monate, Wochentage	**Januar**/NN, **Montag**/NN
NN	Stadtviertel nach Richtungen	*Im Stuttgarter* **Westen**/NN

Abbildung 8: Namenklassifikation im STTS[19]

[18] Schiller, Teufel, Stöckert und Thielen [Anm. 15], S. 10.

[19] Schiller, Teufel, Stöckert und Thielen [Anm. 15], S. 13.

Aus dem Raster der Toponyme fallen die Straßennamen, die im STTS als NN gelten. Diese Regelung erstaunt insbesondere deshalb, weil Straßennamen in der Onomastik allgemein und unhinterfragt als Teil der Ortsnamen gelten (siehe dazu auch Tabelle 1). Diese Regelung erfolgt offensichtlich nach der Right hand head rule, der zufolge das rechte Element seine morphosyntaktische Kategorie und seine grammatischen Merkmale an das Kompositum „vererbt“:

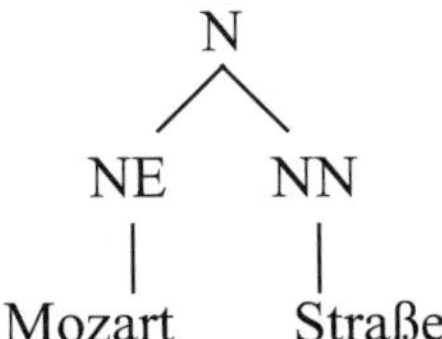

Abbildung 9: Right hand head rule bei Komposita

Semantisch gesehen trifft dies einerseits zu, wenn *Mozartstraße* als eine besondere Art von *Straße* gesehen wird. Andererseits fällt *Mozartstraße* in eine andere Kategorie als *Fernstraße*, *Landstraße* u. dgl., wenn sich *Mozartstraße* nicht auf eine appellativische Beschreibung (etwa der besonderen Funktion von *Fernstraße* gegenüber *Straße*) bezieht. In diesem Straßennamenkompositum wird die semantische Eigenschaft des Bestimmungswortes *Mozart* als Eigenname auf das Appellativ *Straße* übertragen. Dies könnte man auch in einer terminologischen Neuschöpfung als „onomative Kraft“ des Bestimmungswortes bezeichnen, die zwar keinen Einfluss auf die morphosyntaktischen Eigenschaften, sehr wohl aber auf die Eigennamenkategorie des Kompositums nimmt.

Straße

Mozart → Straße

Mozartstraße

Abbildung 10: „Onomative Kraft“ (Pfeil) bei Komposita
kursiv = Proprium, recte = Appellativum

Aus diesem Grund ist die Kategorisierung von Straßennamen in den Guidelines des STTS (Abbildung 8) nicht nachvollziehbar, insbesondere wenn dort das semantische Moment in den Vordergrund gestellt wird.[20]

2.2. TEI

Ein anderes Modell verfolgt die „Text Encoding Initiative" in der Version P5 (TEI P5).[21] Sie bietet im Gegensatz zum STTS ein mächtiges Werkzeuginventar, um Eigennamen zu taggen. Die Text Encoding Initiative (TEI) wurde seit den 1980er-Jahren als disziplinübergreifende Textkodierung begonnen und hat sich inzwischen zu einem allgemein anerkannten Standard für die Kodierung digitaler Daten entwickelt. Sie bildet die Grundlage für Datenverarbeitungstechnologien wie XML u. a. m. Als Grundkategorien für Eigennamen stellt sie Personen-, Orts- und Organisationsnamen zur Verfügung.

<persName> (personal name) contains a proper noun or proper-noun phrase referring to a person, possibly including one or more of the person's forenames, surnames, honorifics, added names, etc.

<surname> contains a family (inherited) name, as opposed to a given, baptismal, or nick name.

<forename> contains a forename, given or baptismal name.

<roleName> contains a name component which indicates that the referent has a particular role or position in society, such as an official title or rank.

<addName> (additional name) contains an additional name component, such as a nickname, epithet, or alias, or any other descriptive phrase used within a personal name.

<nameLink> (name link) contains a connecting phrase or link used within a name but not regarded as part of it, such as *van der* or *of*.

<genName> (generational name component) contains a name component used to distinguish otherwise similar names on the basis of the relative ages or generations of the persons named.

In addition to the att.naming attributes mentioned above, all of the above elements are members of the class att.personal, and thus share the following attributes:

att.personal (attributes for components of personal names) common attributes for those elements which form part of a personal name.

@full indicates whether the name component is given in full, as an abbreviation or simply as an initial.

@sort specifies the sort order of the name component in relation to others within the personal name.

Abbildung 11: Personennamentagging in TEI P5[22]

---

[20] Auch die Einordnung von Warennamen wie *Mercedes* als NN widerspricht der gängigen onomastischen Praxis, worauf hier aber nicht näher eingegangen werden kann. Zu Warennamen siehe Gerhard Koß: Namenforschung. Eine Einführung in die Onomastik. 3. Auflage (Germanistische Arbeitshefte 34). Tübingen 2002, S. 177-189.

[21] Vgl. TEI P5: Guidelines for Electronic Text Encoding and Interchange, by the TEI Consortium. Originally edited by Michael Sperberg-McQueen and Lou Burnard for the ACH-ALLC-ACL Text Encoding Initiative. Now entirely revised and expanded under the supervision of the Technical Council of the TEI Consortium. The TEI Consortium Version 2.7.0. Last updated on 16th September 2014, revision 13036. Text Encoding Initiative Consortium 2014, http://www.tei-c.org/Guidelines/P5/ (10.11.2014).

[22] TEI P5 Guidelines [Anm. 21], S. 430f.

Man beachte etwa das Tag <nameLink>, das erlaubt, auch Bestandteile zu markieren, die syntaktische oder sonstige Elemente eines Namens darstellen, etwa *van* in *Ludwig van Beethoven*. Allerdings kennt TEI P5 nur *Personal Names*, *Organizational Names* und *Place Names*.[23]

```
<persName>
  <surname>Roosevelt</surname>,
<forename>Franklin</forename>
  <forename>Delano</forename>
</persName>
<persName>
  <forename>Franklin</forename>
  <forename>Delano</forename>
 <surname>Roosevelt</surname>,
</persName>
```

```
<s>
  <persName>
    <forename>Peter</forename>
    <surname>son of Herbert</surname>
</persName>gives the king 40 m. for
having custody of the land and heir of <persName>
  <forename>John</forename>
  <surname>son of Hugh</surname>
</persName> . . .
</s>
```

Abbildung 12: Beispiel für Anthroponyme in TEI P5[24]

TEI erlaubt es, Eigennamen nach einem sehr detaillierten Schema zu erfassen. Für die Klasse der *Place Names* existieren ähnliche Subkategorisierungen, auf die hier nicht näher eingegangen werden kann.

```
<org>
  <orgName notAfter="1960">The Silver Beetles</orgName>
  <orgName notBefore="1960">The Beatles</orgName>
  <state type="membership" from="1960-08" to="1962-05">
    <desc>
      <persName>John Lennon</persName>
      <persName>Paul McCartney</persName>
      <persName>George Harrison</persName>
      <persName>Stuart Sutcliffe</persName>
      <persName>Pete Best</persName>
    </desc>
  </state>
  <state type="membership" notBefore="1963">
    <desc>
      <persName>John Lennon</persName>
      <persName>Paul McCartney</persName>
      <persName>George Harrison</persName>
      <persName>Ringo Starr</persName>
    </desc>
  </state>
</org>
```

Abbildung 13: Simplifiziertes Beispiel für Namen von Organisationen in TEI P5[25]

[23] Vgl. TEI P5 Guidelines [Anm. 21], S. 430-442.

[24] TEI P5 Guidelines [Anm. 21], S. 431, 433.

[25] TEI P5 Guidelines [Anm. 21], S. 452.

Die „Verschachtelung“ verschiedener Namentypen kommt den oben erwähnten „Namenclustern“ (siehe Abschnitt 1.3.) sehr nahe. Mit diesem Tagginginstrument ist es möglich, die oben erwähnten „Namencluster“ zu erfassen.

2.3. TAGH-Morphologie

Die TAGH-Morphologie wurde von Thomas Hanneforth und Alexander Geyken für die morphologische Annotation von Korpustexten entwickelt.[26] Sie soll deutsche Wortformen automatisch analysieren. Ziel ist die Lemmatisierung flektierter Substantive auf ihre Grundformen und die Angabe möglicher semantischer Lesarten. Damit ist TAGH für die Eigennamenklassifikation besonders interessant. Es arbeitet mit einem Lexikon vordefinierter Wortformen in folgender Größe:

„**Nomenlexikon**: 88.000 einfache und komplexe Stämme mit Informationen zur Flexions- und Wortbildung
Eigennamen: 160.000 geographische Eigennamen, 65.000 Vornamen, 240.000 Familiennamen
Verblexikon: 33.000 Lemmata
Adjektive: 18.000 Lemmata
Adverbien: 2.000 Wortformen
Geschlossene Formen: ca. 1.500 Präpositionen, Determinativa, Konjunktionen, Zahlwörter, Interjektionen
Konfixe: 105 Konfixe
Abkürzungen und Akronyme: 9.000 (11.500) Einträge
Nomenthesaurus: 60.000 klassifizierte Nomen in einer Nomenhierarchie“[27]

Nicht enthaltene Wortformen werden mithilfe von Wortbildungsregeln als Lexeme abgebildet. Bei TAGH handelt es sich somit um ein regelbasiertes System, das auf der Grundlage gewichteter endlicher Transduktoren

---

[26] Vgl. Jörg Didakowski, Alexander Geyken und Thomas Hanneforth: Eigennamenerkennung zwischen morphologischer Analyse und Part-of-Speech Tagging: ein automatentheoriebasierter Ansatz. In: Zeitschrift für Sprachwissenschaft 26 (2007), S. 157-186.

[27] Jörg Didakowski, Alexander Geyken und Thomas Hanneforth: Eigennamenerkennung mit großen lexikalischen Ressourcen. http://ling.uni-konstanz.de/ pages/conferences/konvens06/konvens_files/ abstracts/didakowski.pdf (2.10.2012), S. 3.

vorgeht. Für die automatenbasierte Erkennung von Eigennamen arbeitet TAGH mit der semantischen Nomenklassifizierung aus LexikoNet und Eigennamenlisten für die verschiedenen Eigennamenklassen zusammen:[28]

> „Eingebunden in die TAGH-Morphologie ist ferner eine konzeptbasierte lexikalische Begriffshierarchie deutscher Nomen (LexikoNet). LexikoNet umfasst etwa 1.200 hierarchisch geordnete Konzepte. Aus Effizienzgründen wurden diese im TAGH-System auf 100 Kategorien der vier obersten Ebenen reduziert. Beispiele für Konzepte sind Abstrakta, Konkreta, Materien und Stoffe, Artefakte, Instrumente, Menschen, Menschen nach Wertorientierung, Gruppen, Sportmannschaften, Gebäude etc. Etwa 75.000 Wörter (90.000 Bedeutungen) wurden den Konzepten zugeordnet; darunter befinden sich etwa 45.000 Berufsbezeichner (einschließlich movierter Formen).“[29]

Die Erstellung einer Eigennamengrammatik besteht aus zwei Teilen: Um auch Eigennamen in einem unsicheren Kontext erkennen zu können, wird eine lemmabasierte Koreferenzauflösung verwendet. Auf diese Weise kann ein sicherer Eigennamenkontext einen unsicheren Kontext stützen, der den gleichen Eigennamen enthält.[30] Das Formulieren von Eigennamenkontexten erfolgt mithilfe sogenannter regulärer Ausdrücke, wobei auf alle Informationen aus der Morphologie Bezug genommen werden kann. Das dient dazu, dass nur jene Eigennamen erkannt werden, die sich in einem sicheren Eigennamenkontext befinden.[31] Diese Technologie erlaubt es, homographe Formen wie *Fischer* (siehe Abschnitt 2.1.) als Appellativum vom homographen Proprium zu unterscheiden. Zu diesem Zweck wird der semantische Gehalt der fraglichen Worteinheit nach der semantischen Überprüfung des Lexikons nach sicheren und unsicheren Namen ermittelt, die auch bei Beurteilung des Kontextes herangezogen werden. „Sicher sind Eigennamen dann, wenn sie nicht homograph zu anderen Wortarten sind oder durch einen genügend großen Kontext eindeutig sind.“[32]

---

[28] Vgl. http://www.dwds.de/dokumentation/tagh/ (10.11.2014).

[29] Zitiert nach: http://www.tagh.de/project.php#a1 (10.11.2014).

[30] Vgl. http://www.dwds.de/dokumentation/Eigennamenerkennung/ (10.11.2014).

[31] Vgl. http://www.dwds.de/dokumentation/tagh/ (10.11.2014).

[32] Didakowski, Geyken und Hanneforth [Anm. 27], S. 3.

Abbildung 14: *Fischer* in TAGH[33]

Als sichere Eigennamen gelten:
(1) Ein oder mehrere aufeinanderfolgende Wörter mit der Kategorie NE, die nicht homograph sind, oder zwei oder mehrere aufeinanderfolgende Wörter der Kategorie NE, wobei kein Wort homograph zu einem Funktionswort sein darf (unter Nichtbeachtung der Großschreibung);
(2) Ein oder mehrere aufeinanderfolgende Wörter der Kategorie NE, denen ein passender semantischer Kontext vorausgeht oder folgt. Bei einem entsprechenden semantischen Kontext können auch unbekannte Wörter als sichere Eigennamen angenommen werden.

Als unsichere Eigennamen gelten:
(1) Abfolgen von homographen Eigennamen und / oder unbekannten Wörtern in beliebiger Reihenfolge und Anzahl
(2) Unbekannte Wörter oder Wörter der Klasse NE innerhalb von Wortzusammensetzungen, die durch einen Bindestrich getrennt sind, und deren Kopf semantisch einen Eigennamen spezifiziert. [34]

[33] TAGH BETA, http://www.tagh.de (2.10.2012).
[34] Vgl. Didakowski, Geyken und Hanneforth [Anm. 27]. S. 4f.

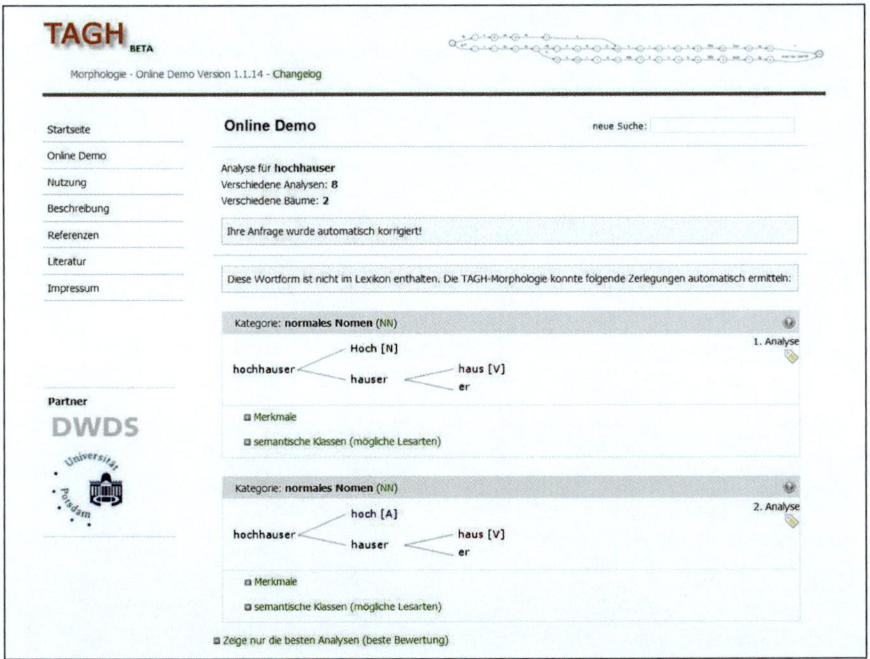

Abbildung 15: Beispiel aus TAGH: Der Familienname *Hochhauser* in TAGH[35]

Der letzte Punkt stellt einen Lösungsansatz für das semantische Problem der Straßennamen wie *Mozartstraße* dar (siehe Abbildung 9), indem *Mozart* als Kopf des Kompositums aufgefasst wird, was eine formale Beschreibung der „onomativen Kraft" darstellt.

Aufgrund dieser Regeln ist TAGH in der Lage, Appellativa von Propria recht genau zu unterscheiden, wie *Fischer* als Gattungsbezeichnung und Name (siehe Abbildung 5, 6 und 14).

Auch dieses System basiert auf gewichteten Transduktoren, die zwar auf mathematischen Wahrscheinlichkeiten beruhen, aber das Erfahrungswissen der Onomastik nicht vollkommen ersetzen können (siehe Abbildung 15).

Beide vom TAGH vorgeschlagenen Bäume geben ein NN wieder und erkennen somit nicht den Eigennamen. Der Name muss mit einem anderen Baum erfasst werden, bei dem der rechte Kopf *-er* auf erster Ebene das „Grundwort" *Hochhaus* bestimmt. OnomastikerInnen hingegen wis-

[35] TAGH [Anm. 33].

sen, dass sich der Familienname *Hochhauser* nicht vom Gebäude, sondern von einem Ort *Hochhausen* herleitet, dessen Wortbildungselement -*en* eliminiert wurde wie bei *Galler*, einem Herkunftsnamen zu *Gallen*:

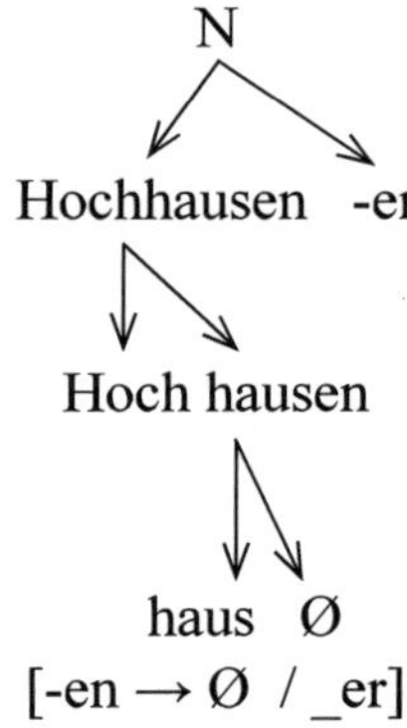

Abbildung 16: Hochhauser als NE

3. Abfrageprobleme

3.1. DeReKo (IDS Mannheim)

Das Deutsche Referenzkorpus (DeReKo) des Instituts für Deutsche Sprache in Mannheim stellt zurzeit das größte elektronische Korpus der deutschen Sprache in Gegenwart und unmittelbarer Vergangenheit dar. Seine Annotationswerkzeuge sind:

(1) *TreeTagger*
(2) *Machinese Phrase Tagger* (der Firma Connexor Oy)
(3) *Xerox FST Linguistic Suite* (teilweise und nur für interne Testzwecke)[36]

Anstatt neuerlich auf Annotationsmechanismen einzugehen, sollen hier Abfrage- und Ausgabeprobleme dargestellt werden. Zunächst fällt auf, dass das DeReKo beim Nomen ebenfalls nur „Eigenname“ als Unterklasse von „Substantiv“ annotiert und keine weiteren Namenklassifikationen kennt:

[36] Vgl. http://www1.ids-mannheim.de/kl/projekte/korpora/annotationen.html (10.11.2014).

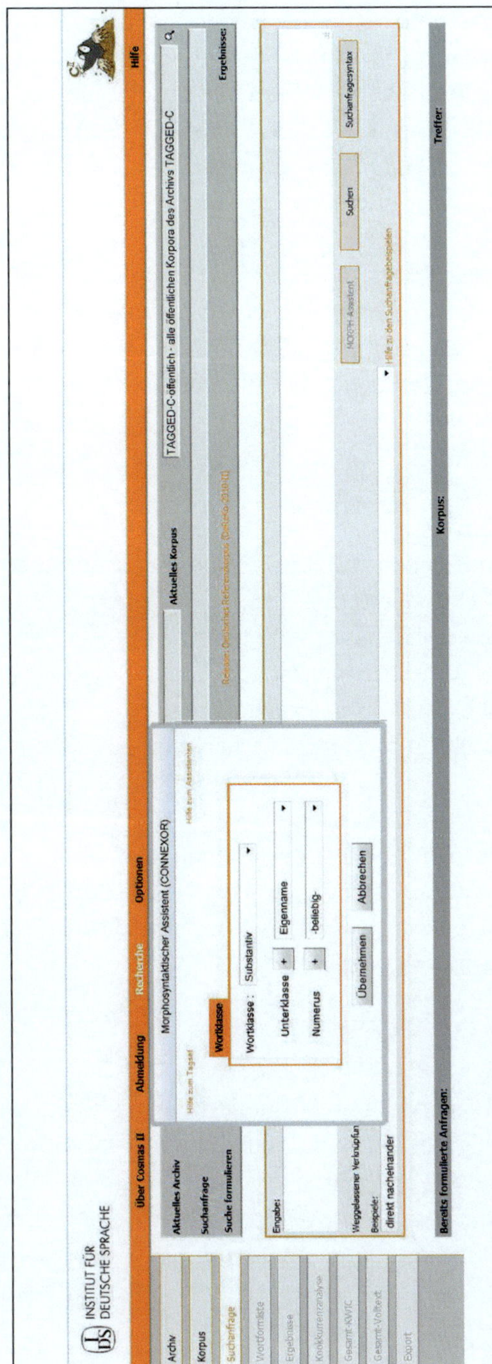

Abbildung 17: Eigennamen als Suchgruppe im DeReKo[37]

[37] Deutsches Referenzkorpus DeReKo: http://www1.ids-mannheim.de/kl/projekte/dereko_i/ (10.11.2014).

Das verwundert zunächst nicht, basiert doch der Machinese Phrase Tagger auch auf dem STTS. In der KWIC-Darstellung („Key Word in Context") werden allerdings auffällig viele falsch annotierte Nomina ausgewiesen. Folgende Beispiele mögen dies veranschaulichen, wobei im annotierten Archiv „TAGGED-C öffentlich: St. Galler Tagblatt 1997" nach der Subkategorie „Eigenname" gesucht wurde:[38]

Als Eigennamen wurden u. a. ausgeworfen: *Alternative, Anstalt, Bankkommission, desWeges, Evakuieren, Fachhochschule, Fronarbeit, Gegenvorschlag, Gemeindeamman, Klinik, Pay-per-view, S'isch (Zyt), Landwirtschaftlichen, Mio, Mrd, Tel., Traditionellerweise, Zahlenlotto.* Falsche Annotationen treten v. a. bei folgenden Einheiten auf:

(1) Fremdwörtern;
(2) „Bindestrichwörtern";
(3) Abkürzungen;
(4) versal geschriebenen Adjektiven und unflektierbaren;
(5) Chunks mit fehlendem Spatium;
(6) diastratischen Substandardvarietäten;
(7) regionalen Substandardvarietäten;
(8) offenbar unbekannten Flexionsformen.
Es können auch mehrere Merkmale bei einer einzelnen Wortform vorkommen.

Leider wird die Möglichkeit zur Eigennamenanalyse dadurch stark eingeschränkt, da die Ergebnisse von Hand nachbearbeitet werden müssen. Hierbei wird wiederum auf ein Inventarium zurückgegriffen, das von OnomastikerInnen erstellt wurde.

4. Zusammenfassung

Onomastik und Korpuslinguistik teilen ein grundlegendes gemeinsames Problem, nämlich die Erkennung und damit Definition von Eigennamen, ihre semiotische Abgrenzung von Appellativa und ihre Anwendung in linguistischen Auswertungen. Während die Onomastik eher eine „intuitiv-semantische" Grundkonzeption verfolgt, die aus ihrer reichhaltigen Forschungstradition seit nun schon etwa 100 Jahren stammt, stellt die

[38] Alle Beispiele aus DeReKo [Anm. 37].

erst seit Kurzem sich entwickelnde Korpuslinguistik morphosyntaktische Phänomene in den Vordergrund, ohne jedoch die Semantik vernachlässigen zu können. Allein das Erstellen eines 465.000 Einträge umfassenden Eigennamenthesaurus von Didakowski, Geyken und Hanneforth[39] zeigt, dass hier auf ein onomastisches Vorwissen zurückgegriffen wird, ohne es zu hinterfragen. Das zum Teil problematische Zusammenspiel von Onomastik und Korpuslinguistik ist in vielen Bereichen noch ausbaubar. Ausbaufähig etwa sind die Namenkategorien der Taggingverfahren der Korpuslinguistik; zu den allgemein üblichen Personen-, Orts- und Organisationsnamen wären einheitliche Kategorien auch für andere Namenarten (siehe Abbildung 3) gegenüber individuellen Lösungen vorzuziehen.

Insgesamt kann man folgendes Fazit ziehen:
(1) Die Entstehung und Nutzung elektronischer Korpora sind zwar weit fortgeschritten, im Bereich der Eigennamen besteht aber durchaus noch Handlungsbedarf, etwa in der Schaffung einer zusammenführenden Methodologie vor allem im Bereich der Annotation.
(2) Ein zufriedenstellendes Verfahren zur (halb-)automatisierten Annotation von Eigennamen ist derzeit nicht erreicht und wird wohl in naher Zukunft auch nicht zu erreichen sein.
(3) Namenannotationen sind in der deutschen Sprache generell problematischer als in anderen Sprachen, was u. a. auf Idiosynkrasien wie die generelle Großschreibung von Nomina im Deutschen zurückzuführen ist.
(4) Die Korpuslinguistik ist auf grundlegende Vorarbeiten der Onomastik angewiesen, etwa durch die Übernahme von Eigennamenkorpora in Form von elektronischen oder gedruckten Namenlexika.
(5) Die Errungenschaften der Korpuslinguistik werden ihrerseits von der Onomastik kaum wahrgenommen. Hier besteht eindeutig Nachholbedarf vonseiten der traditionellen Namenkunde, insbesondere was die morphosyntaktische Einordnung von Propria ins Zeichensystem betrifft.

Die eingangs gestellten Fragen sind durch die besondere Betrachtung der Eigennamenpraxis in den vorgestellten Systemen somit dahingehend zu beantworten, dass die Korpuslinguistik von der Onomastik bereits er-

---

[39] Vgl. Didakowski, Geyken und Hanneforth [Anm. 27].

arbeitete Sachbereiche stärker übernehmen könnte. Das betrifft etwa die semantische Beurteilung von Namen (vgl. *Hochhauser*), die Gliederung der Namen in detaillierte Untergruppen (vgl. die Regelungen in STTS, TEI P5) und eine stärkere Berücksichtigung der Morphologie (vgl. Abfrageergebnisse im DeReKo). Gänzlich unbeachtet bleibt auch die Namenpragmatik. Die Namenkunde wiederum könnte morphologische und syntaktische Kriterien in ihre Überlegungen einfließen lassen, sodass rein semantische Modelle (siehe Abbildung 3) nicht monokausal bleiben, sondern um diese Merkmale angereichert werden.[40]

[40] Vgl. dazu etwa Gerda Ruge: Wortbedeutung und Termassoziation. Methoden zur automatischen semantischen Klassifikation (Sprache und Computer 14). Zürich, New York 1995, S. 41-46.

VII. PLURALDUBLETTEN DIACHRON UND SYNCHRON: EINE KORPUSBASIERTE UNTERSUCHUNG ZU DEN SPUREN DER DIACHRONIE IM GEGENWARTSDEUTSCHEN

Martina Werner[1], *Wolfgang U. Dressler*[1,3], *Karlheinz Mörth*[2]

1. Ziel und Motivation der Untersuchung

Der folgende Beitrag befasst sich mit sogenannten Pluraldubletten (auch Doppelplurale genannt), die (in Bezug auf einander) keine semantische Differenzierung aufweisen. Ziel des Beitrags ist es, die Existenz von Doppelpluralen auch für frühere Sprachstufen des Deutschen zu hinterfragen und diachrone Belege in Bezug auf eine mögliche (Nicht-) Belegbarkeit im Gegenwartsdeutschen zu prüfen. Ausgehend von ersten Dokumentierungen im Deutschen Wörterbuch (DWB von Jacob und Wilhelm Grimm) sollen mögliche, gegebenenfalls bislang nicht dokumentierte (niedrigfrequente) Pluraldubletten innerhalb des Gegenwartsdeutschen korpusbasiert anhand des Austrian Academy Corpus (19. und 20. Jahrhundert) ermittelt, anhand des Austrian Media Corpus (AMC) auf ihre Existenz im 21. Jahrhundert geprüft und vor dem Hintergrund morphologischer Überabundanz theoretisch diskutiert werden.

Pluraldubletten, wie Flexionsdubletten überhaupt, tragen zur morphologischen Komplexität bei und stehen damit im Widerspruch zur universellen, aber nicht sehr hochrangigen Präferenz für Eineindeutigkeit. Daraus ergibt sich, etwa im Rahmen der Natürlichen Morphologie, die diachrone Voraussage einer Präferenz für den diachronen Abbau einer solchen Komplexität bei grammatik-internem Morphologiewandel. Daher sollten neue Dubletten durch morphologieexternen Wandel entstehen, etwa durch Grammatikalisierung und Univerbierung, Sprachkontakt und

[1] Institut für Corpuslinguistik und Texttechnologie, Österreichische Akademie der Wissenschaften

[2] Austrian Centre for Digital Humanities, Österreichische Akademie der Wissenschaften

[3] Institut für Sprachwissenschaft, Universität Wien

die Morphologisierung phonologischer Prozesse.[4] Eine interne Ursache kann aber auch Flexionsklassenwandel sein.[5] Auch Ackermans und Maloufs These, dass für die morphologische Komplexität die sogenannte integrative Komplexität wesentlich sei, weist den Flexionsdubletten wegen deren mangelnder Voraussagbarkeit hohe Komplexität zu, denn es herrscht "uncertainty in guessing the realization of one randomly selected cell in the paradigm of a lexeme given the realization of one other randomly selected cell"[6].

Im Standarddeutschen sind Pluraldubletten nicht so häufig wie im Arabischen, Haussa, Neupersischen oder in deutschen Dialekten, wie Schrödl[7] sowie Schrödl et al.[8] für burgenländische Dialekte festgestellt haben. Zum Italienischen liegt die sehr material- und theoriereiche Monographie von Acquaviva[9] vor, während im Deutschen eine vergleichbare Arbeit bislang aussteht. Allgemein ist zu unterscheiden zwischen semantisch differenzierbaren Pluraldubletten (wie *Worte* vs. *Wörter*[10]) im Gegensatz zu semantisch nicht differenzierten Pluraldubletten (wie *Fracks, Fräcke*), obgleich stilistisch und über das Register differenzierte Pluralvarianten[11] von den ersten beiden schwer zu unterscheiden sind.

Semantisch nicht differenzierte Pluralvarianten sind im Gegensatz zu semantisch differenzierten über das Kriterium der gegenseitigen Aus-

---

[4] Vgl. Wolfgang U. Dressler: Naturalness and morphological change. In: Brian D. Joseph und Richard D. Janda (Hrsg.): The Handbook of Historical Linguistics. Oxford 2003, S. 461-471.

[5] Im Rahmen der Natürlichen Morphologie zuletzt Francesco Gardani: Dynamics of Morphological Productivity. The Evolution of Noun Classes from Latin to Italian. Leiden 2013, S. 201-228.

[6] Farrell Ackerman und Robert Malouf: Morphological organization. The low conditional entropy conjecture. In: Language 89/3 (2013), S. 429-464.

[7] Vgl. Christina Schrödl: Formen des Dialekts in Tadten im Seewinkel (Burgenland). Diplomarbeit. Wien 2009, http://othes.univie.ac.at/5290/ (1.5.2016).

[8] Vgl. Christina Schrödl, Katharina Korecky-Kröll und Wolfgang U. Dressler: Pluralmorphologie im österreichischen Deutsch: Dialekt und Erstspracherwerb. In: Alexandra N. Lenz, Timo Ahlers und Manfred M. Glauninger (Hrsg.): Dimensionen des Deutschen in Österreich. Variation und Varietäten im sozialen Kontext (Schriften zur deutschen Sprache in Österreich 42). Frankfurt am Main 2015, S. 165-188.

[9] Vgl. Paolo Acquaviva: Lexical plural. A Morphosemantic Approach. Oxford 2008.

[10] Vgl. z. B. Wolfgang Spiewok: Semantische Konsequenzen morphologischer Dubletten beim deutschen Substantiv. In: Deutsch als Fremdsprache 12 (1975), S. 164-169.

[11] Vgl. Douglas Biber und Susan Conrad: Register, Genre, and Style. Cambridge 2009.

tauschbarkeit beider Varianten definiert. Semantisch nicht differenzierte Pluralvarianten verstoßen auch gegen das Ideal der kanonischen Morphologie.[12] Ein damit kompatibles Konzept ist das der Überabundanz (*overabundancy* aus ital. *sovrabbondanza*[13]). Heteroklitika sind im Rahmen dieser Theorie sogenannte paradigmatische *cell-mates,* entweder nur in einer einzigen Zelle oder aber in mehreren. Gemäß dem Prinzip der Überabundanz besitzt Sprache innerhalb von Paradigmen nämlich die Fähigkeit, morphologische Überabundanz (wörtlich: ‚Über-Überfluss') herzustellen, welche in ihrem Ausmaß sprachindividuell variiert. Im Italienischen ist Thornton[14] zufolge insbesondere die Verbalmorphologie in der Partizipialbildung von Überabundanz durchdrungen. Ähnliches dürfte für das Deutsche im Hinblick auf die Partizipien (vgl. etwa *ausgebleicht / ausgeblichen* neben vielen weiteren Beispielen) gelten.[15]

Für den nominalen Bereich des Deutschen haben erstmals Mörth und Dressler[16] semantisch nicht differenzierte Pluraldubletten des Gegen-

---

[12] Vgl. Greville G. Corbett: The canonical approach in typology. In: Zygmunt Frajzyngier, Adam Hodges und David S. Rood (Hrsg.): Linguistic Diversity and Language Theories. Amsterdam, Philadelphia 2005, S. 25-49.
Vgl. Greville G. Corbett: Canonical typology, suppletion and possible words. In: Language 83 (2007), S. 8-42.
Vgl. Greville G. Corbett: Canonical inflection classes. In: Fabio Montermini, Gilles Boyé und Jesse Tseng (Hrsg.): Selected Proceedings of the Sixth Décembrettes: Morphology in Bordeaux. Somerville (Massachusetts) 2009, S. 1-11.

[13] Der Terminus dürfte von der normativen Grammatikschreibung mitinspiriert sein, denn bereits gegen Ende des 19. Jahrhunderts wurden in der Substantivflexion schwankende Nomina, so beispielsweise im Lateinischen, als *nomina abundantia* klassifiziert (vgl. Christian Friedrich Neue und Carl Wagener: Formenlehre der lateinischen Sprache. Band II. Berlin, Leipzig 1892-1905, S. 761-859), obgleich hier allerdings insbesondere Kasusschwankungen im Vordergrund der Betrachtung stehen. Siehe auch Anna M. Thornton: Overabundance (Multiple Forms Realizing the Same Cell): A Non-canonical Phenomenon in Italian Verb Morphology. In: Martin Maiden et al. (Hrsg.): Morphological Autonomy. Oxford 2011, S. 358-381; vgl. außerdem Karlheinz Mörth und Wolfgang U. Dressler: German plural doublets with and without meaning differentiation. In: Franz Rainer et al. (Hrsg.): Morphology and Meaning: Selected papers from the 15th International Morphology Meeting, Vienna 2012. Amsterdam, Philadelphia 2014, S. 249-258.

[14] Vgl. Thornton [Anm. 13].

[15] Zu einer diesbezüglichen Übergangsphase siehe Andreas Bittner: Starke „schwache" Verben – „schwache starke" Verben: Deutsche Verbflexion und Natürlichkeit. Tübingen 1996.

[16] Vgl. Mörth und Dressler [Anm. 13].

wartsdeutschen korpusbasiert dokumentieren und diachron motivieren können. Dabei zeigte sich, dass diese zu semantischer bzw. pragmatischer Differenzierung tendieren. Auf diesen Ergebnissen aufbauend werden wir uns im vorliegenden Beitrag auf Präferenzen bei neuhochdeutschen Pluraldubletten basierend auf ihrer möglichen historischen Dokumentierbarkeit konzentrieren, die in den bisherigen Arbeiten zu Flexionsdubletten morphologietheoretisch zu wenig thematisiert wurde. Hingegen wird der partielle Wandel von *s*-Pluralen zu anderen Pluralen bei zunehmender Fremdwortintegration nicht behandelt. Konkret soll im vorliegenden Beitrag zum einen die Frage im Vordergrund stehen, ob und inwieweit etymologische und historische Wörterbücher Hinweise auf eine mögliche diachrone Motivation enthalten und welche der dort dokumentierbaren Lexeme mit Pluralvarianz in neuhochdeutschen Korpora noch nachweisbar sind. Zum anderen soll diskutiert werden, inwieweit vor dem Hintergrund des derzeitigen Fehlens eines alle Sprachstufen umfassenden Korpus und der daraus resultierenden mangelnden Rückverfolgbarkeit von Lexemen eine diachrone Ermittlung und damit repräsentative Quantifizierung von historisch belegten Pluralvarianten möglich ist.

Zunächst jedoch soll das Phänomen der Pluralvarianz morphologietheoretisch eingehender betrachtet werden, woraus Hypothesen für die empirische Untersuchung (Abschnitt 3 und 4) abzuleiten sind. In Abschnitt 3 soll die Diachronie, in 4 die Synchronie im Vordergrund der Betrachtung stehen.

2. Heteroklisie und Überabundanz

Flexionsschwankungen, auch als *Heteroklisie* bezeichnet (im Unterschied zu Metaplasmen, welche durch unterschiedliche Nominativformen voneinander zu trennen sind), haben in der Beschreibung der indogermanischen Sprachen schon früh Beachtung gefunden, besonders in der indogermanischen Sprachwissenschaft seit dem 19. Jahrhundert, so bei Paul[17] mit den Konzepten „doppelte Pluralformen, Doppelformen, Gleichwertigkeit, Luxus". Solche Phänomene wurden unter dem Begriff der Heteroklisie zusammengefasst[18] und definiert als „dass […]

[17] Hermann Paul: Prinzipien der Sprachgeschichte. Tübingen 1880/1968, S. 251.

[18] Etwa in Herbert Petersson: Studien zur indogermanischen Heteroklisie. Lund 1921; Eduard Schwyzer: Griechische Grammatik I. München 1939, S. 517ff.

eine, mehrere oder alle Formen nach einer zweiten Deklination neben der normalen flektieren“[19]. Ähnlich hierzu Stump: “Heteroclisis is the property of a lexeme whose inflectional paradigm involves two or more distinct inflection classes.”[20] Dabei dominieren Fälle, bei denen nur *eine* Zelle im Paradigma heteroklitisch ist.[21] Hier kann leicht ein analogischer Ausgleich erfolgen. Da Schwankungen auch immer das synchrone Potenzial zur Sprachdynamik widerspiegeln, hat Kürschner[22] für die germanischen Sprachen die wohl bislang umfangreichste Monographie zum Wandel von Deklinationsklassen vorgelegt. Stump zufolge kommt dabei dem Numerus („number boundary“) eine tragende Rolle bei der Unterscheidung heteroklitischer Phänomene zu.[23] Daher wollen wir uns in diesem Beitrag auf die Heteroklisie des nominalen Plurals konzentrieren.

Flexionsschwankungen scheinen häufig als Numerus- und Genus-Schwankungen vorzukommen. Da Deklinationsklassen in Genus-Sprachen nach Genus geordnet sind, ergibt sich daraus, dass Pluralvarianten, die auf Lexeme unterschiedlicher Genera rückführbar sind, nicht unter die obige Definition fallen. Dazu passt, dass beispielsweise im Griechischen Pluraldubletten nur bei Maskulina[24] und Schwyzer zufolge auch bei Neutra vorkommen können, wobei dies nicht der Fall ist, wenn das Lexem in mehreren Genera belegt ist. Damit handelt es sich bei Heteroklisie per definitionem um ein Phänomen, das dem Prinzip der Genusimmanenz unterliegt, während Metaplasmen überwiegend auf unterschiedliche zugrundeliegende Genera zurückgehen, wie bereits früh festgestellt wurde.[25]

[19] Jakob Egli: Heteroklisie im Griechischen mit besonderer Berücksichtigung der Fälle von Gelenkheteroklisie. Zürich 1954, S. 11.

[20] Gregory Stump: Heteroclisis and paradigm linkage. In: Language 82/2 (2006), S. 282.

[21] Vgl. Egli [Anm. 19], S. 16.

[22] Vgl. Sebastian Kürschner: Deklinationsklassen-Wandel. Eine diachron-kontrastive Studie zur Entwicklung der Pluralallomorphie im Deutschen, Niederländischen, Schwedischen und Dänischen. Berlin, New York 2008.

[23] Stump [Anm. 20], S. 309.

[24] Vgl. Edna Andrews: Markedness theory. The union of asymmetry and semiosis in language. Durham (North Carolina) 1990, S. 182.

[25] Vgl. Johann S. Ersch und Johann G. Gruber (Hrsg.): Allgemeine Encyclopädie der Wissenschaften und Künste. Zweite Section H – N, bearbeitet von G. Hassel und A. G. Hoffmann, siebenter Teil. Leipzig 1830, S. 247.

Die Annahme, dass Deklinationsparadigmen über (Über-)Abundanz beschreibbar sind, ist keineswegs neu, sondern auch bekannt von der grammatischen Kategorie Genus, deren Inhalt bis zum heutigen Tage kontrovers diskutiert wird.[26] Auch in Bezug auf Genus wurde häufig die Auffassung vertreten, Genus sei ein „Luxus der Sprache“[27]. Nun sind eine grammatische Kategorie, die Paradigmen erzeugt, und Pluraldubletten, die aufgrund des Fehlens von zueinander gerichteter Oppositionsbildung auf Einzelfälle beschränkt bleiben, zwar zunächst zwei grundverschiedene Dinge. Sie teilen sich jedoch das Charakteristikum ihrer (gegebenenfalls vermeintlichen) arbiträren Existenz. Innerhalb des Genus wird dabei in der Forschung differenziert zwischen genus-koverten Substantiven (d. h. Substantiven mit sogenanntem inhärenten Genus wie *Tisch*) und genus-overten Substantiven (d. h. Substantiven mit Genusmarkierung mittels Affix wie *Schön-heit*[28]).

Im Gegensatz zu den genus-koverten lassen sich genus-overte Substantive über die Dimension der Zählbarkeit beschreiben: Maskulina und Feminina sind formal pluralisierbar, während dies nicht, von Lexikalisierungen (wie im Neuhochdeutschen nicht produktive *-nis*-Bildungen wie *Ereignis, Hindernis*) abgesehen, für die Neutra gilt: *der Knaller – die Knaller; die Knallerei(en) – das Knallen / Geknalle – die *Knallen / Geknalle*. So lässt sich auch sprachhistorisch nachweisen, dass die Entstehung des *-er*-Plurals (datiert auf das 13. Jahrhundert) bei *-tum*-Derivationsbildungen zuerst bei Maskulina, nicht aber pluralaversen Neutra seinen Ursprung hat.[29]

Innerhalb der Genusopposition sind Maskulina und Feminina voneinander durch das Merkmal der Kollektivität unterscheidbar: *Knaller* kodiert ein einmaliges, kurzes Geschehen (nomen acti), während *Knallerei*

[26] Zum Forschungsüberblick siehe Doris Weber: Genus. Zur Funktion einer Nominalkategorie exemplarisch dargestellt am Deutschen. (Europäische Hochschulschriften, Reihe 1, Deutsche Sprache und Literatur 1808). Frankfurt am Main 2001.

[27] Siehe z. B. Muhammad H. Ibrahim: Grammatical gender. (Ianua linguarum Series Minor 166). Paris 1973.

[28] Vgl. Elisabeth Leiss: Derivation als Grammatikalisierungsbrücke für den Aufbau von Genusdifferenzierungen im Deutschen. In: Torsten Leuschner et al. (Hrsg.): Grammatikalisierung im Deutschen. Berlin, New York 2005, S. 11-30; vgl. Martina Werner: Genus, Derivation und Quantifikation. Zur Funktion der Suffigierung und verwandter Phänomene im Deutschen. (Studia Linguistica Germanica 114). Berlin, Boston 2012.

[29] Vgl. Robert P. Ebert et al. (Hrsg.): Frühneuhochdeutsche Grammatik. Tübingen 1993, S. 172.

/ *Geknalle* sowie vor dem Hintergrund seiner historischen Entwicklung seit dem Frühneuhochdeutschen[30] auch der substantivierte Infinitiv ein prozessuales Geschehen (nomen actionis) bezeichnen. Im Gegensatz zu den genus-overten Substantiven lässt sich bei den genus-koverten Substantiven keine semantische, d. h. auf Quantifizierung basierende Differenzierung feststellen. Sie besitzen sogenanntes inhärentes Genus, da es – im Gegensatz zu den paradigmatisch, d. h. zueinander in funktionaler Opposition stehenden Nominalisierungen – nicht frei wählbar ist: *der/*-die/*das Tisch.*[31] Anhand von Distributionsproben zu genus-overten Substantiven lässt sich ersehen, dass diese keine Pluraldubletten zu bilden imstande sind: Produktiv (im Sinne von Draeger[32]) derivierte Feminina bilden den *-en*-Plural, während produktiv derivierte Maskulina (Suffigierungen auf *-er*) den Nullplural bilden (wie *der Hopser – die Hopser*) und derivierte Zirkumfigierungen und substantivierte Infinitive mit Genus neutrum aufgrund kategorialer Transnumeralität produktiv nicht pluralfähig sind. Da sich jedoch aus der Diachronie einige für Pluralvarianz relevante Bezüge zu Genus ergeben, soll in Abschnitt 5 der diachrone Zusammenhang zwischen den beiden Dimensionen noch einmal Gegenstand der Diskussion scin.

Unter dem synchronen Aspekt sprachlicher Variation zeigt sich in Bezug auf Genusvarianten (wie standarddt. *der / das Joghurt, die / das Mail, der / das Service*) eine (mögliche) Parallele zu den Pluraldubletten, welche zu einem Nomen verschiedene Plurale bereitstellen, wobei zwar beide Pluralformen formal frei wählbar sind, diese jedoch nicht in einer funktionalen Opposition, wie dies bei semantischer Differenzierung (oder vgl. auch die semantische Genustheorie des vorherigen Abschnitts) der Fall wäre, zueinander stehen. Gleichzeitig ist häufig eine der beiden Varianten die präferierte. Als Motivation für die jeweilige Präferenz ist

[30] Vgl. Martina Werner: Substantivierter Infinitiv statt Derivation. Ein ‚echter' Genuswechsel und ein Wechsel der Kodierungstechnik innerhalb der deutschen Verbalabstraktbildung. In: Dagmar Bittner und Livio Gaeta (Hrsg.): Kodierungstechniken im Wandel. Das Zusammenspiel von Analytik und Synthese im Gegenwartsdeutschen (Linguistik – Impulse & Tendenzen 34). Berlin, New York 2010, S. 159-178.

[31] Vgl. Elisabeth Leiss: Genus im Althochdeutschen. In: Elvira Glaser und Michael Schlaefer (Hrsg.): Grammatica Ianua Artium: Festschrift für Rolf Bergmann zum 60. Geburtstag. Heidelberg 1997, S. 33-48, hier S. 33.

[32] Vgl. Kerstin Draeger: Die semantische Leistung der suffixalen Wortbildungsmorpheme der deutschen Gegenwartssprache. Aachen 1996.

regionale / dialektale Variation (wie bei *Dornen* vs. *Dörner*), pragmatische / stilistische Differenzierung (wie bei *Cappuccinos* vs. *Cappuccini*) oder historisch motivierte Variation (wie bei *Gorillas* vs. *Gorillen*) zu vermuten. Um aus systemtheoretischer Perspektive das Konzept der Überabundanz also für die Synchronie fruchtbar machen zu können, müssen die genannten Dimensionen geprüft werden. In Bezug auf eine pragmatisch-stilistische Differenzierung wurde diese Arbeit bereits erbracht.[33] Für die sprachvariationslinguistische und historische Dimension steht die Arbeit noch aus.

In Bezug auf eine somit nötige empirische Untersuchung ergeben sich für die Diachronie zwei Möglichkeiten, deren Vor- und Nachteile im folgenden Abschnitt genauer dargelegt werden sollen und aus denen sich das in dieser Untersuchung verfolgte empirische Design speist: (1) die diachron retrospektive Methode bzw. (2) die diachron prospektive Methode (vgl. genauer hierzu Abschnitt 3). Morphologietheoretisches Ziel ist es, damit zu prüfen, ob und inwieweit das Konzept der Überabundanz auch für die Diachronie fruchtbar gemacht werden kann und inwieweit diesbezüglich Konstanz oder Dynamik materiell beobachtbar sind, woraus sich weitreichende Konsequenzen für den diachronen Wandel von *cell-mates* innerhalb eines Paradigmas ergeben würden. Die Möglichkeiten und Grenzen beider empirischer Verfahren sollen im Folgenden eingehend vorgestellt und diskutiert werden.

3. Diachrone Methodologie

In einzelnen Sprachstufen Pluraldubletten und deren Ursachen zu ermitteln, stellt historische SprachwissenschaftlerInnen vor die Aufgabe, ein für die Fragestellung geeignetes Text- bzw. Datenmaterial zu finden. Die historische Forschung kennt dabei v. a. zwei Methoden der diachronen Rekonstruktion: einerseits die „retrospektive Methode", welche gegenwartssprachliches Material (hier: die semantisch nicht differenzierten Pluraldubletten des Gegenwartsdeutschen) als morphologischen Ausgangspunkt für die diachrone Rückverfolgung nimmt, andererseits die „prospektive Methode", bei der sprachstufenspezifische Belege erhoben und miteinander diachron in Verbindung gesetzt werden, um daraus erste induktive Generalisierungen in Hinblick auf Sprachwandel zu ge-

[33] Vgl. Mörth und Dressler [Anm. 13].

winnen. Da zum gegenwärtigen Zeitpunkt jedoch (noch) kein öffentlich zugängliches Korpus existiert, welches für alle Sprachstufen mittels einer standardisierten Annotation eine methodologische Vergleichbarkeit gewährleistet (entsprechende Projekte wie z. B. DDD – Deutsch Diachron Digital[34] decken entweder nur einen Teil der Zeit ab oder sind in Entwicklung begriffen), galt es, diese empirische Lücke auf einem anderen Weg zu schließen.

Zur „prospektiven" Motivation von Pluralvarianten fiel die Wahl daher auf das Deutsche Wörterbuch von Jacob und Wilhelm Grimm (DWB), das eine breite empirische Basis an Beispielen für diachrone und variationslinguistische Beobachtungen bietet. Hierdurch sollten die von Dressler und Mörth[35] ermittelten Pluralvarianten in der Sprachgeschichte in Bezug auf Herkunft oder Motivation konkretisiert werden und parallel dazu gegebenenfalls weitere, für das Gegenwartsdeutsche noch unbekannte Pluralvarianten ermittelt werden. Diese letzten aus Suchabfragen des Wörterbuchs gewonnenen Daten sollten in einem nächsten Schritt zur Validierung aus synchroner Perspektive mit gegenwartssprachlichen Korpora des ICLTT (siehe Abschnitt 4) auf ihre synchrone Belegbarkeit hin gegengeprüft werden. Daneben wurde eine „retrospektive" Motivation von Pluralvarianten über die etymologischen Wörterbücher von Pfeifer[36] und Kluge[37] durchgeführt. Da sich jedoch keine Anhaltspunkte für mögliche Pluralvariation oder eine gemeinsame, diachron-morphosyntaktische Entwicklung ergaben, wurde der Untersuchungsfokus auf die „prospektive" Methodologie gelegt, die im Folgenden vorgestellt werden soll.

3.1. Recherche im DWB

Für die diachrone Erforschung hinsichtlich der von Mörth und Dressler[38] ermittelten Pluralvarianten und möglicher weiterer fiel die Wahl auf ein Wörterbuch mit umfangreicherem historischen Sprachmaterial,

---

34 Vgl. http://www.deutschdiachrondigital.de/ (12.3.2015).

35 Vgl. Mörth und Dressler [Anm. 13].

36 Vgl. Wolfgang Pfeifer: Etymologisches Wörterbuch des Deutschen (1993/2015). Online kontinuierlich erweitert verfügbar unter www.dwds.de (12.3.2015).

37 Vgl. Friedrich Kluge: Etymologisches Wörterbuch des Deutschen. Berlin, New York 2011.

38 Vgl. Mörth und Dressler [Anm. 13].

nämlich dem Deutschen Wörterbuch (DWB)[39], welches sowohl in einer Onlineversion als auch in CD-ROM-Version verfügbar ist. Das DWB ermöglicht neben der Suche nach lexikalischen Einträgen auch eine Freitextsuche im Wörterbuchtext. Letztere kam für die vorliegende Untersuchung zum Einsatz. Eine erste manuelle Sichtung der Resultate ergab, dass Verweise auf Pluralvarianten im DWB mit drei unterschiedlichen Notationen wiedergegeben werden, nämlich mit „Plural", „Pl." sowie „Plur.". Aufgrund der hohen Trefferzahl der Suchabfrage „Plur." bzw. der hierdurch zu erwartenden hohen bzw. den Rahmen dieses Beitrags übersteigenden Ergebniszahlen wurde diese Teiluntersuchung für die vorliegende Untersuchung zurückgestellt und wäre im Rahmen einer eigenen Untersuchung zusammen mit den anderen zu berücksichtigen.

Suchen in beiden digitalen Versionen der verbleibenden Suchabfragen resultierten in divergierenden Zahlen bei den Suchergebnissen. Um eine Berücksichtigung aller Treffer sicherzustellen, wurde daher eine kombinierte Suchabfrage durchgeführt, die das Medium mit der jeweils höheren Trefferzahl in die Untersuchung miteinbezog. So ergaben sich bei der Suchabfrage „Plural" online <u>1.511</u> Treffer gegenüber 1.482 Treffern der CD-ROM-Version, und bei der Suchabfrage „Pl." ergaben sich 3.351 online-Treffer gegenüber <u>3.995</u> CD-ROM-Treffern (berücksichtigte Treffermenge unterstrichen). Bei der Suchform „Plur." ergab sich zwischen den Medien ein quantitativer Unterschied (4.130 Online-Treffer vs. 4.048 CD-ROM-Treffer). Da sich bereits während der empirischen Auswertung der Suchabfragen „Pl." und „Plural" einerseits starke quantitative Tendenzen, andererseits Fragen der historischen Datenvaliditát (siehe Abschnitt 3.2.) ergaben, wurde die Suchanfrage „Plur." nicht berücksichtigt, d. h. dass deren Trefferanzahl nicht in die vorliegende Untersuchung miteinbezogen wurde. Bei allen Suchabfragen in beiden Medien stellte sich die Groß- bzw. Kleinschreibung als nicht distinktiv heraus, d. h. es ergaben sich keine divergierenden Trefferhöhen. Dies gilt auch für die Verwendung des Punktes. Daher wurde eine kombinierte Methode gewählt, die die jeweils höheren Trefferzahlen (bei „Plural" 1.511 der Onlineversion sowie bei „Pl." 3.995 Treffer der CD-ROM-Version) als Datenbasis der weiteren manuellen Sichtung zugrunde legte.

---

[39] Deutsches Wörterbuch von Jacob und Wilhelm Grimm. 16 Bde. in 32 Teilbänden. Leipzig 1854-1961. Quellenverzeichnis Leipzig 1971. CD-ROM-Ausgabe von 2003. http://dwb.uni-trier.de (20.3.2015).

Um zu überprüfen, ob die im DWB angeführten Pluralvarianten im Gegenwartsdeutschen belegbar sind, wurden sie sowie ihre entsprechende Singularform in einem nächsten Schritt in den Korpora des ICLTT (Austrian Academy Corpus und Austrian Media Corpus) auf ihre Existenz geprüft. Die Ergebnisse sind in Abschnitt 4.2. zusammengefasst.

3.2. Diskussion der historischen Belege

Aus der qualitativen Sichtung der Belege des DWB ergeben sich folgende erste Klassifizierungen: Bei einem Großteil der Belege handelt es sich um akzidentiell auftretende, d. h. potentiell idiolektale bzw. unter Umständen regional motivierte Pluralvarianten eines Autors (wie *Blitzen* statt *Blitze* bei Luther, vgl. DWB). Daneben lassen sich, auch wenn diese aufgrund der historischen Dominanz von Dialektsprachlichkeit von den vorherigen im Einzelfall empirisch schwer zu unterscheiden sein dürften, regionale bzw. dialektale Pluralvarianten (wie bair. *Stücker* statt standarddt. *Stücke*) sowie stilistische Pluralvarianten (wie *Pizze* vs. umgangssprachlich *Pizzen*) feststellen. Solange ein sprachstufenübergreifendes und nach Morphemgrenzen annotiertes Korpus des Deutschen ein Forschungsdesiderat bleibt, müssen diese Ergebnisse jedoch vorläufig und bezogen auf das Datenmaterial des DWB (d. h. nur bedingt repräsentativ) bleiben. Methodologisch jedoch ist die Berücksichtigung lexikographischen Sprachmaterials für die historische Morphologie durchaus von Bedeutung, da Lexeme (mit Belegstellen) unterschiedlicher Sprachstufen, Regiolekte, Soziolekte und Dialekte lexikographisch aufbereitet zur Auswertung zur Verfügung stehen.

Im Speziellen besteht beim DWB das Risiko der fehlenden Überprüfbarkeit von Belegen, insbesondere bei fehlender Nennung der Belegstelle des Originals, wodurch eine mögliche editorische Einflussnahme durch die Herausgeber des Wörterbuchs sowie Datenveränderungen bei dessen Digitalisierung nicht ausgeschlossen werden können. Daraus geht hervor, dass das aus dem DWB bezogene Datenmaterial einige empirische Schwierigkeiten aufweist, welche im Folgenden skizziert werden sollen. Die Rückverfolgbarkeit der historischen Belege wird maßgeblich dadurch erschwert, dass die angeführten Quellenangaben und Zitate häufig nicht heutigen editorischen Standards genügen. Im Einzelfall könnte es sich auch um Lese- oder Druckfehler des gedruckten DWB, Lese- oder Digitalisierungsfehler des elektronischen DWB, der verwendeten Ausgabe des Originals oder aber einen Druckfehler des zitierten Originals handeln. Da etliche der Belege nur bei einzelnen AutorInnen belegt sind, ist idiosynkratische Sprachverwendung nicht völlig auszuschließen. Von einer Validität der Belege in doppelter Hinsicht (editorisch-formal wie inhaltlich) kann somit nach heutigen Maßstäben nicht gesprochen werden. Eine diachrone Untersuchung der Nominalflexion unter Berücksichtigung sprachlicher Variation bleibt damit ein umso wichtigeres Forschungsdesiderat, insbesondere da einige dialektale Pluralvarianten außerhalb des DWB dokumentiert sind (wie schwäb. *Menscher* statt standarddt. *Menschen*, in diesem Fall wahrscheinlich bedingt durch die dialektale Genusvariante *das Mensch*), was darauf hindeutet, dass die Pluralvariation in der Diachronie ein weitaus häufigeres Phänomen als bislang angenommen ist. Unter diesem Blickwinkel wären die Belege des DWB somit eher als empirisch anderweitig überprüfenswert einzustufen.

Da die diachronen Belege hinsichtlich ihrer Existenz im Gegenwartsdeutschen korpusbasiert überprüft werden sollen, werden in den folgenden Abschnitten zunächst die verwendeten Korpora (4.1.) sowie die erzielten Ergebnisse (4.2.) vorgestellt, bevor sich Abschnitt 5 mit der Interpretation der Befunde auseinandersetzt.

4. Synchrone Methodologie

4.1. Korpora des ICLTT

Für diese Untersuchungen wurden zwei deutschsprachige Korpora herangezogen: das Austrian Media Corpus (AMC) und das Austrian Academy Corpus (AAC). Ersteres ist ein Korpus rezenter Mediensprache, zweiteres ein historisches Korpus, das zum größten Teil Materialien aus der ersten Hälfte des 20. Jahrhunderts, daneben auch aus der zweiten Hälfte des 19. Jahrhunderts umfasst. Beide gehören zu den quantitativ umfangreichen Korpora ihrer Art. Das AMC ist wohl das einzige digitale Korpus, das den größten Teil der Medienlandschaft eines ganzen Landes über die letzten zwei Jahrzehnte abdeckt. Mit 8,4 Milliarden Tokens gehört es international gegenwärtig zu den größten getaggten Korpora. Das AAC ist mit einer halben Milliarde Tokens merklich kleiner, historische Korpora sind allerdings viel aufwändiger in der Erstellung. Während die im AMC enthaltenen Texte größtenteils im digitalen Medium entstanden sind, handelt es sich beim AAC um von gedruckten Vorlagen digitalisierte Texte, die nach der OCR (Optical Character Recognition) teilweise sogar manuell kollationiert wurden. Im Gegensatz zu vergleichbaren anderen Sammlungen ist das AAC nicht opportunistisch zusammengesetzt, sondern besteht aus gezielt ausgewählten schriftlichen Dokumenten. Bei mehr als der Hälfte der digitalisierten Objekte handelt es sich um Periodika.

Die verwendeten Korpora wurden unter Zuhilfenahme automatischer Prozeduren mit Labels des STTS-Tagsets versehen. Der *TreeTagger*[40], das Tool, das diesen Vorgang durchführt, fügt im gleichen Durchgang auch gleichzeitig Lemmata hinzu. Das STTS bildet größtenteils Wortklassen und einige wenige morphologische Kategorien ab. Was es nicht abbilden kann, sind differenziertere morphologische Informationen: Man kann beispielsweise keine Personen bei Verben respektive keine Kasus bei Nomina unterscheiden. Auch Morphemgrenzen werden nicht markiert.

Bei der Interpretation der Resultate sind jeweils die spezifischen Charakteristika der beiden Korpora zu berücksichtigen. Das AAC weist einen verhältnismäßig hohen Grad an Heterogenität auf, da das Korpusdesign gezielt auf eine große Bandbreite an unterschiedlichen Textsorten ausgerichtet war. Die Textauswahl war von unterschiedlichen Kriterien geleitet und erfolgte unter anderem themen-, ereignis- und textsortenorientiert. Anregungen kamen nicht nur aus der Literaturwissenschaft, vielmehr waren in vielen Fällen auch linguistische, sozial- und wirtschaftsgeschichtliche Überlegungen für eine Aufnahme in das Korpus ausschlaggebend. Eine wesentliche Rolle spielte auch die Berücksichtigung historischer Bibliotheksbestände, historischer Verlagsverzeichnisse und Antiquariatskataloge.

Beim AMC haben wir es demgegenüber größtenteils mit journalistischer Prosa zu tun, die insbesondere auch durch den großen Umfang der Sammlung eine breite topikale Streuung aufweist. Um Aussagen in Hinblick auf regionale bzw. soziolektale Besonderheiten zu untermauern, liefert das AAC oft keine signifikanten Resultate, wohingegen erste Untersuchungen des AMC-Materials im Hinblick auf Regionalismen durchaus relevante Resultate geliefert haben[41]. Weiters ist zu berücksichtigen, dass die Texte des AMC vollständig in Österreich und zum überwiegen-

[40] Vgl. http://www.ims.uni-stuttgart.de/forschung/ressourcen/werkzeuge/treetagger.html (12.3.2015).

[41] Vgl. den Beitrag von Ransmayr, Mörth und Ďurčo in vorliegendem Band.

den Teil von ÖsterreicherInnen verfasst wurden, während das AAC auch umfangreiche – leider nicht exakt quantifizierbare – Teile beinhaltet, die aus Deutschland und zu einem geringeren Teil auch aus der Schweiz stammen.

4.2. Resultate

Die Beantwortung der in diesem Bericht angesprochenen Fragen stellt SprachwissenschaftlerInnen bei der Arbeit mit digitalen Hilfsmitteln vor eine Reihe nicht trivialer Herausforderungen. Das Augenmerk muss sich hierbei insbesondere auf zwei Bereiche richten: (1) die grundsätzliche Frage der Repräsentativität des Materials und (2) die Problematik der linguistischen Annotationen.

Bei den untersuchten Pluraldubletten handelt es sich insgesamt um ein außerordentlich niedrigfrequentes Phänomen (Gesamttokenzahl des AAC: 500 Millionen Tokens; Gesamttokenzahl des AMC: 8,4 Millarden Tokens; Stand: 23.6.2015): Gemessen an der Gesamttokenzahl der jeweiligen Korpora kommen Pluraldubletten zu 0,000010118% im AAC und zu 0,0000026628% im AMC vor. Die absoluten Belegzahlen für das AAC betragen 5.059 Tokens, für das AMC 22.381 Tokens. Aus den Prozentangaben lässt sich eine Tendenz zu einem Abbau der Pluraldubletten erkennen, die freilich vor dem Dokumentationsreichtum früherer Sprachstufen bzw. dem diachronen Abbau von Pluraldubletten (vgl. DWB) zu erwarten ist.

Im Folgenden seien die Fälle von Präferenz, die in beiden neuhochdeutschen Korpora gleich im Vergleich zur Gesamttokenzahl geblieben sind, alphabetisch in absoluten Tokenzahlen aufgeführt:

Psalmen [AAC: 1.297; AMC: 2.246] vs. *Psalme* [AAC: 13; AMC: 83]
Schlucke [AAC: 97; AMC: 279] vs. *Schlücke* [AAC: 7; AMC: 15]
Wülste [AAC: 121; AMC: 151] vs. *Wulste* [AAC: 30; AMC: 30]

Hier die Fälle, in denen das AAC (fast) keine Präferenz zeigt, das AMC aber schon. Das heißt, Entstehung von Präferenzen bzw. ja meist sogar Defaults finden wir bei folgenden Belegen (Erstgenannte = präferiert / Default):

Geißen [AAC: 78; AMC: 949] vs. *Geiße* [AAC: 1; AMC: 10]
Kräne [AAC: 116; AMC: 4.592] vs. *Krane* [AAC: 189; AMC: 377]
Strünke [AAC: 66; AMC: 128] vs. *Strunke* [AAC: 4; AMC: 7]

Eine deutliche Verstärkung einer bereits vorhandenen Präferenz bzw. Defaults haben wir bei den Belegen (Erstgenannte = präferiert / Default):

Hemden [AAC: 2.057; AMC: 11.836] vs. *Hemde* [AAC: 7; AMC: 3]
Herzöge [AAC: 578; AMC: 1.136] vs. *Herzoge* [AAC: 350; AMC: 89]
Stähle [AAC: 56; AMC: 439] vs. *Stahle* [AAC: 15; AMC: 11]

Diese Beispiele von Zunahme des Umlauts bei *e*-Pluralen entspricht einer allgemeinen Entwicklung des Typs ‚Mopse' zu ‚Möpse', ‚Generale' zu ‚Generäle' und spricht gegen die Behauptung beispielsweise Köpckes[42], dass diese Plurale unproduktiv seien. Man vergleiche auch die Sprachbeurteilungstests von Korecky-Kröll et al.[43], die ergaben, dass offensichtlich sowohl ältere Kinder als auch Erwachsene maskuline *e*-Plurale mit Umlaut als ‚besser' einschätzen als *e*-Plurale ohne Umlaut. Fälle mit einem *s*-Plural hingegen (wie z. B. bei Diminutiva wie *(die) Äuglein(s)*), der generell als selten gilt, konnte im Rahmen unserer Untersuchung nicht festgestellt werden.

Diachron stellt sich – vor dem Hintergrund der Problematik der Datenvalidität des DWB (siehe Abschnitt 4.1.) bzw. dessen prinzipiell sprachstufen- bzw. regionenspezifisch dokumentierter Pluraldubletten – die Frage, ob Lexeme tatsächlich nur einem einzigen Flexionsparadigma angehören bzw. angehörten oder ob die Existenz von Pluraldubletten zumindest teilweise auf einstige Deklinationsschwankungen rückführbar ist. So sind im DWB innerhalb einer Sprachstufe oftmals nicht quantifizierte Schwankungen zwischen starker vs. schwacher Flexion dokumentiert, die in den neuhochdeutschen Korpora nicht mehr zu finden sind. Daraus lässt sich die Annahme eines diachronen Abbaus ableiten, so beispielsweise bei *Frosch*. Die DWB-Pluralform *Froschen* lässt sich somit auf die einst parallele schwache Singularform althochdeutsch *frosce* zurückführen, während die Formen *Frösche* bzw. *Frosche* auf althochdeutsch *frosc* zurückgehen (*Frösche* mit sekundärer Umlautung). Dies passt zu der Beobachtung Stumps, dass „heteroclite paradigms split into subparadigms belonging to distinct inflection classes".[44] Da Deklinationsklassen in der Diachronie oftmals phonologisch reduziert bzw. Deklinationsschwankungen abgebaut wurden, ist die Zuordnung zwischen Singular- und Pluralformen zu

[42] Vgl. Klaus-Michael Köpcke: Schemata bei der Pluralbildung im Deutschen. Versuch einer kognitiven Morphologie (Studien zur deutschen Grammatik 47). Tübingen 1993.

[43] Vgl. Katharina Korecky-Kröll et al.: Helping a crocodile to learn German plurals: Children's online judgment of actual, potential and illegal plural forms. In: Morphology 22 (2012), S. 35-65.

[44] Stump [Anm. 20], S. 309.

Lexemen häufig durcheinander geraten, so z. B. bei *Grabstatt*, dessen nur im DWB dokumentierte Pluralvarianz *Grabstätte / Grabstätten* durch Vermischung mit dem schwachen Plural des Nomens *Grabstätte* (Fem. Sg.) bzw. dessen Homonymie mit dem starken Plural von *Grabstatt* zustande kam. Ein weiteres Beispiel hierzu wäre das Substantiv *Kohle*, welches im DWB als Pluralvarianten *Kohlen / Köhle* sowie dialektal *Köhler* besitzt, jedoch gleichzeitig historisch als Maskulinum in der singularischen Form *Kohl* (mit starkem Plural *Köhle*) belegt und in neuhochdeutschen Korpora nicht mehr mit Pluralvarianz belegbar ist. Der dialektale Plural *Köhler* weist zudem auf die mutmaßliche Existenz einer neutralen Form hin, näheres dazu ist im DWB jedoch nicht verzeichnet.

5. Interpretation der Befunde und Ausblick

Eine Erklärung für die von uns festgestellte starke Tendenz zu Präferenz bei Flexionsdubletten kann daher doch als Argument für das Bestehen der von vielen behaupteten generellen Tendenz zur Eineindeutigkeit oder wenigstens Eindeutigkeit der Beziehung zwischen Form und Bedeutung gewertet werden. N. B. kann Eineindeutigkeit schon deswegen nicht für das deutsche Pluralsystem in Frage kommen, weil es erstens mehrere Pluralsuffixe gibt und zweitens alle Pluralsuffixe sowie der Umlaut auch andere Kategorien als Pluralität signalisieren.

Die ermittelten Belege zeigen vor allem zwei Hauptentwicklungslinien: einerseits die Präferenz des *-n*-Plurals gegenüber dem *-e*-Plural (wie bei *Geiß, Hemd, Psalm*) sowie andererseits die Tendenz zur Umlautung beim *-e*-Plural von Maskulina (wie bei *Herzog, Kran, Stahl, Strunk, Wulst*). Dieser letzten und mutmaßlich systematischen, da genusstabilen, Entwicklung steht einzig die Entwicklung des Substantivs *Schluck* entgegen. Weitere Vergleiche von historischen mit gegenwartssprachlichen Daten wären daher zur spezifischeren Prüfung der sich hier abzeichnenden Tendenz wünschenswert.

Zu fragen bleibt, warum in vielen Sprachen Flexionsdubletten besonders bei der Pluralbildung vorkommen. Dies könnte synchron darauf zurückzuführen sein, dass nominaler Plural eine nicht prototypische, inhärente Flexionskategorie ist, während Kasus eine prototypische, kontextuelle Kategorie darstellt, die von der syntaktischen Rektion bestimmt wird. Kasus als Signale für syntaktische Relationen sollen offenbar stärker eindeutige Mittel syntaktischer Funktion sein als die Wahl eines der inhärenten Kategorien des Plurals. Was in diesem Zusammenhang für die Synchronie bisher zu wenig thematisiert worden ist, ist eine eindeutige Tendenz zur Präferenz bzw. zu einem Default für *eine* der beiden alternativen Pluralformen. Sofern die Präferenz bzw. der Default nicht klar ist, konnten wir gewöhnlich, basierend auf den Lexemen mit Pluralvarianz des DWB, eine Entwicklung zu mehr Präferenz bzw. Default erkennen und zwar von den Daten im AAC zu den Daten im AMC. Wir fanden keine Fälle, wo Präferenz ausgeglichen und folglich eliminiert wurde. Um zur eingangs erwähnten Problematik von Pluraldubletten als Beitrag zur morphologischen Komplexität zurückzukommen, stellt sich die Frage, ob eindeutige Präferenzen, ja in der Regel sogar Defaults, unter Pluraldubletten eine Verringerung der Komplexität im Vergleich zu Pluraldubletten ohne Präferenz für eine der beiden Formen bedeuten. Diese Frage ist in der Komplexitätstheorie bisher nicht thematisiert worden, obwohl die Existenz von Defaults eine Erleichterung der Selektion von Varianten darstellt.

Auf diachroner Ebene ist das Phänomen der Deklinations- und damit häufig einhergehender Genusschwankungen aufgrund wesentlich häufigerer Systematizität überwiegend den grammatischen Pluralen zuzuordnen bzw. grammatisch zu motivieren: So war in früheren Sprachstufen ein Lexem – im Gegensatz zum Gegenwartsdeutschen – nicht mehr nur *einer* Deklinationsklasse, sondern verschiedenen Deklinationsklassen *parallel* zuzuordnen[45], was auf einstige semantisch motivierte Genusschwankungen des Indogermanischen zurückgeführt wird (vgl. hierzu bereits Lehmann[46], Fisher[47] sowie innerhalb der intragermanischen Sprachgeschichte hierzu u. a. Vezzosi[48] zum Altenglischen,

[45] Vgl. z. B. Irene Balles: Individuativa-Kontinuativa-Unterscheidung im Indogermanischen. In: Matthias Fritz und Ilse Wischer (Hrsg.): Historisch-Vergleichende Sprachwissenschaft und germanische Sprachen. Akten der 4. Neulandtagung der Historisch-Vergleichenden Sprachwissenschaft in Potsdam 2001. Institut für Sprachen und Literaturen der Universität Innsbruck (Innsbrucker Beiträge zur Sprachwissenschaft 113). Budapest 2004, S. 9-34.

[46] Vgl. Winfried P. Lehmann: On earlier stages of the Indo-European nominal inflection. In: Language 34 (1958), S. 179-202.

[47] Vgl. Robert L. Fisher: Gender variation in Indo-European. Dissertation. UCLA, Los Angeles 1973.

[48] Vgl. Letizia Vezzosi: Gender assignment in Old English. In: Maurizio Gotti, Marina Dossena und Richard Dury (Hrsg.): English Historical Linguistics 2006. Selected papers from the 14th International Conference on English Historical Linguistics (ICEHL 14), Bergamo 2006. Vol. 1: Syntax and Morphology. Amsterdam 2008, S. 89-108.

Beito[49] zum Westjütländischen, Steinmetz[50] zum Jiddischen sowie Leiss[51] und Froschauer[52] zum Althochdeutschen). Diachron wurde der semantische Unterschied zwischen den Genera häufig neutralisiert, jedoch können Deklinationszellen als Relikte dieser einstigen genusschwankenden Substantive, auch als sogenannte Ambigenera bezeichnet, erhalten geblieben sein. Ein Beispiel hierfür aus dem DWB wäre der Beleg *Bursch(e).* Zu dem Substantiv sind historische Genusschwankungen belegt, wobei neben dem Maskulinum auch der Gebrauch als Femininum Singular dokumentiert ist. Aufgrund der Kongruenz mit dem dazugehörigen finiten Verb, das im Singular und Plural auftreten kann, werden die femininen Belege vom DWB mit kollektiver Semantik (im Sinne von ‚Burschengruppe, Burschentum') in Verbindung gebracht. Dies erinnert stark an die Kollektiva des Englischen, bei welchen ebenfalls die Numerusvarianz des finiten Verbs die Konzeptualisierung des numerusindifferenten Kollektivums umpolt (wie bei *The committee have / has decided.*[53]): So wird bei singularischem Finitum die Gesamtheit konzeptualisiert (vgl. *The committee has decided*), während bei pluralischem Finitum die einzelnen Mitglieder der Gruppe fokussiert werden (vgl. *The committee have decided*). Ein Beispiel für eine indogermanische Genussprache, in der systematische Genusschwankungen (Ambigenera) erhalten geblieben sind, ist das Albanische.[54]

Für das Deutsche sind Genusschwankungen neben der theoretischen Arbeit von Michels[55] lediglich für das Althochdeutsche[56] und für

---

[49] Vgl. Olav T. Beito: Zum Wechsel des Nominalgeschlechts in den nordischen Sprachen. Eine kurze Übersicht. In: Zeitschrift für Dialektologie und Linguistik 43 (1976), S. 11-21.

[50] Vgl. Donald Steinmetz: Gender shifts in Germanic and Slavic: semantic motivation for neuter? In: Lingua 116 (2006), S. 1418-1440.

[51] Vgl. Leiss [Anm. 31].

[52] Vgl. Regine Froschauer: Genus im Althochdeutschen. Eine funktionale Analyse des Mehrfachgenus althochdeutscher Substantive. Bamberg 2003.

[53] Vgl. Marianne Hundt: The Committee Has / Have Decided: on concord patterns with collective nouns in inner- and outer-circle varieties of English. In: Journal of English Linguistics 34/3 (2006), S. 206-232; Kathryn Bock et al.: Number agreement in British and American English: Disagreeing to agree collectively. In: Language 82/1 (2006), S. 64-113.

[54] Vgl. etwa Oda Buchholz und Wilfried Fiedler: Albanische Grammatik. Leipzig 1987, S. 208ff.

[55] Victor Michels: Zum Wechsel des Nominalgeschlechts im Deutschen. Straßburg 1889.

[56] Vgl. Froschauer [Anm. 52].

das Gegenwartsdeutsche[57] erhoben, für das Mittelhochdeutsche und das Frühneuhochdeutsche steht diese Arbeit noch aus. Insbesondere für die gut dokumentierte Sprachstufe des Frühneuhochdeutschen wären hier gewinnbringende Ergebnisse in Bezug auf semantisch motivierte vs. formale Genusvarianz und somit auch für Pluralvarianz zu erwarten.

Aus den erzielten Ergebnissen ergibt sich für künftige Studien eine empirische Forschungsarbeit korpusbasierter bzw. -linguistischer Methodologie, die das Flexionsverhalten jedes einzelnen Substantivs, d. h. im vorliegenden Fall auch mögliche Plurale bzw. Pluraldubletten, an den annotationsstandardisierten Texten diachron nachverfolgt werden müsste, um Deklinationsschwankungen und -wechsel innerhalb der Sprachgeschichte zu ermitteln. Dies stellt bislang ein Forschungsdesiderat dar. In diesem Rahmen wäre auch die Frage zu beantworten, ob und inwieweit Pluraldubletten Rückschlüsse auf (gegebenenfalls einstige) grammatisch-semantische Differenzierungen erlauben. Aus methodologischer Sicht stellt das Fehlen eines alle Sprachstufen umfassenden Korpus mit nicht nur syntaktisch-morphologischer Annotation, sondern v. a. auch mit Annotation von Wortbildungseinheiten (Morphemgrenzen) und morphologischen Besonderheiten (wie der Heteroklisie), ein zentrales Desiderat künftiger Forschungsarbeit der empirischen historischen Sprachwissenschaft dar.

[57] Vgl. Tomislav Talanga: Das Phänomen der Genusschwankung in der deutschen Gegenwartssprache. Dissertation. Bonn 1987.

VIII. PHONOTAKTISCHE VERSUS MORPHONOTAKTISCHE KONSONANTENGRUPPEN IM SLOWAKISCHEN UND DEUTSCHEN: EINE KONTRASTIVE KORPUSLINGUISTISCHE UNTERSUCHUNG

Miroslava Hliničanová[1,2], *Matej Ďurčo*[3], *Karlheinz Mörth*[3], *Wolfgang U. Dressler*[1,4]

1. Einleitung

Am Institut für Corpuslinguistik und Texttechnologie (ICLTT) der Österreichischen Akademie der Wissenschaften wurden in Zusammenarbeit mit der Arbeitsgruppe „Komparative Psycholinguistik" des Instituts für Sprachwissenschaft der Universität Wien und mit KollegInnen in Toulouse, Poznań, Kaunas und Odense Eigenschaften von Konsonantengruppen untersucht, die entweder morphonotaktisch sind, d. h. durch morphologische Operationen entstehen, wie im Wortauslaut im Deutschen *lach+st, höch+st*, oder allgemein phonotaktischer Natur sind, wie in *Post, Rast.* Während die erste Konsonantengruppe nur durch morphologische Operationen entsteht und die zweite im Wortauslaut nach Kurzvokal nie, gibt es Zwischenstufen wie das auslautende /pst/, welches als Default morphonotaktisch ist, z. B. in *du kapp+st, lieb+st,* während nur wenige Wörter wie *Obst, Papst* phonotaktisch sind.[5] Dieser morphonotaktische Default ist stärker als bei wortauslautendem /rst/, vgl. *irr+st, lehr+st* usw. vs. *erst, Durst, Horst* usw.[6] Hier sprechen wir von starkem vs. schwachem Default, was wir im Folgenden korpuslinguistisch untersuchen möchten. Um möglichst große Kontraste zwischen den beiden untersuchten Sprachen Deutsch und Slowakisch

---

[1] Institut für Corpuslinguistik und Texttechnologie, Österreichische Akademie der Wissenschaften

[2] Institut für Germanistik, Matej-Bel-Universität Banská Bystrica

[3] Austrian Centre for Digital Humanities, Österreichische Akademie der Wissenschaften

[4] Institut für Sprachwissenschaft, Universität Wien

[5] Vgl. Wolfgang U. Dressler, Katarzyna Dziubalska-Kołaczyk und Lina Pestal: Change and Variation in Morphonotactics. In: Folia Linguistica Historica 31 (2010), S. 51-67.

[6] Vgl. Wolfgang U. Dressler und Katarzyna Dziubalska-Kołaczyk: Proposing morphonotactics. In: Italian Journal of Linguistics 18 (2006), S. 249-266.

zu erreichen, beschränken wir die vorliegende Untersuchung auf Obstruentengruppen.

Ein erster Unterschied zwischen der Morphonotaktik von Obstruentengruppen beider Sprachen besteht darin, dass im Deutschen alle morphonotaktischen Obstruentengruppen rein konkatenativ zustande kommen wie im genannten Beispiel *du lieb+st,* während die durch Morphemkombination veranlasste Vokaltilgung als Verursachung neuer Obstruentengruppen exzeptionell ist, so in *Risiko* → Adj. *risk+ant.* Im Slowakischen sind solche Fälle hingegen sehr häufig, z. B. in *pes* ‚Hund', Pl. *ps-y,* Adj. *ps+í* [ein Akzent auf einem Vokal bedeutet Vokallänge]. In unserem Beitrag vergleichen wir kontrastiv-typologisch die phonotaktischen und morphonotaktischen Obstruentengruppen des Slowakischen und Deutschen im Anlaut, Inlaut und Auslaut, gestützt auf elektronische Korpora beider Sprachen:

Das Slovenský národný korpus / Slowakisches Nationalkorpus (SNK)[7] steht unter der Schirmherrschaft des Ľ. Štúr-Instituts für Linguistik der Slowakischen Akademie der Wissenschaften in Bratislava.[8] Das SNK besteht aus dem allgemeinen (primären) Korpus und aus Quellen linguistischer Publikationen. Bei unserer Untersuchung der slowakischen anlautenden, inlautenden und auslautenden Obstruentengruppen haben wir mit dem allgemeinen (primären) Korpus gearbeitet, und zwar in seiner derzeitigen Version prim-6.1, die insgesamt mehr als 829 Millionen Tokens umfasst.

Für diese Studien wurden zwei deutschsprachige Korpora herangezogen: das Austrian Media Corpus (AMC) und das Austrian Academy Corpus (AAC).[9] Ersteres ist ein Korpus sehr rezenter Mediensprache, das zweite ein historisches Corpus, das zum größten Teil Materialien aus der zweiten Hälfte des 19. und der ersten Hälfte des 20. Jahrhunderts umfasst. Beide gehören zu den quantitativ größeren Korpora ihrer Art. Das AMC ist wohl das einzige digitale Korpus, das den größten Teil der Medienlandschaft eines ganzen Landes über die letzten zwei Jahrzehnte abdeckt. Mit sieben Milliarden Tokens gehört es international zu den größten getaggten Korpora, die verfügbar sind. Das AAC ist mit einer halben Milliarde Tokens deutlich kleiner, allerdings sind historische Korpora viel

---

[7] Vgl. http://bonito.korpus.sk/ (1.7.2014).

[8] Das SNK ist nach der Registrierung auf der Internetseite http://korpus.juls.sayba.sk/ (1.7.2014) frei verfügbar.

[9] Vgl. den Beitrag von Ransmayr, Mörth und Ďurčo in vorliegendem Band.

aufwändiger in der Erstellung. Im Gegensatz zu vergleichbaren anderen Sammlungen ist es nicht opportunistisch zusammengesetzt, sondern besteht aus gezielt ausgewählten schriftlichen Dokumenten. Mehr als die Hälfte der digitalisierten Objekte sind Periodika.

2. Wortanlaut

Im Wortanlaut ist das Slowakische viel reicher an Obstruentengruppen als das Deutsche, einerseits morphonotaktisch durch die Präfixe *z-, s-, v-*, z. B. in *s+chrad+nú+t´* ‚altern', *z+drav+i+t´* ‚begrüßen', *v+kvap+k+a+t´* ‚eintropfen', andererseits auch durch größere phonotaktische Komplexität, z. B. *pstruh* ‚Forelle', *škvár+a* ‚Schlacke', *vdov+a* ‚Witwe'. Da Slowakisch sehr reich an anlautenden Obstruentengruppen ist, gibt es im Slowakischen ambig auftretende Obstruentengruppen, die aus phonotaktischen und morphonotaktischen Gruppen zusammengesetzt sind.

Rein phonotaktische Obstruentengruppen bilden die Obstruenten *džb* in *džbán* (2.130 Tokens des Lemmas, d. h. aller Flexionsformen) ‚Krug', *pch* in *pchať* (1.850) ‚stopfen', komplexer *pstr* in *pstruh* (3.552) ‚Forelle', *pšt* in *pštros* (920) ‚Strauß'. Rein phonotaktische Gruppen bilden auch die Verbindungen mit der Affrikate *č* als čk in *čkať* (209) ‚schlucksen', *čp* in *čpavok* (661) ‚Ammoniak' und *čv* in *čvachtať* (124) ‚patschen', komplexer *škv* in *škvarka* (313) ‚Speckgriebe'. Hingegen sind diejenigen mit silbischem Sonorant wie in *štrngnúť* (520) ‚anstoßen', *žbrnda* (220) ‚Plempe' keine komplexeren Verbindungen, wobei (wie in allen Sprachen) vokalischer gegenüber sonorantem Silbengipfel präferiert ist.

Rein morphonotaktische Obstruentengruppen bilden die Obstruenten *s+č* in *s+černieť* (351) ‚schwarz werden' oder *s+ť* in *s+ťahovať* (14.463) ‚nachziehen' oder *v+b* in *v+biehať* (244) ‚einlaufen', *v+biť* (48) ‚einschlagen'.

Die gemischten Obstruentengruppen, die sowohl phonotaktische und morphonotaktische Gruppen verbinden, bilden im Slowakischen nur die Verbindungen mit den Obstruenten *s, z* und *v* (einzige Ausnahme ist die Gruppe *ps*, siehe unten), z. B. *sc* in *scenár* (31.189) ‚Szenar' vs. *s+c* in *s+cvrknúť* (1.475) ‚einschrumpeln', *sch* in *schizma* (494) ‚Schisma' vs. *s+ch* in *s+chladiť* (2.229) ‚erkälten', *sf* in *sféra* (30.612) ‚Sphäre' vs. *s+f* in *s+formovať* (3.628) ‚fassonieren', *sk* in *skala* (25.427) ‚Fels' vs. *s+ kombinovať* (1.576) ‚zusammenstellen', *vč [fč]* in *včera* (201.703) ‚gestern' und *včela* (8.429) ‚Biene' vs. *v+č [f+č]* in *v+čas* (14.111) ‚rechtzeitig', *v+člen+iť* (909) ,integrieren', *vzl* in *vzlyk* (1.250) ,Schluchzer' vs. *v+zl* in *vzlet* (868) ,Abflug', *zb* in *zbojník* (5.799) ,Räuber' vs. *z+b* in *z+baliť* (4.266) ,zusammenpacken', *zbr* in *zbraň* (78.918) ,Waffe' vs. *z+br* in *z+brúsiť* ,verschleifen', *zv* in *zviera* (63.895) ,Tier' vs. *z+voliť* (43.706) ,wählen'. Die Ausnahme bei den morphonotaktischen Obstruentengruppen mit *s, z* und *v* bildet die mit Plosiv anlautende Gruppe *ps,* phonotaktisch im Wort *psí* ,Schlacke', aber morphonotaktisch als Ergebnis von Vokaltilgung, d. h. durch eine morphotaktische Operation vom Wort *pes* ,Hund' abgeleitet, in Wörtern wie *psí* (7.916) ,hündisch', *psovod* (2.443) ,Hundeführer', *psinec* (98) ,Hundezwinger' sowie im Pl. *ps-y* ,Hunde'.

	Phonotaktisch		**Morphonotaktisch**		**Gesamt: Token-frequenz**	**Gesamt: Lemma-frequenz**
Obstruen-tengruppe	**Token-frequenz**	**Lemma-frequenz**	**Token-frequenz**	**Lemma-frequenz**		
bd	7.660	7			7.660	7
bz	2783	9			2.783	9
bzd	86	1			86	1
čk	280	2			280	2
čp	729	2			729	2
ct	114	4			114	4
cť	14.026	12			14.026	12
cv	52.860	63			52.860	63
čv	1.337	11			1.337	11
db	10.447	2			10.447	2
dv	1.653.256	498			1.653.256	498
džb	2.247	2			2.247	2
džg	48	2			48	2
hv	99.420	25			99.420	25
ks	1.298	3			1.298	3
kš	3.878	8			3.878	8
kv	549.501	144			549.501	144
pc	1.875	2			1.875	2
ps	131.594	85	14.224	13	145.818	98
pš	10.484	3			10.484	3
pšt	1.507	2			1.507	2
sc	184.118	21	2.924	16	187.042	37
sč			23.409	31	23.409	31
sch	254.391	47	97.482	33	351.873	80
schm			3.249	1	3.249	1
schn	119	1	529	1	648	2

	Phonotaktisch		Morphonotaktisch		Gesamt: Token-frequenz	Gesamt: Lemma-frequenz
Obstruen-tengruppe	Token-frequenz	Lemma-frequenz	Token-frequenz	Lemma-frequenz		
schv	44.700	10	73	1	44.773	11
scv			2.482	5	2.482	5
sf	36.473	9	18.624	40	55.097	49
sk	2.036.639	281	442.825	177	2.479.464	458
šk	824.916	198			824.916	198
skv	8.444	3	114	1	8.558	4
škv	13.295	18			13.295	18
sp	4.722.648	617	716.686	193	5.439.334	810
šp	602.432	176			602.432	176
st	6.997.979	705	101.126	46	7.099.105	751
sť	196.553	52	16.006	8	212.559	60
št	2.191.024	198			2.191.024	198
šť	242.381	86			242.381	86
stm	1.960	5	515	1	2.475	6
stv	40.691	13	10.874	3	51.565	16
štv	185.422	84			185.422	84
sv	3.831.141	152			3.831.141	152
šv	59.943	40			59.943	40
tk	13.897	13			13.897	13
tkv	2.539	1			2.539	1
tv	994.332	59			994.332	59
vc	10.652	4			10.652	4
vč	264.047	18	23.152	14	287.199	32
vch	30.174	5			30.174	5
vd	11.323	5	4.873	7	16.196	12
vď	167.169	5			167.169	5
vh	101.483	10	4.300	8	105.783	18
vk	50.727	5	15.617	16	66.344	21
vp	138.885	8	46.106	33	184.991	41
vs	97.657	12	201.497	15	299.154	27
vš	3.218.824	35	975	6	3.219.799	41
vst	4.487	7	376	2	4.863	9
všť	1.336	1	1.276	2	2.612	3
vt	287.951	17	8.121	12	296.072	29
vť	34.853	30	5.461	7	40.314	37
vtk			25	1	25	1
vz	393.487	52	32.625	14	426.112	66
vž			3.811	3	3.811	3
vzb	33.517	12	2.204	2	35.721	14

	Phonotaktisch		**Morphonotaktisch**		**Gesamt: Token-frequenz**	**Gesamt: Lemma-frequenz**
Obstruen-tengruppe	**Token-frequenz**	**Lemma-frequenz**	**Token-frequenz**	**Lemma-frequenz**		
vzch	1.755	1			1.755	1
vzd	151.379	37	183	2	151.562	39
vzď	205.491	19			205.491	19
vžd	281.956	3			281.956	3
vzh	64.166	5	753	1	64.919	6
vzk	8.142	2	2.812	3	10.954	5
vzm	1.006	2	104	1	1.110	3
vzn	1.043	3	7.051	2	8.094	5
vzň	284.836	16	7.733	1	292.569	17
vzp	12.509	16	340	2	12.849	18
vzt	4.161	4	527	3	4.688	7
vzť	276.565	9	381	2	276.946	11
zb	431.457	110	80.195	60	511.652	170
žb	1.050	12			1.050	12
zd	997.464	120	78.450	60	1.075.914	180
zď	5.386	9	18.746	5	24.132	14
žď	73	1			73	1
zdv	45.648	11	7.102	4	52.750	15
zg	881	3	113	1	994	4
žg	137	2			137	2
zgň			108	2	108	2
zh	214.475	98	151.227	53	365.702	151
žh	107	2			107	2
zhm	652	2	1.234	2	1.886	4
zhn	854	3	299	1	1.153	4
zhň			1.898	4	1.898	4
zv	1.381.566	243	234.777	56	1.616.343	299
žv	77	3			77	3
zvn			5.619	3	5.619	3
zž			1.457	8	1.457	8
Gesamt-ergebnis	**35.250.875**	**4.638**	**2.402.670**	**988**	**37.653.545**	**5.626**

Tabelle 1: Token- und Lemmafrequenz aller phonotaktischen vs. morphonotaktischen vs. gemischten anlautenden Obstruentengruppen im SNK[10]

[10] Die horizontalen Reihen in Grau bezeichnen gemischte Obstruentengruppen (die gleichzeitig morphonotaktisch und phonotaktisch sind), während die weißen Reihen als rein phonotaktisch gelten.

	Tokens	Lemmata	Obstruentengruppen
rein morphonotaktisch	2.402.670	988	9
rein phonotaktisch	35.250.875	4.638	42
aus M und P gemischt	X	X	44
Summe	**37.653.545**	**5.626**	**95**

Tabelle 2: Token- und Lemma-Anzahl aller anlautenden Obstruentengruppen

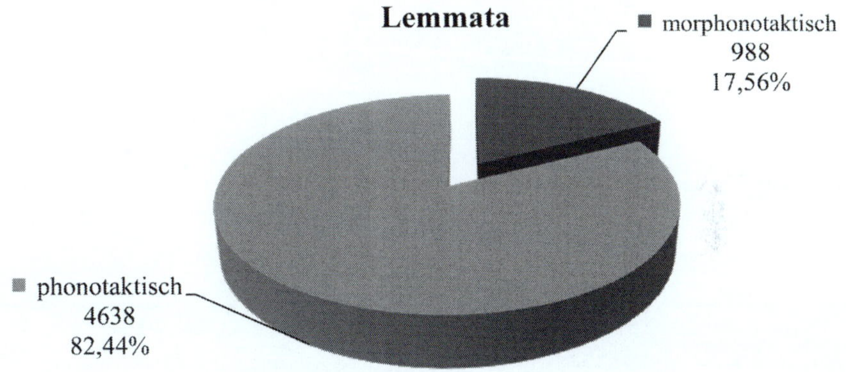

Abbildung 1: Graph des prozentualen Lemma-Anteils der phonotaktischen vs. morphonotaktischen anlautenden Obstruentengruppen im Slowakischen

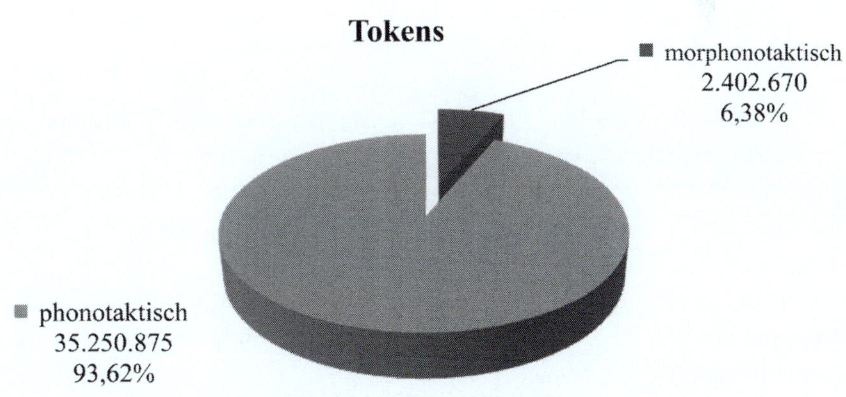

Abbildung 2: Graph des prozentualen Token-Anteils der phonotaktischen vs. morphonotaktischen anlautenden Obstruentengruppen im Slowakischen

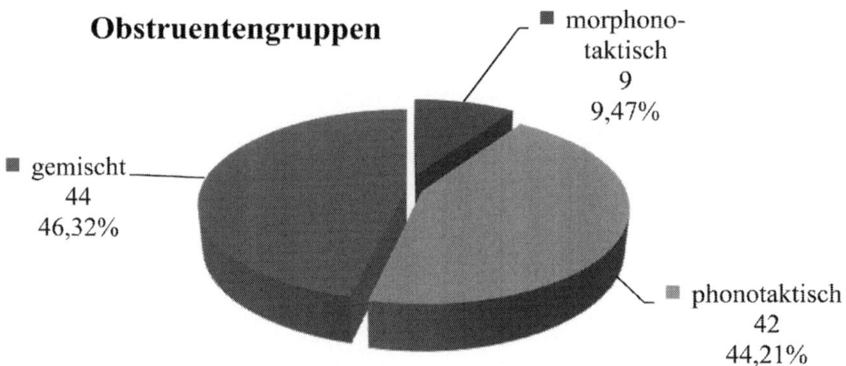

Abbildung 3: Graph des prozentualen Anteils der phonotaktischen vs. morphonotaktischen vs. gemischten anlautenden Obstruentengruppen im Slowakischen

	Tokens	**Lemmata**
rein morphonotaktisch	42.058	58
rein phonotaktisch	12.073.799	1.884
gemischt / davon morphonotaktisch	2.360.612	930
gemischt / davon phonotaktisch	23.177.076	2.754
Gesamtsumme	**37.653.545**	**5.626**

Tabelle 3: Token- und Lemma-Anzahl aller anlautenden Obstruentengruppen in Hinsicht auf gemischte Obstruentengruppen im Slowakischen

Der deutsche Standard hat keine monokonsonantischen Präfixe, im Gegensatz zu bairisch-österreichisch dialektal *G'schäft, b'soffn, z'rissn* usw.; das Maximum an phonotaktischer Komplexität wird durch zwei Obstruenten plus Sonorant erreicht, wie in *Strafe, Sprache, Splitter, Sklave, Skrupel.*

Deutsch kennt noch folgende anlautende Obstruentengruppen (Tokenzahlen aus der *Sketch Engine*[11], Subkorpus deTenTen10 mit 2.844.839.761 Tokens insgesamt):

[11] Vgl. http://www.sketchengine.co.uk/ (1.7.2014).

[ft] in den Fremdwörtern *Phthisis* (20), *Phthalamid* (0), *Phthiriase* (0), *Phthisiker* (0)
[xt] nur im Fremdwort *chthonisch* (2)
[ks] in Fremdwörtern wie *Xenophobie* (576), *Xenon* (1.643), *Xerogel* (4), *xiphoid* (3), *Xylose* (58)
[kv] in *Quelle* (289.629), *Quadrant* (1.534), *Quengelei* (87), *quer* (40.497), *Quetsche* (186), *Quirl* (523)
[ps] in Fremdwörtern wie *Psychologe* (48.870), *Pseudo-* (1.629), *Psilose* (0), *Psoriasis* (3100)
[pt] in Fremdwörtern wie *Pteridin* (2), *Ptilose* (0), *Ptose* (32), *Ptyalolith* (1)
[sts] in Fremdwörtern wie *Szene* (178.530), *Szintillation* (24), *Szintiphoto* (0)
[sf] in Fremdwörtern wie *Sphäre* (11.166), *Sphalerit* (37), *Sphärolith* (2), *Sphinkter* (103)
[sk] in Fremdwörtern wie *scannen* (13.636), *Scandium* (100), *Skalp* (285), *Skala* (12.300)
[sp] in Fremdwörtern wie *Spatium* (247), *Spasmophilie* (1), *Spartakiade* (41), *Spider* (4.579)
[st] in Fremdwörtern wie *Stil* (110.893), *Stimulation* (6.210) oder *Strontium* (312)
[sv] in Fremdwörtern wie *Sweater* (354), *Swimmingpool* (8.599), *Swing* (7.799)
[sç] in Fremdwörtern wie *Schizophrenie* (5.927), *Schisma* (1.122), *Schizogonie* (15)
[ʃp] in *Spaß* (331.959), *Spaghetti* (408), *Specht* (3.760), *Spiegel* (104.250)
[ʃt] in *Stock* (42.454), *Stipp* (75), *Stirn* (17.541), *stinken* (13.461), *Start* (163.839)
[ʃv] in *Schwanz* (13.793), *Schwabbelei* (0), *Schwebe* (2.278), *Schwibbogen* (215)
[tsv] in *Zwang* (34.893), *Zweck* (211.068), *zwei* (1.769.152), *Zweifel* (108.956), *Zwickel* (852)

3. Wortinlaut

Im Wortinlaut haben beide Sprachen vergleichbare phonotaktische Konsonantengruppen. Morphonotaktische Obstruentengruppen entstehen in der Wortbildung entsprechend des typologischen Unterschieds zwischen den germanischen kompositionsreichen Sprachen und den stärker derivationellen slawischen Sprachen. So haben deutsche Komposita wie *Dienst+geber* keine Entsprechungen im Slowakischen, nicht nur weil die slowakische Alltagssprache viel kompositionsärmer ist als die deutsche, sondern auch, weil für die slowakische Komposition die Interfigierung von *-o-* typisch ist, wie in *štrk+o+piesk+y* ‚Schotterstrand' (*štrk* ‚Schotter', *piesok* ‚Sand', Pl. *piesk+y*), *mozg+ov+o+ciev+n+y* ‚zerebrovaskulär' (*mozog* ‚Gehirn', Adj. *mozg+ov+ý, ciev+a* ‚Gefäß', Adj. *ciev+n+y*). Hingegen hat das Deutsche sogar ein Obstruenteninterfix *-s-,* wie in *König+s+krone, Krieg+s+gräuel, Geschäft+s+fall, Verkauf+s+chef.*

Die slowakische Wortbildung schafft durch viele konsonantenauslautende Präfixe und konsonantenanlautende Suffixe zahlreiche komplexe morphonotaktische Obstruentengruppen, wie *roz+drob+en+ý* ‚zerkleinert', *gróf+stvo* ‚Grafschaft'. Dazu kommt, dass die slowakische, nicht aber die deutsche Deklination durch Vokaltilgung neue morphonotaktische Obstruentengruppen schafft, wie in *mozog* ‚Gehirn', Gen. Sg. *mozg+u* vs. *vosk* ‚Wachs', *laket'* ‚Ellbogen', Gen. Sg. *lakt'a* vs. *akt* ‚Akt', *otec* ‚Vater', Gen. Sg. *otc+a, líst+ok* ‚Blättchen', Gen. Sg. *líst+k+a/u* vs. *po+tok* ‚Bach', Gen. Sg. *po+tok+a/u,* präfigiert aus *tok* ‚Fluss, Strom'.

Da es im Slowakischen keine Auslautgruppen *-zg, -tk, -stk* gibt, könnte man postulieren, dass es sich hier nicht um Vokaltilgung handelt, sondern um einen automatischen phonologischen Vokaleinschub im Nom. Sg. / mozg, list+k/. Dann wären diese Obstruentengruppen nicht morphonotaktischer, sondern phonotaktischer Natur. Aber bei anderen derartigen Obstruentengruppen kommen diese auch im Auslaut vor, d. h. man müsste einen nicht-automatischen, sondern lexikalisch festgeschriebenen morphonologischen Vokaleinschub annehmen, z. B. in Nom. Sg. *o+pas+ok* ‚Gürtel', Gen. *o+pas+k+u/a,* morphosemantisch opake Diminutivableitung *pás* ‚Gurt, Gürtel' vs. *vosk* ‚Wachs', *stisk* ‚Druck', *vý+prask* ‚Watsche', *kiosk* ‚Kiosk'. Allerdings müsste /mozg/ durch die obligatorische Auslautverhärtung zu [mosk] werden, die auslautende Obstruentengruppe wäre also durchaus aussprechbar. Von den anderen Obstruentengruppen möchten wir noch nennen: das zweisilbige *chrbát* ‚Rücken', Gen. *chrbt+a/u* vs. Fremdwörter wie *recept, adept, koncept, Egypt.* Der Vokaleinschub eines langen [a:] in /xrbt/ → *chrbát* wäre nicht nur singulär, sondern auch phonologisch völlig unplausibel, noch dazu da der angenommene zugrundeliegende Nom. Sg. /xrbt/ phonologisch automatisch zu /xrpt/ assimiliert werden müsste. Die Singularität der Vokaltilgung des langen *-á-* in allen anderen Flexionsformen von mask. *chrbát* sowie in den Derivationen fem. *chrbt+ic+a* ‚Wirbelsäule', Adj. *chrbt+ov+ý* hat zu seltenen Alternativformen ohne Vokaltilgung geführt. Die Tokenfrequenzen im Slowakischen Nationalkorpus lauten für das Beispiel des Gen. Sg.: *chrbt+a* (6.368), *chrbt+u* (172) vs. *chrbát+a* (68), *chrbát+u* (19).

Für die Vokaltilgung und gegen den Vokaleinschub sprechen noch zwei weitere Argumente: Erstens ist der fragliche Vokal auf die unmarkierte Basisform des Nom. Sg. beschränkt, während die Vokaltilgung mittels der durch sie entstehenden morphonotaktischen Konsonantengruppe antizipatorisch eine markierte Flexionsform oder Derivation oder Komposition signalisiert, letzteres etwa im bereits genannten Beispiel *mozg +ov+o+ciev+n+y* ‚zerebrovaskulär' (von der Basis *mozog* ‚Gehirn'). Zweitens sind die alternierenden Vokale lautgesetzlich aus den urslawischen Kurzvokalen *jer* und *jor* entstanden, die in den markierten Ableitungen später automatisch getilgt wurden[12] – im Altkirchenslawischen *xrЪbЪtЪ* > slowak., serbokroat. *chrbát*, bulg. *chrbét*, slowen. *hrbét*). In gängigen Sprachwandeltheorien gibt es keine plausible Erklärung, warum bei diesen Alternationen die Vokaltilgung zu Vokaleinschub umgedeutet hätte werden sollen.

Deutsche Entsprechungen durch obstruentenanlautende Suffixe sind morphonotaktisch *Kind+chen* (aber morphosemantisch opak *Mäd+chen = Mäd+erl = Mäd+i), Gast+lich+keit* (/ç/ ist der einzige Obstruent, dem das Allomorph *-keit* von *-heit* folgt, Obstruentengruppen werden also vermieden), *lenk+bar, Schick+sal, furcht+sam, ab+wärts*; unproduktiv *Jag+d, Schlach+t, Schrif+t, Ein+kunf+t, Ge+lüb+de, Klap+s, Knack+s, äch+zen,* isoliertes Suffixoid in *Witz+bold.*

Auch bei der Präfigierung von Verben entstehen neue inlautende Obstruentengruppen. Zum Beispiel initiiert das trennbare Präfix *ab-* die Entstehung der ausschließlich morphonotaktischen Obstruentengruppen /p+d, p+t, p+g, p+k, p+ʃ, p+ts, p+v/, wie in *ab+drehen, ab+treten, ab+geben, ab+kommen, ab+schaffen, ab+ziehen, ab+wickeln* (einschließlich einer längeren Gruppe im Wort *ab+streiten*). Auch einige untrennbare Verbalpräfixe bewirken die Enstehung neuer Obstruentengruppen, wie beim Präfix *ent-* oder veraltetem *ant-*. Alle Nominal- und Adjektivpräfixe sind untrennbar. N. B., Präfixe (und die Bildung von Komposita) führen

[12] Rudolf Krajčovič: Náčrt dejín slovenského jazyka. Bratislava 1971, S. 196; Ján Sabol: Syntetická fonologická teória. 1. vyd. Bratislava 1989, S. 253.

zur Gemination von Konsonanten (daher auch Obstruenten), die ansonsten nicht erlaubt sind, und morphonotaktisch entsteht die Pseudogemination von Obstruenten durch Stimmhaftigkeitsverlust der silben- und morphem-auslautenden Obstruenten, wie in *ab-bauen* /p+b/.

4. Wortauslaut

Im Wortauslaut hat das Deutsche, so wie das Englische (aber nicht das Slowakische), konsonantische Flexionssuffixe. Daher gibt es morphonotaktische *-cst* Obstruentengruppen in der Verbform der 2. Person Singular genauso wie bei den Superlativformen oder bei den unproduktiven Nominalisierungen mit dem homophonen Suffix *-st*:

Exklusive morphonologische Motivation[13] existiert im Fall der Obstruentengruppen mit Spirant /-xst, -fst/, wie in *fluch+st* (37), *tun+lich+st* (3.271), *läuf+st* (1.490), *zu+tief+st* (15.507), mit Affrikate in /-pfst/, wie in *pfropf+st* (1), *stampf+st* (14) und in der langen Konsonantengruppe mit Sonorant /-rkst/, wie in *wirk+st* (762), *ver+korks+t* (0), weiters /-lkst/, wie in *balg+st* (0), oder /-nkst/, wie in *hink+st* (19), und in weiteren Obstruentengruppen mit Sonorant /-lpst, -mpst/, wie in *salb+st* (15), *selb+st* (1.765.318), *pump+st* (40), *plumps+(s)t* (251).

Der starke Default wird repräsentiert durch die regionale Variante /-nkst/ von *sing+st* (652), *gering+st* (273), *jüng+st* (26.605) usw. vs. monomorphematische Wörter *Angst* (291.943), *Hengst* (3.447), durch /-rpst/ in *darb+st* (3), *zirp+st* (3) vs. *Herbst* (130.292) (mit diachronischem Verlust des unbetonten Schwa-Lauts vor /st/ (vgl. Englisch *harvest* ‚Ernte')).

Der Default ist weniger stark in der postvokalischen Gruppe /-pst/, wie in *heb+st* (401), *klapp+st* (97), *neb+st* (28.147) vs. *Obst* (45.306), *Papst* (76.609), *Propst* (2.485) (mit diachroner Tilgung des zweiten Vokals), und /-kst/, wie in *sag+st* (23.302), *deck+st* (136), *(h)eilig+st* (748), *mix+(s)t* (1.220), *locks+(s)t* (106), *wächs+(s)t* (79.486), *ge+wachs+t* (18.107) vs. *Axt* (6.502), *Text* (439.596), *verflixt* (2.018), und in der Affrikate /ts/ plus /-(s)t/, wie in *reiz+(s)t* (7.540), *salz+(s)t* (83), *schmerz+(s)t* (7.135), *pflanz+(s)t* (1.884), *schluchz+(s)t* (352) vs. *jetzt* (2.110.813), *Arzt* (371.592) und bei dem (mit ursprünglicher Morphemgrenze) suppletiven Superlativ *zu+letzt* (1.452). Der Default ist wesentlich schwächer mit dem basisauslautenden Sonoranten in /-rst, -nst/.

[13] Dressler und Dziubalska-Kołaczyk [Anm. 6], S. 249-266.

Wir sehen eine phonologische Reparatur durch die automatische Degemination in der morphonotaktischen Gruppe /s+st/ (vgl. oben) und in der ähnlichen subphonemischen Degemination zwischen der letzten Zischlaut-Phase der Affrikate /ts/ und /st/ in *heiz+st* (3.872) (vgl. oben). Optional ist die Simplifikation durch Assimilation von /s/ nach dem Sibilanten /š/, wie in *wisch+(s)t* (1.972), *wäsch+(s)t* (3.633), *zisch+(s)t* (1.199) und nach der Affrikate /č/, wie in *quietsch+(s)t* (877), *watsch+(s) t* (91), *plantsch+(s)t* (35).

Eine weitere Quelle wortauslautender morphonotaktischer Obstruentengruppen ist der nominale *-s* Genitiv Singular wie in *des Trieb+s* (183), *Prinzip+s* (4.355), *Kalb+s* (116), *Skalp+s* (81), *Korb+s* (104), *Ge+zirp+s* (1), *Stoff+s* (1.350), *Archiv+s* (5.587), *Schilf+s* (31), *Dorf+s* (719), *Nerv+s* (340), *Sieg+s* (269), *Lack+s* (311), *Werg+s* (0), *Quark+s* (2.603), *Talg+s* (25), *Ulk+s* (6), *Dach+s* (2.572), *Storch+s* (60). Derivativ ist *Knack+s* (1.284).

Phonotaktisch ist ein Teil derselben Gruppen in *Schnaps* (5.859), *Gips* (6.538), *Raps* (7.402), *Kollaps* (6.549), *Krebs* (48.473), *Schubs* (870), *Rülps* (126), *Knirps* (1.769), *Keks* (11.782), *Koks* (2.244), *Klecks* (1.163), *Fuchs* (42.124), *unterwegs* (158.780). *Fs, xs, lfs, rfs, lks, rks* gibt es phonotaktisch nicht.

Ein Problem stellen Imperative des Typs *knicks!* (875), *schubs!* (870) dar. Erstens, ist das auslautende *-s* synchron noch ein Derivationssuffix? Zweitens, wenn es das nicht ist, sind solche Imperative als Grundformen anzusehen (dann phonotaktisch) oder durch eine morphologische Operation aus dem Lexikoneintrag im Infinitiv entstanden?

Konsonanten-gruppen	**Phonotaktisch**	**Morphonotaktisch**
-tst		hält+st, tritt+st, lots+t, gilt+st
-vt/ft	Zukunft, oft, Gesell+schaft	läuf+t, hilf+t, triff+t, nerv+t, entlarv+t, versklav+t
-vst/fst		darf+st, schaff+st, kauf+st, nerv+st, massiv+st, intensiv+st
-gst/kst/xt	Angst, Text, Kontext, Axt	denk+st, merk+st, klick+st, frag+st, mag+st, läng+st, ge+mix+t, relax+t, verflix+t
-chst		möglich+st, wächs+t, zunäch+st, demnäch+st, tunlich+st

Konsonanten-gruppen	Phonotaktisch	Morphonotaktisch
-gt/kt	direkt, Projekt, suspekt, unbedingt	wirk+t, entdeck+t, verstärk+t, lieg+t, sag+t, zeig+t
-lst	Geschwulst, Wulst	übel+st, genial+st, will+st, stell+st
-ld/lt	Geld, Bild, bald, hold, mild, Welt, alt	gil+t, stell+t, pinkel+t
-mst		bekomm+st, nimm+st, brems+t
-md/mt	fremd, Hemd, Amt, Zimt, samt, berühmt, gesamt	nimm+t, verdamm+t, film+t
-nst	sonst, Kunst, einst	kann+st, mein+st, wohn+st
-nd/nt	Land, Grund, und, während, zunehmend, rund, jemand, Prozent, Joint, Advent	schein+t, beginn+t, beton+t, ge+scann+t
-pfst		kämpf+st, schlüpf+st, verkrampf+st, schöpf+st
-pft		kämpf+t, verknüpf+t, ge+impf+t
-bst/pst	Papst, Propst, selbst, Herbst, Obst, nebst	knips+t, pieps+t, rülps+t, schreib+st, glaub+st, gib+st
-bt/pt	Abt, überhaupt, Konzept, prompt	gib+t, bleib+t, leb+t, ge+glaub+t, klapp+t, entpupp+t, tapp+t
-rkst		stärk+st, merk+st, rum+ge+murk+st, verkork+st
-st	fast, fest, Geist, Rest	läss+t, ha+st, pass+t, weis+t

Tabelle 4: Alle phonotaktischen vs. morphonotaktischen auslautenden Konsonantengruppen im Deutschen (in gewohnter Orthographie, aber phonologisch geordnet)[14]

Das Slowakische kennt, im Unterschied zum Deutschen, keine konsonantischen Flexionssuffixe, schafft aber im suffixlosen Genitiv Plural durch Tilgung des Stammvokals morphonotaktische Obstruentengruppen, wie in fem. *rod+i+sk+o* ‚Geburtsort', Gen. Pl. *rodísk*, *mzd+a* ‚Lohn', Gen. Pl. *miezd* [mjest] (127.372). Auslautende Obstruentengruppen, die sowohl morphonotaktisch als auch phonotaktisch sind, sind z. B. Gen. Pl. (alle Gen. Pl. neutr.): *prac+ov+í+sk* (9.573) ‚der Arbeitsplätze' und *voj+sk* ‚von Truppen' (8.015) usw. vs. Nom. Sg. *zisk* ‚Ertrag' (20.788) oder *blesk* ‚Blitz' (4.852), Gen. Pl. *účilíšť* ‚von Lehranstalten' (935) vs. *plášť* (2.120) ‚Man-

[14] Graue Spalten beeinhalten rein morphonotaktische Obstruentengruppen, weiße Spalten gemischte Gruppen.

tel‘, weiter *miest* (100.221) ‚von Städten‘ vs. *rast* ‚Wachstum‘ (37.958). Andere Beispiele (alle Gen. Pl. fem.): [st] in *hviezd* (153.253) ‚von Sternen‘ vs. *zjazd* (3.239) ‚Versammlung‘, *naft+a* ‚Erdöl‘, Gen. Pl. *náft* (6) vs. *kšeft* aus österreichischem Deutsch *G(e)schäft* (551), *pošt+a* ‚Post‘, Gen. Pl. *pôšt* (4.813) oder *vražd+a* ‚Mord‘, Gen. Pl. *vrážd* [vra: št] (4.723) vs. *mušt* (214) ‚Most‘, *lopt+a* ‚Ball‘, Gen. Pl. *lôpt* (2.819) vs. *koncept* (3.025), Gen. Pl. *siekt* (905) ‚von Sekten‘ *vs. projekt* (51.215), Gen. Pl. *jácht* (336) ‚von Yachten‘ oder *šácht* (317) ‚von Schächten‘ vs. Nom. Sg. *necht* (206) ‚Nagel‘ oder *ksicht* (112) ‚Fratze‘ aus österreichischem Deutsch *G(e)sicht*. Es gibt auch rein morphonotaktische auslautende Obstruentengruppen, die nur im Gen. Pl. vorkommen, und zwar die Gruppe *-ct* im Gen. Pl. *pôct* (325) ‚von Ehren‘, *-pch* im Gen. Pl. *zápch* (90) ‚von Verstopfungen‘ und *-rst* Gen. Pl. *vierst* (211) ‚von Wersten‘.

Im Deutschen existieren dank der Verbflexion viele morphonotaktische auslautende Obstruentengruppen, vor allem bei der 2. und 3. Person Sg. oder 2. Person Pl., aber nur als Verbindung von Obstruent *x* mit Obstruenten *st* oder *t,* ganz komplex z. B. nur morphonotaktisch *ch+st* bei *machen* in 2. Person Sg. *mach+st*, während *ch+t* in *mach+t* auch phonotaktisch vorkommt (*Macht*). Das Slowakische hat hingegen morphonotaktische auslautende Obstruentengruppen nur im Gen. Pl.; morphonotaktisch bildet in Gen. Pl. *jácht* ‚von Yachten‘ oder *šácht* ‚von Schachten‘. Das heißt, dass Deutsch auslautend reicher an Obstruentengruppen als Slowakisch ist. Die erwähnten Obstruentengruppen finden wir morphonotaktisch in den folgenden Verben: *blitz+t* (2.436), *stürz+t* (19.618), *such+t* (185.647), *raff+t* (1.046), *park+t* (2.089), *tapp+t* (1.508), *lob+t* (2.436), *verschlamp+t* (485), *läss+t* (668.635), *zerr+st* (35), *schul+st* (16), *schon+st* (90), *salb+st* (15), *kerb+st* (3), *peck+t* (5), *peck+st* (5), *krank+t* (1.856), *krank+st* (3).

Phonotaktisch existieren diese Obstruentengruppen im Deutschen in den folgenden Wörtern: *Kiosk* (10.662), *Rost* (13.626), *Schuft* (564), *Konzept* (284.913), *Takt* (17.522), *Forst* (6.836), *acht* (238.832), *Arzt* (371.592), *prompt* (20.759), *Wulst* (851), *Wanst* (232), *Markt* (428.781), *Papst* (76.609), *Herbst* (130.292), *Text* (439.596), *Punkt* (541.200). Beide Sprachen kennen phonotaktische Auslautgruppen, aber im Deutschen sind sie weitaus häufiger als im Slowakischen, was im Gegensatz zu den anlautenden Obstruentengruppen steht.

Nur morphonotaktisch sind die auslautenden Konsonantengruppen in *salb+t* (122), *salb+st* (15), *zupf+t* (926), *zupf+st* (25), *lach+st* (821), *welk+t* (201), *welk+st* (6), *krank+st* (3).

Diese Unterschiede können korpuslinguistisch durch Typen- und Tokenfrequenzen ergänzt werden, wobei die Frage der Unterscheidung starker und schwacher Defaults problematisch ist. Zum Abschluss wollen wir weitere Probleme der korpuslinguistischen Analyse besprechen: Bei Analysen aus dem Slowakischen Nationalkorpus haben wir nur Beispiele mit mindestens 20 Vorkommensfällen berücksichtigt, weil weniger Fälle gewöhnlich fehlerhafte Beispiele sind. Eigennamen (z. B. Ortsnamen) haben wir ebenfalls von unserer Betrachtung ausgeschlossen, weil sich Namenmorphologie, aber auch die Namenphonotaktik von der normalen grammatischen Morphologie und Phonotaktik teilweise unterscheiden.

5. (Mor)phonotaktische Markiertheit

Die Stufen der phonologischen Präferenz sollten zum Grad der morphologischen Komplexität indirekt proportional sein und morphonotaktische Gruppen sollten über eine niedrigere Stufe der Präferenz als die phonotaktische Gruppen verfügen.[15] Diese Hypothese überprüfen wir an anlautenden Konsonantengruppen im Slowakischen, basierend auf den Daten des SNK.

Wir vergleichen die Markiertheit von rein phonotaktischen und rein morphonotaktischen Obstruentengruppen im slowakischen Wortanlaut am Beispiel von zweigliedrigen Obstruentengruppen und zwar von:

(1) Fünf am häufigsten auftretende phonotaktisch anlautende Obstruentengruppen: *sv-, št-, dv-, tv-, šk-*
(2) Fünf am häufigsten auftretende morphonotaktisch anlautende Obstruentengruppen *s+č-, z+v-, v+ž-, s+ch-, z+ž-*

Für die Kalkulation benutzen wir für den Wortanlaut die allgemein gültigen Formeln für Net Auditory Distance (NAD), d.h. Merkmalsabstand zwischen Nachbarkonsonanten:

(NAD) C1C2V- NAD (C1, C2) ≥ NAD (C2, V)
NAD CC = |(MOA1 - MOA2)| + |(POA1 - POA2)|
NAD CV = |MOA1 – MOA2|

[15] Katarzyna Dziubalska-Kołaczyk: Explaining phonotactics using NAD. In: Special Issue of Language Sciences (in Druck).

Je höher die Abstandswerte von NAD (C1C2) sind, desto größer ist die perzeptuelle Präferenz der Obstruentengruppe. Je niedriger der NAD-Wert ist, desto weniger ist die Gruppe perzeptuell präferiert.

Dziubalska-Kołaczyks Hypothese, dass die phonotaktischen Konsonantengruppen präferierter sind und die durch morphologische Operationen entstehenden morphonotaktischen Gruppen markierter und dadurch weniger präferiert sind, wurde in diesem Fall vollkommen bestätigt.

phonotaktisch	NAD (C1C2)	morphonotaktisch	NAD (C1C2)
šk-	2,2	s+ch-	1,5
dv-	1,5	z+v-	1,3
tv-	1,5	s+č-	0,8
sv-	1,3	v+ž-	0,8
št-	1,3	z+ž-	0,3

Tabelle 5: NAD-Werte der rein phonotaktischen vs. rein morphonotaktischen Gruppen im slowakischen Wortanlaut

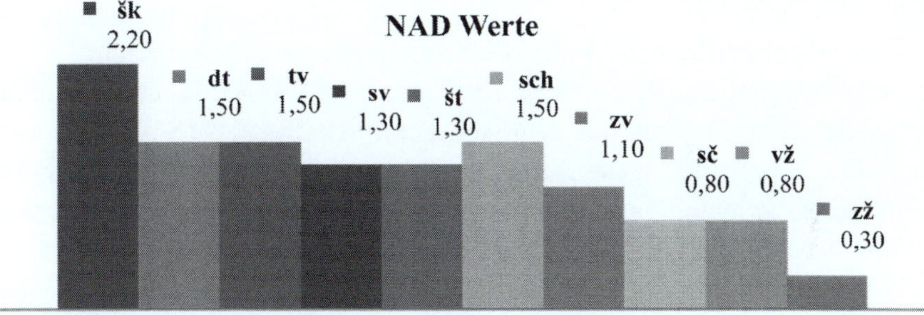

Abbildung 4: Graph von NAD-Werten der rein phonotaktischen vs. rein morphonotaktischen Obstruentengruppen im slowakischen Wortanlaut

6. Fazit und Diskussion

Zum Abschluss wollen wir weitere problematische Aspekte der korpuslinguistischen Analyse besprechen.

Eine vollständige qualitative und quantitative Analyse inlautender phonotaktischer und morphonotaktischer Obstruentengruppen der beiden Sprachen war unmöglich, weil dafür in Ermangelung erst noch zu erstellender Tools eine monatelange händische Arbeit erforderlich gewesen wäre. Ähnliches gilt für die deutschen anlautenden Obstruentengruppen, welche nur phonotaktisch und daher für unser Hauptthema, den Vergleich zwischen phonotaktischen und morphonotaktischen Gruppen, irrelevant sind. Daher wäre es wünschenswert, die in diesem Beitrag festgestellten Unterschiede zwischen Slowakisch und Deutsch und zwischen den Positionen im Anlaut, Inlaut und Auslaut noch korpuslinguistisch durch weitere Typen- und Tokenfrequenzen zu ergänzen, wobei die Frage der Unterscheidung starker und schwacher Defaults problematisch bleibt.

Die Beantwortung der in dieser Studie angesprochenen Fragen stellt die Arbeit mit digitalen Hilfsmitteln vor eine Reihe nicht trivialer Herausforderungen. Das Augenmerk muss sich hierbei insbesondere auf zwei Bereiche richten: (1) die grundsätzliche Frage der Repräsentativität des Materials und (2) die Problematik der linguistischen Annotationen. Im Hinblick auf die Repräsentativität muss man sich der Tatsache bewusst sein, dass wir es bei beiden Korpora mit sehr heterogenen Quellen zu tun haben, die ausschließlich schriftliches Material enthalten. Im Falle des AMC handelt es sich um journalistische Prosa. Im AAC findet sich neben Literatur im engeren Sinne auch sehr viel an fachwissenschaftlichen, populärwissenschaftlichen, politischen und journalistischen Texten.

Die verwendeten Korpora wurden unter Zuhilfenahme automatischer Prozeduren mit Labels des Stuttgart-Tübingen-TagSets (STTS)[16] versehen. Der *TreeTagger*[17], das Tool, das diesen Vorgang durchführt, fügt im gleichen Durchgang auch Lemmata hinzu. Das STTS bildet größtenteils Wortklassen und einige wenige morphologische Kategorien ab. Was es nicht liefern kann, sind differenziertere morphologische Informationen; auch Morphemgrenzen werden nicht markiert.

In allen drei Positionen (Anlaut, Inlaut und Auslaut) gibt es zwischen Slowakisch und Deutsch eine phonotaktische Asymmetrie, die schon bei der allgemeinen Präferenz für CV-Strukturen beginnt. Was für die kontrastive Analyse interessant ist, ist die polare Differenzierung in der Asymmetrie von anlautenden und auslautenden Konsonantengruppen beider Sprachen: Im Wortanlaut ist das Slowakische in der Lemma- und

[16] Vgl. http://www.ims.uni-stuttgart.de/forschung/ressourcen/lexika/TagSets/stts-1999.pdf (1.7.2014).

[17] Vgl. http://www.ims.uni-stuttgart.de/forschung/ressourcen/werkzeuge/treetagger.html (1.7.2014).

Tokenfrequenz viel reicher an Obstruentengruppen als das Deutsche, erstens durch rein phonotaktische Gruppen, zweitens, weil das Deutsche im Unterschied zum Slowakischen keine monokonsonantischen Präfixe und daher keine morphonotaktischen Obstruentengruppen kennt. Ganz anders im Wortauslaut: Das Deutsche hat im Unterschied zum Slowakischen rein konsonantische Suffixe und daher mehr Flexionsformen mit morphonotaktischen Obstruentengruppen als das Slowakische (wo auslautende morphonotaktische Gruppen nur im Nullgenitiv des Plurals entstehen) und dazu auch mehr rein phonotaktische Auslautgruppen. Daher ist die Lemma- und Tokenfrequenz auslautender Obstruentengruppen im Deutschen viel größer als im Slowakischen. Diese polare Differenzierung in der Asymmetrie hängt mit der (prä)historischen Vokaltilgung im deutschen Wortauslaut und mit der post-urslawischen Tilgung von ultrakurzen *jer* und *jor* zusammen. Im Wortinlaut haben beide Sprachen vergleichbare phonotaktische und besonders morphonotaktische Konsonantengruppen, wobei letztere im Slowakischen derivationell entstehen und im Deutschen sowohl durch Derivation als auch durch Komposition.

Die Hypothese von Dziubalska-Kołaczyk[18], dass die phonotaktischen Konsonantengruppen präferierter sind und die durch morphologische Operationen entstehenden morphonotaktischen Gruppen markierter und dadurch weniger präferiert sind, wurde also im Fall der slowakischen anlautenden Obstruentengruppen bestätigt.

[18] Dziubalska-Kołaczyk [Anm. 15].

IX. STATISTISCHE MASCHINELLE ÜBERSETZUNG VOM STANDARDDEUTSCHEN IN DEN WIENER DIALEKT

Friedrich Neubarth[1], *Harald Trost*[2]

1. Einleitung[3]

Maschinelle Übersetzung wird meist auf Sprachen mit einer sehr großen Menge verfügbarer Textdaten und einer standardisierten Orthographie angewendet. Die Herausforderung, Methoden der maschinellen Sprachverarbeitung, insbesondere der maschinellen Übersetzung, auf Dialekte (oder dialektale Varietäten) einer Sprache zu übertragen, beinhaltet weitere Probleme über den Umstand hinaus, dass die vorhandenen Ressourcen für einen bestimmten Dialekt eher dürftig sein werden, was einen erheblichen Aufwand für das Erstellen eines zweisprachigen Korpus impliziert. Noch gravierender ist, dass Dialekte (im Gegensatz zu Standardvarietäten) eben nicht standardisiert sind, daher schwierig voneinander abzugrenzen und vor allem nicht mit einer kanonisierten Orthographie versehen sind. Wir stehen also zu Beginn vor einer Situation, in der man einerseits einen bestimmten Dialekt als Zielsprache von maschineller Übersetzung (oder auch als Ausgabe von Sprachsynthese) definieren muss, wohl nicht ohne ein gewisses Maß an Idealisierung, andererseits sich auf einen internen normativen, orthographischen Standard festlegen muss, um überhaupt textuelle Ressourcen aufbauen zu können. Etwaige vorhandene schriftliche Dokumente im Dialekt sind erfahrungs-

---

[1] Österreichisches Forschungsinstitut für Artificial Intelligence

[2] Institut für Artificial Intelligence, Medizinische Universität Wien

[3] Die hier vorgestellte und diskutierte Arbeit entstand im Rahmen des Projekts MLT-4MLV (Machine Learning Techniques for Modelling of Language Varieties, 2011-2013). Das Projekt wurde vom WWTF (Wiener Wissenschafts-, Forschungs- und Technologiefonds) gefördert und am Österreichischen Forschungsinstitut für Artificial Intelligence (OFAI) in Kooperation mit dem Institut für Schallforschung (ARI) der Österreichischen Akademie der Wissenschaften sowie dem Institute for Language, Cognition and Computation (ILCC) der School of Informatics, University of Edinburgh, durchgeführt. An dieser Stelle soll auch auf die beteiligten KollegInnen Barry Haddow, Adolfo Hernández Huerta, Tina Hildenbrandt, Jeremy Jancsary, Philipp Koehn und Sylvia Moosmüller dankend verwiesen werden.

gemäß nicht unmittelbar verwendbar, da die (zumeist frei erfundenen) Schreibweisen fast immer relativ inkonsistent sind, und typischerweise nicht mit der angestrebten Orthographie deckungsgleich sind.[4] Für den Wiener Dialekt stellt die lexikographische Arbeit von Maria Hornung hier eine herausragende Ausnahme dar.[5] Das von ihr entworfene, auf Hans Schikolas sprachwissenschaftliche Arbeiten zurückgreifende orthographische System[6], das sich kompromisslos an der Phonologie des Wiener Dialektes orientiert, diente als Basis für das in unserem Projekt entwickelte Schreibsystem, das auf einige Kodierungen als Sonderzeichen verzichtet, dafür aber eine Unterscheidung des Lautes /a/ trifft, je nachdem, ob er mit einem Diphthong im Standard korrespondiert oder nicht (z. B. *‹aa› – auch* vs. *‹a› – er*).[7] Als einziges Sonderzeichen, das sich nicht im deutschen Zeichensatz befindet, haben wir das Zeichen *‹å›* übernommen.

Unsere Zielsetzung war nicht primär die Generierung der notwendigen Ressourcen für statistische maschinelle Übersetzung vom Standarddeutschen in den Wiener Dialekt, sondern ganz allgemein auch die Entwicklung von Methoden, wie einerseits das Erstellen von Ressourcen ökonomischer gestaltet werden kann (auch in Hinblick auf die zukünftige Modellierung anderer Dialekte oder sprachlicher Varietäten), und

---

[4] Beispiele für inkonsistente Orthographien von Dialekten finden sich in großer Zahl in der Bairischen Wikipedia, http://bar.wikipedia.org (12.12.2014), wo unterschiedliche Schreibweisen für ein und dasselbe Wort sogar im selben Satz auftreten. Als Beispiel für eine konsistente Orthographie, die sich mit dem angestrebten Standard allerdings nicht ohne Weiteres verbinden lässt, kann H. C. Artmanns Gedichtsammlung im Wiener Dialekt gelten: H. C. Artmann: med ana schwoazzn dintn. gedichta r aus bradnsee. Salzburg 1958.

[5] Maria Hornung: Wörterbuch der Wiener Mundart. Unter Mitarbeit von Leopold Swossil. 2. Auflage. Wien 2002.

[6] Vgl. Mauriz Schuster: Sprachlehre der Wiener Mundart. Bearbeitet von Hans Schikola. Wien 1956, Neudruck: Wien 1984; Hans Schikola: Schriftdeutsch und Wienerisch. Wien 1954.

[7] Auf die in dem Projekt entwickelte Orthographie für Wiener Dialekt wird aus Platzgründen hier nicht näher eingegangen. Details finden sich in: Tina Hildenbrandt, Sylvia Moosmüller und Friedrich Neubarth: Orthographic encoding of the Viennese dialect for machine translation. In: Zygmunt Vetulani und Hans Uszkoreit (Hrsg.): Human Language Technologies as a Challenge for Computer Science and Linguistics. Proceedings of the 6th Language & Technology Conference (LTC 2013), Poznań 2013, S. 399-403. Vgl. www.ofai.at/~friedrich.neubarth/papers/ltc2013-hildenbrandt.pdf (12.12.2014).

andererseits, wie eine maschinelle Übersetzung trotz immer noch sehr beschränkter Daten die nötige Qualität erreichen kann, um in Zukunft auch für etwaige Anwendungen zur Verfügung stehen zu können.

Gängige statistisch basierte Verfahren zur maschinellen Übersetzung gehen von der Verfügbarkeit einer sehr großen Menge an parallelen Satzpaaren aus. Somit drängt sich die Frage auf, wie diese Technologie überhaupt auf einen Dialekt anwendbar sein kann, wo selbst einsprachige Ressourcen nur sehr beschränkt vorhanden sind, von parallelen Korpora ganz zu schweigen. Der Schlüssel liegt in dem engen linguistischen Naheverhältnis der beiden Varietäten. Auf der einen Seite sind Syntax und Wortbildung relativ ähnlich. Es gibt zwar einige wenige spezifische Konstruktionen im Dialekt, bei denen man aber davon ausgehen kann, dass sie „erlernbar" sind, sobald sie durch genügend Daten instantiiert sind. (Auf Ausnahmen zu dieser doch zu optimistischen Einschätzung wird in Abschnitt 4.2. näher eingegangen.) Andererseits haben Dialekte und die Standardvarietät auch in der Lexik relativ viele Überschneidungen, sei es, dass Wörter diachron gesehen dieselbe Wurzel haben, oder aber, dass in jüngerer Geschichte (bis in die Gegenwart) viele Wörter aus dem Standard in den Dialekt entlehnt wurden bzw. aktiv mit der Phonologie des Dialektes versehen produktiv übernommen werden (vor allem Fremdwörter). Wenn man annimmt, dass eine große, allerdings endliche Zahl von dialektspezifischen Wörtern und Audrücken auf Phrasenebene lernbar ist, dann besteht der Rest an Wörtern, die sich nicht im Korpus befinden (*out-of-vocabulary*), aus sogenannten Kognaten, im Sinne von korrespondierenden Wörtern, denen die gleiche Gestalt zugrunde liegt und die sich nur in der spezifischen Schreibweise unterscheiden, da sich die Orthographie der Zielsprache ja sehr stark auf die Phonetik des Dialektes bezieht. Die Übersetzung solcher Kognaten auf Zeichenebene ist auch als phrasenbasiertes Übersetzungsproblem modellierbar, nur dass die Phrasen hier nicht aus Wörtern, sondern aus einzelnen Buchstaben bestehen.

Dies als kurzer Abriss der von uns gewählten Strategie, um den Problemen bei der Übersetzung von einer Standardsprache in einen Dialekt zu begegnen. In der Folge wird auf die einzelnen Schritte näher eingegangen. Der nächste Abschnitt thematisiert die Aufgaben, Probleme und Lösungsansätze, mit denen man zu Beginn solch eines Unterfangens konfrontiert ist. Es wird auch auf die Auswahl und spezifischen Methoden im Umgang mit den Basisdaten eingegangen. Abschnitt 3 beschreibt die speziell für die konkrete Aufgabe entwickelte Methode der Übersetzung als hybriden und kombinierten Ansatz. Abschnitt 4 behandelt zwei Ansätze, wie die maschinelle Übersetzung verbessert werden kann, unter Berücksichtigung bestimmter Charakteristika der Zielsprache, während Abschnitt 5 die möglichst effiziente Erweiterung des Datenkorpus durch eine dynamische, Worthäufigkeiten berücksichtigende Selektion der zu bearbeitenden Daten zum Inhalt hat.

2. Erstellung eines Basiskorpus

Zu Beginn war die zentrale Frage zu klären, welche Texte zur Erstellung eines Basiskorpus herangezogen werden sollten. Ein zu berücksichtigender Punkt dabei war, dass SprecherInnen des Wiener Dialektes sehr oft in die Standardvarietät wechseln (*Switching*). Dies kann geschehen, um Emphase auszudrücken, um in ein Register mit ‚offizieller' Konnotation zu wechseln oder um Wörter aus dem Standard in die Rede einzubauen, die im Dialekt nicht existieren.[8] Solche Effekte will man aus der Datenbasis für die Übersetzung möglichst eliminieren. Daher wurden sorgsam ausgewählte Daten gesprochener Sprache herangezogen, um so authentisches Material wie möglich zur Verfügung zu haben. Die Basisdaten bestehen aus Transkripten von Ausschnitten aus Fernsehdokumentationen[9] und Aufnahmen von Wiener DialektsprecherInnen, die vom Institut für Schallforschung der Österreichischen Akademie der Wissenschaften zur Verfügung gestellt wurden.

An dieser Stelle ist noch einmal zu betonen, dass es sich bei dem von uns verwendeten Begriff des Wiener Dialektes um eine Abstraktion oder Idealisierung handelt. Linguistisch gesehen ist der Wiener Dialekt (oder die Wiener Mundart – ein Begriff, den frühere AutorInnen manchmal

---

[8] Hornung stellt das Problem der schweren Fasslichkeit des Wiener Dialektes, auch in Bezug auf einzelne SprecherInnen bzw. InformantInnen, sehr präzise dar: „Nicht wegen der räumlichen Breite seines Bereiches, nicht wegen der zahlreichen Sozialschichten seiner Träger, nicht wegen der vielen Fremdeinflüsse und nicht wegen der zeitlichen Staffelungen allein ist das Wienerische so schwer zu fassen, sondern deshalb, weil jeder Wiener sprachlich anpassungsfähig und im Gebrauch von Jargon, Mundart, Umgangssprache und wienerisch gefärbter Hochsprache meist so versiert ist, dass er sie abwechselnd – auf den jeweiligen Gesprächspartner abgestimmt – verwendet." Hornung [Anm. 5], S. 10.

[9] *Alltagsgeschichte* (Elisabeth T. Spira, 1985-2006, ORF).

bevorzugen) nur schwer zu fassen, da es sich um ein Konglomerat aus Sprachschichten handelt, von denen man jeweils keine typischen, ‚idealen' SprecherInnen finden wird. SprecherInnen des Wienerischen sind sich der reichen Nuancierungen implizit bewusst und werden diese Kompetenz auch aktiv, der Sprechsituation gemäß, einsetzen. Für die Anwendungsgebiete der Sprachtechnologie ist das problematisch, weil man hier, anders als in der Lexikographie, auf Differenzierungen und Kommentare verzichten muss und vielmehr eine einzige, relativ grob abgegrenzte Zielsprache zu definieren ist. In der Praxis besteht unsere Methode der Abgrenzung darin, konkrete Formulierungen darauf zu überprüfen, ob sie sich eher dem Wiener Dialekt, der Standardsprache oder dem dialektbasierten Standard (Jugendsprache) zuordnen lassen. Im Falle von mehreren Alternativen war es bei den Daten, die auf gesprochener Sprache basieren, intuitiv meist relativ klar, welche Formulierung dem Wiener Dialekt am ehesten entspricht. Problematischer waren die automatisch übersetzten und manuell validierten Übersetzungen von Standardtexten, da sich hier oft Formulierungen finden, die sich nicht direkt übersetzen, sondern nur durch *Shifting* in den Wiener Dialekt integrieren lassen (siehe Abschnitt 5).

Um nun zu verwendbaren zweisprachigen Daten zu kommen, wurden die Transkripte gesprochener Sprachdaten manuell ins Standarddeutsche, aber auch in die Zielsprache übersetzt. Letzteres war nur bedingt notwendig, aber es diente einerseits dazu, etwaige Wechsel in die Standardsprache zu umgehen, andererseits sollten die Basisdaten von Phänomenen gereinigt werden, die typisch für gesprochene Sprache sind: Wiederholungen, Abbrüche, Auslassungen oder Interjektionen, die nicht mit dem Text unmittelbar verbunden sind. Das *Speech*-basierte Basiskorpus beinhaltet 4.909 Satzpaare mit 39.108 Tokens für Standard und 40.031 Tokens für Wiener Dialekt.[10]

Schon sehr bald wurde klar, dass es sehr zweckdienlich wäre, korrespondierende Wortpaare identifizieren zu können. Nicht nur für den

---

[10] Für weitere Details siehe Barry Haddow, Adolfo Hernández-Huerta, Friedrich Neubarth und Harald Trost: Corpus Development for Machine Translation between Standard and Dialectal Varieties. In: Proceedings of the Workshop 'Adaptation of Language Resources and Tools for Closely Related Languages and Language Variants' of the 9th International Conference on Recent Advances in Natural Language Processing (RANLP 2013), Hissar 2013, S. 7-14. Vgl. http://www.ofai.at/~friedrich.neubarth/papers/ranlp2013.pdf (12.12.2014).

Aufbau lexikalischer Resourcen, sondern auch, um etwaige Fehler oder Korrekturen in der Orthographie global über das gesamte Korpus hinweg ausbessern zu können. Nachdem die Wortfolge innerhalb von Satzpaaren sehr oft durchgängig parallel ist (beruhend auf der syntaktischen Ähnlichkeit der zwei Sprachvarietäten), kann das Auffinden von Wortpaaren im Prinzip als ein lineares Alignmentproblem erfasst werden. Das Alignment basiert auf dem Algorithmus zur Berechnung der Levenshtein-Distanz, nur dass es sich nicht um eine Kette von Zeichen, sondern um eine Kette von Wörtern handelt. Jede Einfügung, Löschung oder Ersetzung bewirkt ein Ansteigen des Kostenwertes. Der Algorithmus sucht nun den kostengünstigsten Pfad: Identische Paarungen haben erwartungsgemäß einen Wert von 0, die Kosten für die erwähnten Edit-Operationen sind frei definierbar (d. h., die Gewichtung kann unterschiedlich gestaltet werden). Bei Zeichenketten ist dies relativ einfach, in der Regel nimmt man für jede Operation den Wert 1 an. In unserem Fall geht es aber vielmehr darum, die Ähnlichkeit von Wörtern und damit die Wahrscheinlichkeit, dass eines die richtige Übersetzung des anderen ist, zu quantifizieren. Es ist naheliegend, dass man noch einmal die Levenshtein-Distanz zu Hilfe nimmt, diesmal tatsächlich auf Zeichenebene. Hier stellt sich allerdings das Problem, dass die orthographischen Schreibweisen von korrespondierenden Wörtern sehr unterschiedlich sein können, wohingegen nicht korrespondierende Wörter des Öfteren eine größere orthographische Ähnlichkeit im Sinne der String-Edit-Distanz aufwiesen – sollte man direkt Standarddeutsch und Wiener Dialekt vergleichen wollen. Es gibt mehrere Möglichkeiten, diesem Problem zu begegnen; einige davon haben wir weiter verfolgt.

Die erste Möglichkeit ist, eine maschinelle Übersetzung auf Zeichenebene inkrementell aufzubauen (*Bootstrapping*). Beginnend mit einer relativ kleinen Liste an Wortpaaren, kann man schon ein erstes zeichenbasiertes Modell trainieren. Der Graphem-zu-Phonem-Konverter Sequitur G2P[11] transformiert, basierend auf N-Grammen, Zeichenketten. Die Ausgabe, automatisch generierte Wörter in Wiener Dialekt (VD*), wird mit den Wörtern in der Zielsprache (VD) verglichen. Da das Trainingsmaterial sehr limitiert ist, ist die Übersetzung zu Beginn nicht sehr zuverlässig, aber sie reicht aus, um einen relativ verlässlichen Wert für die

[11] Vgl. Maximilian Bisani und Hermann Ney: Joint-Sequence Models for Grapheme-to-Phoneme Conversion. In: Speech Communication 50/5 (2008), S. 434-451.

Distanz zu ermitteln. Um Effekte der Wortlänge (längere Wörter – mehr Fehler) auszugleichen, wird das resultierende Distanzmaß entsprechend logarithmisch normiert. Die so gewonnenen Wortpaare werden manuell gesichtet und als richtige oder falsche Paarungen klassifiziert. Im Zuge dessen werden Korrekturen eingetragen, die dann über das gesamte Korpus durchgeführt werden. Richtige Paarungen werden dem Trainingsmaterial zugeführt, falsche explizit ausgeschlossen. Durch mehrere Iterationen verbessert sich die zeichenbasierte Übersetzung, was auch zu einer erhöhten Aussagekraft des Distanzmaßes führt.

Wie schon erwähnt, ist das resultierende Alignment streng linear, und ob ein nicht identisches Wortpaar als Ersetzung oder Löschung + Einfügung klassifiziert wird, hängt allein vom Distanzmaß ab. Man möchte allerdings ein geringes Maß an Umstellung bei der Übersetzung zulassen bzw. sind Paare, deren Distanz so hoch ist, dass der Algorithmus auf Löschung + Einfügung plädiert, gute Kandidaten für Entsprechungen, die nicht Kognaten sind (z. B. *Watschn* für *Ohrfeige*). In einem zweiten Verarbeitungsschritt werden diese Kandidaten als gültige Entsprechungen markiert (sofern sie nicht explizit ausgeschlossen sind) und Löschungen, denen an anderer (nicht benachbarter) Stelle eine Einfügung entspricht, werden, sofern die String-Edit-Distanz der Wortformen unter dem Schwellwert liegt, ebenfalls als Entsprechung markiert. Die so gewonnenen Listen von Wortpaaren dienen zugleich dem Aufbau eines Lexikons, in dem auch PoS-Tags und morphologische Merkmale kodiert werden.

Obgleich die zeichenbasierte Transformation auch in der Lage war, Paare zu lernen, die nicht Kognaten waren, waren die Resultate aufgrund der stark eingeschränkten Datenmenge nicht ideal. Zudem mussten die Übersetzungen aus programmiertechnischen Gründen offline generiert werden, was die Durchführung der Arbeitsschritte verkomplizierte. Daher entwickelten wir zwei weitere Möglichkeiten, um die Distanz zwischen Wörtern aus Ausgangs- und Zielvarietät zu bestimmen, ohne auf eine direkte Übersetzung zu rekurrieren. Die eine basiert auf dem Soundex-Algorithmus, für das Deutsche adaptiert als „Kölner Phonetik“[12]. Dieser Algorithmus wurde minimal modifiziert und adaptiert, um

[12] Vgl. Hans Joachim Postel: Die Kölner Phonetik. Ein Verfahren zur Identifizierung von Personennamen auf der Grundlage der Gestaltanalyse. In: IBM-Nachrichten 19 (1969), S. 925-931.

Eigenheiten des Wiener Dialektes (oder der bairischen Dialekte im Allgemeinen) zu inkorporieren. Im Prinzip werden hier Buchstaben oder Buchstabenkombinationen auf eine kleine Menge an Symbolen abgebildet (Buchstaben oder Zahlen); jeweils unter Berücksichtigung der Aussprache und entsprechenden phonetischen Klassen. Der zweite Lösungsansatz bestand darin, den Levenshtein-Algorithmus, der ja Zeichen für Zeichen miteinander vergleicht, um Kombinationen von Zeichen zu erweitern, sowie spezifische Kostenwerte für gewisse Entsprechungen zuzuweisen. Diese Kostenwerte wurden händisch festgelegt; wünschenswert wäre es natürlich, diese auf einer breiten Datenbasis statistisch zu ermitteln. Zeichenkombinationen konnten dadurch integriert werden, dass die entsprechenden Anfangszeichen der jeweiligen Strings in einer Liste gespeichert werden. Tritt diese Entsprechung auf, so überprüft der Algorithmus, ob sich die Strings entsprechend fortsetzen. In diesem Fall wird der entsprechende Kostenwert hinzugefügt und die Reihen und Spalten werden ohne weitere Erhöhung des Wertes ausgefüllt. Dieser Algorithmus ist der rechenintensivste, allerdings zeigte sich, dass bei geeigneter Belegung der Kostenwerte die besten Ergebnisse zu erzielen sind.

Mit den so gewonnenen und iterativ verbesserten Daten konnte ein erstes Übersetzungsmodell trainiert werden, dessen Performance erstaunlich gut war. Das zuvor erwähnte Wort-Alignment spielte dabei keine direkte Rolle, das Alignment findet auf Phrasenebene statt.

3. Übersetzung auf Wort- und Zeichenebene

Die Modelle auf Wortebene sind phrasenbasierte Standardmodelle, die durch die Open Source Plattform für SMT Moses[13] erzeugt werden. Der tokenisierte parallele Text wird orthographisch auf Kleinschreibweise umgeformt und dann wird mithilfe von GIZA++[14] ein phrasenbasiertes Alignment erstellt. Wesentlich ist, dass dies in beide Richtungen geschieht und die resultierenden Alignments symmetrisch gemacht werden,

[13] Vgl. Philipp Koehn et al.: Moses: Open Source Toolkit for Statistical Machine Translation. In: Annual Meeting of the Association for Computational Linguistics (ACL), Prag 2007.

[14] Vgl. Franz Josef Och und Hermann Ney: A Systematic Comparison of Various Statistical Alignment Models. In: Computational Linguistics 29/1 (2003), S. 19-51.

basierend auf der *Grow-Diag-Final-And*-Heuristik. Der parallele Text bzw. das Alignment werden dann verwendet, um Translationstabellen abzuschätzen. Zusätzlich wird noch ein 3-gram Sprachmodell aufseiten der Zielvarietät unter Verwendung von SRILM mit *Kneser-Ney-Smoothing* erstellt. Die Übersetzungs- und Sprachmodelle werden dann mit einem distanzbasierten Umstellungs-Modell kombiniert und die jeweiligen Gewichtungen für BLEU optimiert.[15]

Soweit zur Wortebene, auf der SMT ab einer gewissen Datenmenge an sich relativ gut funktioniert, solange nur Worte vorkommen, die durch das Trainingskorpus abgedeckt sind. In früheren Arbeiten zur maschinellen Übersetzung von nahe verwandten Sprachen (oder Sprachvarietäten) konnte gezeigt werden, dass auch ein Übersetzungsmodell auf Zeichenebene effektiv sein kann.[16] Die Übersetzung auf Zeichenebene funktioniert so, dass wieder ein phrasenbasiertes Modell zum Einsatz kommt, nur sind die Bausteine nicht die einzelnen Wörter, sondern die Zeichen (Buchstaben, Leerzeichen). In einem unigrambasierten Ansatz (den wir auch weiter verfolgt haben) steht jeder Phrasenbaustein für ein einzelnes Zeichen. Um den Aufwand möglichst gering zu halten, werden alle Leerzeichen durch ein spezielles Zeichen ersetzt, dann wird zwischen allen Zeichen jeweils ein Leerzeichen eingefügt, somit gibt es nur mehr Tokens der Länge 1. Würde man den gesamten Text so behandeln, so entstünde ein eher interessantes Übersetzungsmodell, das aber den gegebenen Anforderungen sicher nicht entspricht. Allerdings brauchen wir solch ein Modell auf Zeichenebene nur für einzelne *Out-of-vocabulary*-Wörter. Es war daher naheliegend, dass wir als Trainingsdaten die Menge an Kognaten heranziehen, die durch das zuvor besprochene Alignment auf Wortebene gewonnen wurde. Das heißt, bei Mehrfach-

---

[15] Die Beschreibung dieser Methodik wurde aus Haddow et al. [Anm. 10] übernommen und übersetzt.

[16] Vgl. David Vilar, Jan-Thorsten Peter und Hermann Ney: Can we translate letters? In: Proceedings of the 2nd Workshop on Statistical Machine Translation. Prag 2007, S. 33-39; Jörg Tiedemann: Character-based {PSMT} for closely related languages. In: Lluís Marqués und Harold Somers (Hrsg.): Proceedings of 13th Annual Conference of the European Association for Machine Translation (EAMT 2009). Barcelona 2009, S. 12-19; Preslav Nakov und Jörg Tiedemann: Combining Word-Level and Character-Level Models for Machine Translation Between Closely-Related Languages. In: Proceedings of the 50th Annual Meeting of the Association for Computational Linguistics. Jeju 2012, S. 301-305.

entsprechungen wird das häufigste Paar genommen; zusätzlich muss die Distanz (wobei offen ist, welche Funktion man verwendet, um diese zu bestimmen) unter einem gewissen Schwellwert liegen, damit ein Paar als Kognaten identifiziert wird.

Erwähnenswert ist hier die Parallelität zur Generierung von phonetischen Kodierungen, wo Zeichenketten geschriebenen Texts in Zeichenketten von Lautsymbolen transformiert werden (*Letter-to-Sound* oder *Grapheme-to-Phoneme*). Je komplexer und arbiträrer das Orthographiesystem einer Sprache ist, umso fehleranfälliger wird die Transformation ausfallen. Im vorliegenden Fall kommen noch zusätzliche Probleme ins Spiel: Phonologische Prozesse, die in der Orthographie des Dialektes reflektiert sind, wie zum Beispiel die Vokalisierung von Liquiden, sind sensitiv für morphologische Kontexte. /l/ vokalisiert zu /i/ nach /u, o, å/, aber nur im Silbenauslaut, dieser wiederum wird zum Teil durch morphologische Kontexte definiert. (Ein anschauliches Beispiel ist der Kontrast zwischen *Schulung* und *Schuluniform*. In beiden Fällen ist der Kontext zwei Zeichen nach links und rechts ident, aber nur im zweiten Beispiel ist das /l/ im Silbenauslaut, da danach ein neues Kompositionsglied beginnt.) Solchen Phänomenen kann man nur begegnen, wenn man die morphologische Segmentierung in einem Vorverarbeitungsschritt in die Kodierung der Eingangsdaten integriert, eine Vorgangsweise, die in Koehn et al.[17] schon einmal zumindest andeutungsweise realisiert wurde, die wir aber in dem beschriebenen Projekt nicht weiter verfolgt haben, da sie im Gegenzug eine Fehlerquelle darstellt, der man wiederum entsprechend begegnen müsste.

Es gibt eine Reihe von Algorithmen und Lernverfahren, um eine *Letter-to-Sound*-Transformation von hoher Qualität durchzuführen. Das Innovative an unserem Ansatz ist vielleicht, dass die Transformation auf Zeichenebene in die phrasenbasierte Übersetzung schon integriert ist. Für Testzwecke wird die Phrasentabelle auf Zeichenebene tatsächlich in die der Wortebene integriert, indem alle Wörter des Tuning- und des Testsets schon einmal auf Zeichenebene „vorübersetzt“ werden und diese Übersetzungen dann in die Phrasentabelle auf Wortebene eingegliedert werden. De facto wird dann auf Wortebene übersetzt; nur wenn

[17] Vgl. Philipp Koehn, Abhishek Arun und Hieu Hoang: Towards better Machine Translation Quality for the German-English Language Pairs, In: Proceedings of the 3rd ACL Workshop on Statistical Machine Translation. Columbus, Ohio 2008, S. 139-142.

ein Wort nicht als solches in den Trainingsdaten vorkommt, dann wird auf diese „Vorübersetzung“ zurückgegriffen. Dieses Modell bezeichnen wir als *Backoff*-Modell, alle im Folgenden angeführten Testergebnisse beziehen sich auf diese Architektur. In der Praxis sind mehr Schritte involviert, nach Tokenisierung und etwaiger Vorverarbeitung werden noch Zahlen, Interpunktionen und *Named Entities* (Eigennamen) identifiziert. Diese werden dann (sofern sich keine Übersetzung durch das phrasenbasierte Modell auf Wortebene ergibt) an der Übersetzung vorbei durchgeschleust und unverändert in der Ausgabe übernommen. Alles andere wird auf Wortebene übersetzt; nur wenn diese kein Ergebnis liefert, wird auf die zeichenbasierte Übersetzung zurückgegriffen. In einem letzten Schritt werden dann die Leerzeichen vor oder nach Interpunktionszeichen, die durch die Tokenisierung eingefügt wurden, wieder entfernt. Hier wäre auch der Platz für eine Nachverarbeitung: Klitika könnten zusammengeführt werden (sofern sie durch die Tokenisierung als eigene Tokens behandelt wurden), aber auch orthographische Regelungen wie Großschreibung am Satzanfang könnten an dieser Stelle abgehandelt werden.

4. Integration von dialektalen Spezifika

Bisher war ein Schwerpunkt unserer Überlegungen, wie ähnlich Wiener Dialekt und Standarddeutsch einander sind und wie wichtig diese Ähnlichkeit für SMT von Sprachen mit wenigen Ressourcen ist. So nutzen zum Beispiel Nakov und Tiedemann[18] die Überlappungen im Vokabular und die starke syntaktische und lexikalische Ähnlichkeit zwischen Bulgarisch und Mazedonisch, um ein SMT-System zu entwickeln, das, ähnlich wie das in unserem Projekt der Fall ist, auf einer Kombination von Modellen auf Zeichen- und Wortebene beruht und damit bessere Ergebnisse als ein rein phrasenbasiertes Modell liefert. Dialekte sind im arabischen Raum ein sehr prominentes Thema. Zbib et al.[19] setzen Crowdsourcing ein, um parallele Korpora für Levantinisch-Englisch und Ägyptisch-Eng-

[18] Vgl. Nakov und Tiedemann [Anm. 16].

[19] Vgl. Rabih Zbib et al.: Machine Translation of Arabic Dialects. In: Proceedings of the 2012 Conference of the North American Chapter of the Association for Computational Linguistics: Human Language Technologies (NAACL HLT). Montreal 2012, S. 49-59.

lisch aufzubauen, während Sawaf[20] und Sajjad et al.[21] spontanes bzw. dialektales Arabisch zu modernem Standardarabisch normalisieren, um zu Übersetzungen ins Englische zu gelangen.

Ähnlichkeit als Voraussetzung für SMT von Sprachen und Dialekten mit wenig Ressourcen – doch will man nicht eigentlich die andere Seite favorisieren und genau jene Elemente in den Vordergrund rücken, die nur im Dialekt vorhanden sind und keine ähnlich lautende Entsprechung im Standard haben? Oder anders gesagt: Wie garantiert man, dass dialektale Spezifika auf Wort- oder Phrasenebene als typische Ausdrücke und somit auch als Marker für den jeweiligen Dialekt in der Ausgabe der Übersetzung aufscheinen? Dieser Frage wird im nächsten Abschnitt nachgegangen, das darauf folgende ist grammatikalischen Besonderheiten des Wiener Dialekts gewidmet und der Frage, wie man mit diesen im Zuge von SMT umgehen kann.

4.1. Lexikalische und idiomatische Spezifika

Das phrasenbasierte Übersetzungsmodell, das in Moses trainiert wird, beruht nicht auf dem zuvor beschriebenen Wort-Alignment, das ja nur dazu dient, Wortpaare im Korpus zu identifizieren, zu validieren und bei Bedarf zu korrigieren. Vielmehr extrahiert das Alignmenttool GIZA++ parallele Phrasen. Die so gewonnenen Phrasen sind keinesfalls syntaktisch definiert, sie basieren nur auf statistischen Häufigkeiten innerhalb des Korpus.

Um typische Ausdrücke und Phrasen der Zielsprache als Output der Übersetzung zu erhalten, ist es „nur" notwendig, diese innerhalb des Korpus bereitzustellen, da auch einmalige Vorkommnisse gelernt werden können. Eine Bedingung dafür ist allerdings, dass es sich um dieselben Wortformen handelt und, im Fall von phrasalen Ausdrücken, dass die einzelnen Teile adjazent zueinander stehen. Bei der Erweiterung des Korpus (siehe Abschnitt 5), bei dem originale Texte aus dem Standard

---

[20] Vgl. Hassan Sawaf: Arabic Dialect Handling in Hybrid Machine Translation. In: Proceedings of the 9th Conference of the Association for Machine Translation in the Americas (AMTA). Denver, Colorado 2010.

[21] Vgl. Hassan Sajjad, Kareem Darwish und Yonatan Belinkov: Translating Dialectal Arabic to English. In: Proceedings of the 51st Annual Meeting of the Association for Computational Linguistics. Sofia 2013, S. 1-6.

in den Wiener Dialekt übersetzt wurden, achteten wir darauf, dass bei alternativen Formulierungen diejenige ausgewählt wurde, die dem Dialekt am ehesten entspricht. Eine weitere Vorgangsweise wäre es, typische Ausdrücke aus Lexika zu sammeln und mit der zugehörigen Übersetzung in die Standardvarietät in das Korpus aufzunehmen; ein Unterfangen, das wir bis dato noch nicht systematisch verfolgt haben, da bei diesem Projekt technische Aspekte im Vordergrund standen.

Einige Phänomene beziehen sich auf den Bereich der funktionalen Wortarten und sind daher der grammatischen Ebene zuzuordnen. Nichtsdestotrotz sind diese Phänomene durch die phrasenbasierte SMT sehr gut erfassbar, sofern es sich um adjazente Wortgruppen handelt. Ein Beispiel dafür sind Kontraktionen von Präpositionen mit Artikel, die in bairischen Dialekten viel häufiger auftreten: *wegnan* für *wegen dem, nåchn* für *nach dem* etc. Typisch für das Bairische (aber auch für andere deutsche Dialekte) sind Relativsatzkonstruktionen mit Relativpronomen plus *wås* in relativem Gebrauch (manchmal kann das Relativpronomen auch wegfallen): *dea mån, (dea) wås…* für *der Mann, der….* Da Relativkonstruktionen auch in einem kleineren Korpus relativ zahlreich zu finden sind, stellt die Übersetzung solcher Konstruktionen im Allgemeinen kein großes Problem dar.

Schwieriger bzw. unmöglich wird es erst, wenn die einzelnen Teile innerhalb der Satzstruktur voneinander getrennt auftreten oder Umstellungen beinhalten. Ein Beispiel dafür sind Possessivkonstruktionen mit Genitiv, die es zwar im Standarddeutschen, aber nicht im Wiener Dialekt gibt. Hier muss die Konstruktion entweder als nachgestellte Präpositionalphrase gebildet werden (z. B. *Erwins Auto* als *des auto fon Eawin*), oder sie wird (eher selten und vor allem nur mit belebten Possessoren) als Dativ + Possessivpronomen gebildet (z. B. *in Eawin sei auto* – rückübersetzt: *dem Erwin sein Auto*). Zur syntaktischen Umstellung kommen noch zwei weitere Probleme: einerseits die Einfügung des richtigen definiten Artikels oder des Possessivpronomens, das im Geschlecht mit dem Possessor kongruieren muss. Andererseits der Wechsel im Kasus, der auch von Artikeln und anderen kongruierenden Elementen (v. a. attributiven Adjektiven) nachvollzogen werden muss (z. B. *das Spielzeug des schlimmen Kindes* als *des schbüdseig fon den schlimman kind*). Einige Beispiele für solche Konstruktionen finden sich im Korpus, die phrasenbasierte SMT konnte sie jedoch nicht korrekt übersetzen. Was in solch einem Fall zu tun wäre, ist, sie in einem Vorverarbeitungsschritt adäquat umzuformen und die SMT mit den parallelisierten Daten zu konfrontieren. Dies kann unseres Erachtens nur regelbasiert erfolgen und erfordert relativ verlässliche syntaktische und morphosyntaktische Informationen, gewonnen durch *Parsing* und *Part-of-Speech-Tagging*. Für den Genitiv haben wir diese Transformationen (noch) nicht entwickelt, für einen zweiten Fall, der zudem noch viel häufiger auftritt, jedoch schon: Imperfekt existiert im Wiener Dialekt nicht als verbales Paradigma. Der nächste Abschnitt ist diesem Problem gewidmet, auch, um die Architektur eines hybriden Übersetzungssystems mit regelbasierter Vorverarbeitung und phrasenbasierter SMT etwas detaillierter darzustellen.

4.2. Grammatikalische Spezifika: Imperfekt als Fall für Vorverarbeitung

Die Idee, die Input-Daten schon in einem Vorverarbeitungsschritt zu bearbeiten und so Umstrukturierungen, die die Performance der SMT gravierend beeinträchtigen können, zu vermeiden, wurde schon in Collins[22] exploriert; dort, um die Position der Verben im Deutschen in die Abfolge im Englischen zu transformieren. In unserem Fall beruht das Problem nicht auf unterschiedlichen Satzstrukturen von Ausgangs- und Zielsprache, sondern entsteht dadurch, dass etwaigen Imperfektformen im Standarddeutschen immer analytische Perfektkonstruktionen im Dialekt entsprechen, die es allerdings im Standard auch gibt, und die auch insbesondere im österreichischen Standarddeutsch durchwegs als Ersatz für Imperfekt ohne Bedeutungsunterschied verwendet werden können (bedingt durch den Einfluss bairisch-österreichischer Dialekte).

Die Umwandlung von Imperfekt in Perfekt wäre relativ einfach zu bewerkstelligen, wenn wir eine Situation wie im Englischen hätten, in der eine imperfekte Verbform einem String von Auxiliar (*have*) und dem Partizip entspricht, wobei dieser String von Negation und einigen wenigen Adverbien unterbrochen sein kann. Zwei Faktoren verkomplizieren dieses Unterfangen im Deutschen: Einerseits ist die Verbstellung durch das Verbzweit-Phänomen nicht ganz so einfach zu erfassen wie im Englischen. In Hauptsätzen findet sich das finite Verb direkt nach der ersten

[22] Vgl. Michael Collins, Philipp Koehn und Ivona Kučerová: Clause Restructuring for Statistical Machine Translation. In: Proceedings of ACL 2005. Vgl. www.aclweb.org/anthology/P/P05/P05-1.pdf#page=559 (12.12.2014).

Phrase, die keineswegs das Subjekt sein muss, im Nebensatz allerdings befindet es sich am Ende des Mittelfelds, wo sich auch alle infiniten Verbformen befinden.[23] Traditionell wird die Relation dieser beiden Positionen als „verbale Klammer“ beschrieben. Um etwas präziser zu sein, muss angemerkt werden, dass die initiale Position auch leer sein kann, wie bei Entscheidungsfragen, und dass die rechte Verbklammer nicht unbedingt das Ende des Satzes markiert, da noch syntaktisches Material folgen kann – man spricht dann von Extraposition. Die folgenden, dem Korpus entnommenen Beispiele illustrieren diese unterschiedlichen Konstellationen. Die unterstrichene Linie in den Beispielen (1a) und (2a) markiert die Position der nicht finiten Verbform (Partizip bei Vollverben) im Perfekt.

(1)

(1a) in der Zeit	dachte	ich	___,	dass es richtig ist.
(1b) in der Zeit	habe	ich	gedacht,	dass es richtig ist.

(2)

(2a) weil ich da Unterricht	___	gab,	drei Wochen war der Kurs.
(2b) weil ich da Unterricht	gegeben	habe,	drei Wochen war der Kurs.

Eine kleine Verkomplizierung ist durch den IPP-Effekt gegeben (*Infinitivus pro Participio*), der Modalverben betrifft, die einerseits den Infinitiv anstatt eines Partizips im Perfekt verwenden, andererseits einen Verbalkomplex bilden, dessen Strukturierung unter anderem auch von regionalen Einflüssen geprägt ist:

(3)
(3a) weil ich da wirklich sagen musste
(3b) weil ich da wirklich habe sagen müssen
(3b‘) weil ich da wirklich sagen habe müssen
(3b“) weil ich da wirklich sagen müssen habe

Allerdings bilden nicht alle Verben im Deutschen das Perfekt mit dem Auxiliar *haben* – eine Reihe von Verben verwendet *sein*, wobei eine nicht

[23] Vgl. Hans den Besten: On the Interaction of Root Transformations and Lexical Deletive Rules. In: Werner Abraham (Hrsg.): On the Formal Syntax of the Westgermania. Amsterdam 1983, S. 47-131.

ganz unbeträchtliche Anzahl von Verben zwischen den beiden Auxiliaren alterniert, abhängig vom syntaktischen (oder semantischen – eine Frage, die weiterhin Stoff für Diskussionen liefert) Kontext. Dieses Phänomen wird als „Auxiliarselektion" bezeichnet.[24] Ein Teil der Alternationen geht auf eine inchoativ-kausative Alternation zurück, z. B. *ersticken*, ein anderer Teil darauf, ob Bewegung von einem Ort zum anderen oder die physikalische Aktivität des Bewegens ausgedrückt wird. (Ein berühmtes Beispiel ist der Kontrast zwischen *Ich habe stundenlang getanzt* und *Ich bin in den Saal getanzt*). Der jeweilige Kontext ist dabei nicht immer einfach zu erfassen. Bei der Bestimmung des jeweils passenden Auxiliars gehen wir davon aus, dass die Mehrheit der Verben *haben* selegiert, daher nehmen wir dies als den Default-Fall an. Findet sich ein Verb auf der händisch kompilierten Liste von Verben, die *sein* selegieren, ist der Fall auch klar, eine weitere Liste verzeichnet dann die ambigen Verben – hier kann man nur versuchen, von der Struktur, die durch das Parsing erzeugt wird, herauszulesen, ob ein Verb ein direktes Objekt besitzt (Indikator für *haben*), oder ein direktionales Argument, das das Ziel einer Bewegung ausdrückt (Indikator für *sein*). Fehler sind dabei nicht auszuschließen.

Diese Problematiken vorausgeschickt, können wir nun den Algorithmus beschreiben, der die Transformation von Imperfekt zu Perfekt in der Vorverarbeitung durchführt. Er besteht aus mehreren Etappen. Als Grundlage dienen syntaktische Strukturen, PoS-Tags und morphologische Merkmale, die von der deutschen Version des *anna-Parsers* der MATE-Tools produziert werden.[25]

(1) Identifiziere finite imperfekte Verbformen (nicht alle werden vom Parser korrekt angegeben, zusätzliche lexikalische Ressourcen müssen verwendet werden; andererseits sind fehlerhafte Verbformen aus-

[24] Eine sehr frühe Arbeit, die diese Problematik eingehend diskutierte, stammt von Hubert Haider: The case of German. In: Jindřich Toman (Hrsg.): Studies in German Grammar. Dordrecht 1985, S. 65-101. Ein interessanter Beitrag zur Erfassung der semantischen Kriterien, die die Alternation der Auxiliare steuern, ist Elke Diedrichsen: Zu einer semantischen Klassifikation der intransitiven haben- und sein-Verben im Deutschen. In: Graham Katz et al. (Hrsg.): Sinn & Bedeutung VI. Proceedings of the 6th Annual Meeting of the Gesellschaft für Semantik. Osnabrück 2002.

[25] Vgl. Anders Björkelund, Bernd Bohnet, Love Hafdell und Pierre Nugues: A high-performance syntactic and semantic dependency parser. In: Coling 2010: Demonstration Volume. Beijing 2010, S. 33-36.

zuschließen: *Wir bebauten die Felder* vs. *die bebauten Felder* als Beispiel für eine Ambiguität zwischen finiter Verbform und attributivem Partizip)

(2) Identifiziere die Merkmale Person und Numerus: trivial, außer dass 1. und 3. Person Singular vom Parser oft falsch zugeordnet werden, wohl weil 1. Person statistisch eher selten vorkommt. Dies ist aber relevant, weil bei Auxiliaren diese Formen unterschieden werden (*ich gab / er gab*, aber *ich habe / er hat*).

(3) Generiere die morphologische Form des jeweils passenden Auxiliars (bedingt Auxiliarselektion und die morphologischen Merkmale des vorigen Schritts). Positioniere das (finite) Auxiliar dorthin, wo das imperfekte, finite Verb im Ausgangssatz positioniert ist.

(4) Generiere das Partizip Perfekt des Hauptverbs (oder, im Fall von Modalen, den Infinitiv).

(5) Bestimme, ob es sich um einen Haupt- oder Nebensatz handelt.

(6a) Wenn es ein Hauptsatz ist, dann finde die rechte Peripheriegrenze des Satzes und positioniere dort die nicht-finite Verbform (Partizip oder Infinitiv).

(6b) Wenn es ein Nebensatz ist, so positioniere das Partizip vor dem finiten Auxiliar, oder den modalen Infinitiv danach (IPP-Effekt).

Einige dieser Schritte sind leicht zu implementieren und wenig fehleranfällig. Am schwierigsten ist die Bestimmung von Haupt- bzw. Nebensatz und die Identifikation der rechten Satzgrenze. Dies scheint verwunderlich, da der Parser ja immer komplette Satzstrukturen ausgibt, allerdings sind diese nicht immer akkurat. Der Parser wurde am TIGER-Korpus[26] trainiert, das fast ausschließlich aus Zeitungstexten besteht. Unser Basiskorpus besteht aus gesprochener Sprache, die transkribiert und unter kontrollierten Bedingungen in das Standarddeutsche übersetzt wurde, aber klarerweise viele Merkmale gesprochener Sprache aufweist, wie unvollständige Sätze, Einschübe, Ellipsen etc. Daher kann man sich auf die ausgegebenen Satzstrukturen nicht direkt verlassen, sondern muss versuchen, die nötigen Informationen zusätzlich auch über die Abfolge von Wörtern mit zugehörigen PoS-Tags zu gewinnen. Im ersten Durchgang, der nur Sätze aus dem Basiskorpus behandelte, wurde der

[26] Vgl. Sabine Brants et al.: TIGER: Linguistic Interpretation of a German Corpus. In: Journal of Language and Computation 2 (2004), S. 597-620.

Algorithmus inkrementell verbessert – Sätze, in denen Imperfekt vorkam, wurden identifiziert und ins Perfekt transformiert. Diese Transformationen wurden händisch als richtig oder falsch klassifiziert. Wenn der Algorithmus verändert wurde, dann mussten nur mehr jene Sätze durchgesehen werden, bei denen die Transformation ein anderes Ergebnis lieferte. Bei einem ersten Test[27] konnten nur 78% der in Frage kommenden Sätze richtig transformiert werden, diese wurden dann als Trainings- bzw. Testdaten verwendet, die restlichen 22% wurden unverändert gelassen. Die Ergebnisse waren positiv: Sätze, die transformiert wurden, waren um ca. sieben BLEU Punkte besser (49.67 vs. 56.71 auf Wortebene, 55.75 vs. 61.02 beim *Backoff*-Modell), die Verbesserung auf das gesamte Testset gerechnet betrug immer noch 0.7 BLEU Punkte (63.28 vs. 64.01 auf Wortebene, 68.30 vs. 69.10 beim *Backoff*-Modell). Erstaunlich ist dabei die Tatsache, dass sich die Übersetzungen derjenigen Sätze, die nicht verändert wurden, insgesamt auch minimal verbesserten (allerdings nur 64.26 vs. 64.68 bzw. 69.13 vs. 69.84), was darauf zurückzuführen sein könnte, dass sich mit der Transformation von Imperfekt zu Perfekt auch das Alignment, das als Basis für die phrasenbasierte Modellierung dient, verbessert.

Nun stellt sich die Frage, ob diese Verbesserungen eventuell Artefakte durch die geringe Datenmenge und die manuelle Selektion darstellen, oder ob sich ähnliche Tendenzen bei der vollen Ausnutzung der Daten und ohne Filterung durch händisches Durchsehen der Ergebnisse nachweisen lassen. Über das erweiterte Korpus wird noch an späterer Stelle berichtet werden, hier sei nur so viel vorweggenommen, dass schriftliche standarddeutsche Texte automatisch übersetzt und manuell verifiziert bzw. korrigiert wurden. Das gesamte Korpus beinhaltet ca. 10.800 Sätze, von denen je 1.000 als Test- bzw. Tuningset reserviert wurden, der Rest wurde als Trainingsdaten verwendet. Um mögliche Beeinflussungen zu vermeiden, die sich aus der zufallsbedingten Auswahl der Test-Sätze ergeben, führten wir das Experiment als fünffache Kreuzvalidierung durch. Das heißt, in fünf Iterationen wurden Modelle trainiert, auf das jeweils distinkte Testset angewandt, und es wurden die BLEU-Scores und

[27] Vgl. Friedrich Neubarth, Barry Haddow, Adolfo Hernández-Huerta und Harald Trost: A hybrid approach to statistical machine translation between standard and dialectal varieties. In: Zygmunt Vetulani und Hans Uszkoreit [Anm. 7], S. 414-418. Vgl. www.ofai.at/~friedrich.neubarth/papers/ltc2013-neubarth.pdf (12.12.2014).

die Wortfehlerrate ermittelt. Um einen genaueren Überblick auf die Auswirkungen des *Preprocessings*, also der Transformation von Imperfekt zu Perfekt, zu gewinnen, führten wir die Ermittlung der BLEU-Scores auch für die zwei Teilmengen des Testsets durch: jene Sätze, die durch die Transformation geändert werden (jeweils 170 aus 1.000), und jene, die unverändert bleiben. Die Resultate für das *Baseline*-Modell, also jene Daten, bei denen gar nicht tranformiert wurde, finden sich in folgender Tabelle. Die ersten drei Spalten bezeichnen BLEU-Scores von Modellierung auf Wortebene (WD = *Word Level*) oder Zeichenebene (CHAR = *Character Level*) bzw. die Kombination der beiden (BK = *Backoff*). Die folgenden zwei Spalten geben die Wort-Fehlerrate an (WER = *Word Error Rate*), die letzten Spalten dienen jeweils dem Vergleich zwischen den Subsets (alt = transformierte Sätze, ident = gleichgebliebene Sätze). Auf die Werte der einzelnen Iterationen wird hier aus Platzgründen verzichtet, wesentlich sind der resultierende Mittelwert bzw. die Standardabweichung.

	WD	**CHAR**	**BK**	**WER-WD**	**WER-BK**	**WD-alt**	**WD-ident**	**BK-alt**	**BK-ident**
mean	60.54	92.28	67.50	62.69	53.06	50.42	63.61	56.36	70.75
sd	1.16	0.30	0.71	0.82	1.82	1.85	0.94	0.81	0.61

Tabelle 1: Ergebnisse der Modellierung über nicht-transformierte Sätze (fünf Iterationen)

Bezeichnend ist der Unterschied zwischen den Werten für das gesamte Testset (WD = 60.54, BK = 67.5) und den Sätzen, die einer Transformation unterzogen werden (WD = 51.97, BK = 56.6). Vergleicht man diese Werte mit denen des zweiten Experiments, wo die Transformationen als Vorverarbeitungsschritt durchgeführt wurden (automatisch, ohne manuelle Nachkontrolle), dann sieht man relativ eindeutig, wie hoch der Gewinn bei solchen Sätzen ist. Die Werte der einzelnen Iterationen sind in der folgenden Tabelle nicht angegeben:

	WD	**CHAR**	**BK**	**WER-WD**	**WER-BK**	**WD-alt**	**WD-ident**	**BK-alt**	**BK-ident**
mean	62.73	92.38	70.09	59.31	48.02	59.21	63.86	66.05	71.37
sd	1.04	0.33	0.99	1.63	2.51	1.22	1.18	2.06	1.13

Tabelle 2: Ergebnisse der Modellierung über transformierte Sätze (fünf Iterationen)

Insgesamt sind die Mittelwerte generell höher (oder als Wortfehlerrate geringer), doch der Unterschied zwischen dem gesamten Testset (WD = 62.73, BK = 70.09) und den nunmehr transformierten Sätzen (WD = 59.21, BK = 66.05) ist ganz eindeutig geringer geworden: Noch effektiver lässt sich die Auswirkung der Vorverarbeitung auf die Performanz der Übersetzung zeigen, wenn man die Differenzen der einzelnen Werte der beiden Tabellen über die fünf Iterationen in Betracht zieht und daraus Mittelwert und Standardabweichung ermittelt:

	WD	**CHAR**	**BK**	**WER-WD**	**WER-BK**	**WD-alt**	**WD-ident**	**BK-alt**	**BK-ident**
mean	2.20	0.09	2.59	-3.38	-5.04	8.79	0.24	9.68	0.62
sd	0.48	0.24	0.55	1.71	0.83	1.50	0.51	2.02	0.54

Tabelle 3: Differenzen der Ergebnisse zwischen transformierten und nicht-transformierten Sätzen (fünf Iterationen)

Daraus lassen sich noch zwei weitere interessante Beobachtungen ableiten: Die Vorverarbeitung scheint erwartungsgemäß keinerlei Einfluss auf das zeichenbasierte Modell zu haben, dementsprechend ist die Verbesserung des *Backoff*-Modells gegenüber dem wortbasierten auch nur minimal. Die Verbesserung bei zu transformierenden Sätzen ist definitiv relevant (WD = 8.79±1.5, BK = 9.68±2.02), offensichtlich geht bei der phrasenbasierten Übersetzung von Imperfekt im Standarddeutschen zum Perfekt im Dialekt wirklich fast alles schief. Andererseits ist die Verbesserung bei Sätzen, die kein Imperfekt beinhalten, nicht signifikant (WD = 0.24±0.51, BK = 0.62±0.54).

Auf das gesamte Testset gerechnet fällt die Verbesserung wesentlich deutlicher aus (WD = 2.2±0.48, BK = 2.59±0.55). Das unterstreicht die Notwendigkeit, gewissen Phänomenen wie dem eben behandelten Imperfekt, die nicht durch phrasenbasierte Modellierung erfassbar sind, in einem hybriden Ansatz mit regelbasierter Vorverarbeitung zu begegnen.

5. Erweiterung des Korpus durch *Active Learning*

Wie in Abschnitt 2 ausgeführt, besteht das Basiskorpus aus gesprochener Sprache, mit allen zugehörigen Vorteilen und Problematiken. Diese Daten dienten der Erstellung eines ersten Übersetzungsmodells, von dem klar war, dass es keine allzu weite Abdeckung in Bezug auf die in ihm enthaltenen lexikalischen Formen haben würde. Die Idee war dann, das Korpus mithilfe der initialen Übersetzungsmöglichkeiten auf effiziente und ökonomische Weise zu erweitern. Konkret sollten standardsprachliche Texte automatisch in den Wiener Dialekt übersetzt werden und diese dann manuell durchgesehen, korrigiert und eventuell mit typischen Ausdrücken des Wiener Dialekts angereichert werden.

Eine Basis war schnell gefunden. Es sollten Texte mit Bezug zur Region, also Wien sein, daher boten sich lokale Medien an, in unserem Fall die Online-Version der Wiener Bezirkszeitungen und Texte einer Website, die unter „Suche und Finde" versteckt sind.[28] Nach der Segmentierung der extrahierten Texte in einzelne Sätze wurden diese übersetzt und standen als mögliche Erweiterungskandidaten zur Verfügung. Als *Baseline* wählten wir die Sätze einfach zufällig aus. Dieser Versuchsaufbau wird in der Folge als *Random Selection* bezeichnet. In einem ersten Schritt wurden die Portionen, nach denen wieder trainiert und evaluiert werden sollte, mit 500 neuen Sätzen festgelegt. Also wurden ca. 2.500 zufällig ausgewählte Sätze aus dem Textepool validiert und dem Basiskorpus gesprochener Sprache hinzugefügt. Da das ursprüngliche Basiskorpus ja auf gesprochenen Texten basiert, wäre es nicht sinnvoll, einen Vergleich mit hinzugefügten Sätzen aus schriftlichen medialen Kontexten anzustellen. Daher definierten wir für den Versuchsaufbau ein neues Basiskorpus (Trainings-, Tuning- und Testdaten), indem wir von dem neuen Gesamtkorpus 2.500 ebenfalls zufällig ausgewählte Sätze ausschlossen. Diese Sätze wurden in Tranchen dem Korpus wieder hinzugefügt, das ergibt fünf Iterationen (zusätzlich zu dem Basismodell) zu je 500 Sätzen.

Aber verständlicherweise sind nicht alle Sätze gleich informativ in Bezug auf das bereits bestehende Übersetzungsmodell. Der Ausschluss von extrem kurzen oder langen Sätzen bot sich als ein relativ einfach zu implementierendes Filterkriterium an, aber wie sollte der Rest geordnet werden, um die insgesamt doch aufwändige Validierung der Übersetzungen möglichst effizient zu gestalten? Wir haben dafür eine einfache Versuchsanordnung entwickelt, in der Hoffnung, gewisse Aussagen über die Effizienz des „Weiterlernens" auf Basis von dem Korpus hinzugefügten Daten treffen zu können. Die Fragestellung kann dahingehend konkretisiert werden, ob Methoden von *Active Learning* angewendet werden kön-

[28] Bezirkszeitung: www.meinbezirk.at/wien/ (13.8.2013); SUF-Wien: www.suf.at/wien/ (7.8.2013).

nen, um die Erweiterung des parallelen Textkorpus zu erleichtern. Dies bedeutet nicht, dass der Algorithmus direkt mit einem User interagiert, sondern vielmehr wird die Informativität jedes Satzes nach jedem Update neu berechnet, und aus dem Pool von Kandidaten wird immer der höchstbewertete Satz als nächster Kandidat vorgeschlagen.

Für diesen anderen Aufbau diente das neue Basiskorpus als Ausgangspunkt. Die Sätze aus der *Random Selection,* die nicht Teil des Basiskorpus sind, wurden dem Pool an verfügbaren Sätzen hinzugefügt. Es sollten Sätze der Reihe nach ausgewählt und vorgeschlagen werden, die in Bezug auf das Basiskorpus möglichst viel Information beinhalten. Folgende Kriterien eignen sich dazu, einen Wert zu berechnen, der diesen relativen Informationszuwachs erfassen kann:

(1) die Anzahl der Wörter, die bereits n-mal im Korpus enthalten sind (negativ),
(2) die globale Worthäufigkeit, entnommen aus DeReWo[29] (positiv),
(3) die Anzahl der Eigennamen, Zahlen etc., die nicht übersetzt werden (negativ),
(4) die Satzlänge (relativ).

In die Gewichtung der einzelnen Faktoren flossen folgende Überlegungen ein: Global häufige Wörter sollten auch möglichst oft im Korpus repräsentiert sein. Der Faktor, wie oft ein Wort im Korpus auftritt, war hingegen weniger gewichtig, da eine Hinzufügung möglicherweise einen informativen, neuen Kontext liefern kann. Eigennamen sollten möglichst wenige auftreten, erfahrungsgemäß trifft man in Texten aus Online-Medien sehr oft Statements an, die viele Eigennamen enthalten, die aber für das Übersetzungsmodell nicht relevant sind. Die Gewichtungen wurden dann experimentell verfeinert, um einerseits den erwähnten Kriterien besser Rechnung zu tragen, andererseits, um möglichst viele der zurückgehaltenen Daten der *Random Selection* in der Selektion durch *Active Learning* wiederverwenden zu können. Steht ein Satz aus der *Random Selection* ganz oben auf der Liste, wird er gleich direkt übernommen, alle

[29] Korpusbasierte Wortgrundformenliste DeReWo, v-ww-bll-320000g-2012-12-31-1.0, mit BenutzerInnendokumentation, vgl. http://www.ids-mannheim.de/derewo (12.12.2014), Institut für Deutsche Sprache, Programmbereich Korpuslinguistik, Mannheim 2013.

anderen Sätze müssen durchgesehen und bei Bedarf verbessert werden. Nach jeder Hinzufügung wird die Wortstatistik für das Korpus aktualisiert und eine Wortliste der veränderten Wörter erstellt. Kommt ein Wort aus einem neuen Satz in dieser Liste vor, wird die gesamte Reihung der vorzuschlagenden Sätze neu berechnet.

In beiden Versuchsaufbauten wurden für jede Iteration jeweils (ca.) 500 Sätze hinzugefügt. Für jede Iteration wurden Übersetzungsmodelle trainiert (WD, CHAR und BK) und gegen die immer gleichen Testdaten evaluiert. Die Ergebnisse zeigen einerseits, dass sich bei der gegebenen Datenmenge in beiden Fällen die Übersetzung monoton verbessert, andererseits aber auch, dass die Strategie, durch gezielte Selektion und dynamische Anpassung der Selektionskriterien den Zuwachs an Information zu optimieren, insofern erfolgreich ist, als dass die BLEU-Scores etwas schneller ansteigen. Die folgenden beiden Tabellen zeigen die Werte der Evaluation. In beiden Fällen wurden die durch Vorverarbeitung transformierten Daten verwendet. Die erste Spalte gibt jeweils die Größe des Trainingssets an, Tuning- und Testset sind identisch und beinhalten jeweils 1.000 Sätze.

	n-train	**WD**	**CHAR**	**BK**	**WER-WD**	**WER-BK**
it.0	4374	58.58	91.51	68.12	61.06	49.75
it.1	4874	59.73	91.47	68.83	58.03	48.27
it.2	5374	60.13	91.80	69.26	59.59	48.30
it.3	5874	61.12	91.94	69.63	58.29	46.88
it.4	6374	61.44	92.07	69.90	57.54	45.74
it.5	6874	62.11	92.36	70.33	56.58	46.38

Tabelle 4: Evaluation des Aufbaus mit *Random Selection* (*Baseline*)

	n-train	**WD**	**CHAR**	**BK**	**WER-WD**	**WER-BK**
it.0	4374	58.73	91.46	68.10	61.00	48.38
it.1	4874	60.12	91.85	68.67	59.37	48.49
it.2	5371	61.16	91.97	68.99	57.89	47.68
it.3	5859	61.87	91.89	69.32	57.34	45.79
it.4	6345	62.53	92.10	69.79	55.16	45.53
it.5	6839	63.49	92.22	70.44	54.01	44.92

Tabelle 5: Evaluation des Aufbaus mit *Active Learning*

Obwohl die BLEU-Scores für Wortebene und *Backoff*-Modellierung in beiden Fällen monoton ansteigen, ist die Differenz der Werte zwischen den beiden Tabellen nicht so groß wie erwartet bzw. erhofft. Einen etwas besseren Überblick gewinnt man, wenn man Mittelwerte und Standardabweichungen der Differenzen für die jeweiligen Iterationen in Betracht zieht.

	WD	**CHAR**	**BK**	**WER-WD**	**WER-BK**
mean	0.80	0.06	-0.13	-1.05	-0.76
sd	0.46	0.19	0.16	1.50	0.67

Tabelle 6: Differenzen der Ergebnisse zwischen *Random Selection* und *Active Learning*

Die Differenz der BLEU-Scores auf Wortebene fällt etwas besser aus und scheint eine gewisse Signifikanz zu haben, was allerdings durch die hohe Standardabweichung bei der Wortfehlerrate wieder in Zweifel gezogen werden kann. Bei der *Backoff*-Modellierung ist die Bilanz sogar negativ, was die BLEU-Scores betrifft, die Wortfehlerrate sinkt allerdings.

Dies wirft auch ein gewisses Licht auf die Aussagekraft der einzelnen Evaluierungsmethoden. BLEU-Scores wurden hauptsächlich eingeführt, um multiple Übersetzungsmöglichkeiten erfassen zu können und um eine gewisse Toleranz gegenüber lokalen Umstellungen zu gewährleisten. Ersteres ist ein Kriterium, das auf unseren Experimentaufbau nicht zutrifft. Wortfehlerraten sind allerdings, gerade was stilistische Umstellungen betrifft, auch sehr fehleranfällig, indem sie eventuell richtige Übersetzungen trotzdem mit negativen Punkten belegen.

In unserer Versuchsanordnung betrachten wir die Werte beider Methoden nicht als absolute Kriterien zur Bestimmung der Qualität der maschinellen Übersetzung, sondern setzen sie nur in Beziehung zu vergleichbaren Modellen mit unterschiedlichen Trainings- und, wenn anwendbar, auch Testsets. Unter diesem Gesichtspunkt sind die Ergebnisse eher ernüchternd: Mehr Trainingsdaten bewirken bei der doch eher geringen Datenmenge klarerweise eine Verbesserung der Performanz der Modelle. Die Auswahl der Trainingsdaten unter Berücksichtigung der absoluten Worthäufigkeit und der Worthäufigkeit im Korpus bewirkt eine geringe Verbesserung auf Wortebene, aber die Performanz des insgesamt besser funktionierenden *Backoff*-Modells steigt nicht. Man könnte nun versuchen, die Kriterien für die Selektion durch *Active Learning* zu modificieren und eventuell der Frequenz innerhalb des Korpus eine höhere Gewichtung zuzuweisen, doch die vorläufigen Ergebnisse rechtfertigen den doch erheblichen Aufwand nicht unbedingt.

6. Diskussion und Ausblick

Insgesamt wurde durch die Erweiterung des Basiskorpus ein paralleles Korpus mit 10.796 Sätzen geschaffen, das als Basis für die Generierung von Übersetzungsmodellen für SMT von der deutschen Standardvarietät in Wiener Dialekt dient. Es gäbe noch viel zu tun: von der Integration morphologischer Segmentierung, faktorisierten Modellen, die Informationen über Lemmata, PoS-Tags und morphologische Merkmale miteinbeziehen, über Normalisierungsmethoden für nicht-standardisierte Orthographie, um zugängliche Texte im Wiener Dialekt, insbesondere die zweisprachigen, parallelen Wikipedia-Texte heranziehen zu können, bis hin zu umfassenderen Methoden der Vorverarbeitung (Genitiv, Klitika). Die Liste könnte, wie immer, erweitert werden. Ein Anliegen, das auch in näherer Zukunft in Angriff genommen werden muss und wird, ist die Anbindung der maschinellen Übersetzung an Sprachsynthese. Dies wird für beide Forschungsfelder gewinnbringend sein, da eine rein textuelle Ausgabe von Dialekt (in einer zwar normalisierten, aber auch wieder idiosynkratischen Orthographie) für den praktischen Gebrauch unbefriedigend ist. Umgekehrt benötigt die Sprachsynthese von Dialekt eine verlässlichere Ansteuerung durch textuelle Eingabe (im Sinn von *Text-to-Speech*), denn oft sind es standardsprachliche Texte, für die es gilt, eine gesprochene Ausgabe im Dialekt zu generieren.

Ein wesentliches Ergebnis unserer Arbeit ist das parallele Korpus, das in dieser Größenordnung bislang nicht vorhanden war und für weitere Forschung, aber auch Anwendungen zur Verfügung steht. Daneben gibt es ein Übersetzungssystem, das von seiner Performanz her durchaus gleichwertige Ergebnisse liefert wie andere nicht-kommerzielle Systeme. Dieses System kann jederzeit für Testzwecke verwendet werden und stellt somit einen wichtigen Schritt in Richtung Einbeziehung von Nonstandardvarietäten (insbesondere Dialekten) in die gängigen Praktiken der Sprachverarbeitung dar.

REGISTER